文化产业经济学

王海文　主编

中国商务出版社
CHINA COMMERCE AND TRADE PRESS

图书在版编目（CIP）数据

文化产业经济学 / 王海文主编 . -- 北京 : 中国商务出版社 , 2021.10 (2023.3重印）

ISBN 978-7-5103-3964-6

Ⅰ . ①文… Ⅱ . ①王… Ⅲ . ①文化产业－产业经济学－教材 Ⅳ . ① G114

中国版本图书馆 CIP 数据核字 (2021) 第 218983 号

文化产业经济学

WENHUA CHANYE JINGJIXUE

王海文　主编

出版发行：中国商务出版社

地　　址：北京市东城区安定门外大街东后巷 28 号　　邮　　编：100710

网　　址：http://www.cctpress.com

电　　话：010-64212247（总编室）　64269744（事业部）

64208388（发行部）　64266119（零售）

邮　　箱：bjys@cctpress.com

印　　刷：河北赛文印刷有限公司

开　　本：700 毫米 ×1000 毫米 1/16

印　　张：19.25

字　　数：379 千字

版　　次：2022 年 1 月 第 1 版

印　　次：2023 年 3 月 第 2 次印刷

书　　号：ISBN 978-7-5103-3964-6

定　　价：56.00 元

前　言

社会进步和经济发展急需大量能紧随形势、应对难题、参与竞争的高素质创新型人才。而在全球文化繁荣、软实力比拼日益激烈的背景下，我国对文化人才的需求更是迫切。如何培养和造就一批具有国际视野、能够适应急速发展的文化经济形势、肩负起中华文化复兴使命的高端文化人才，已经成为当前推进我国文化强国和文化“走出去”等战略顺利实施的头等问题。在这样的背景和形势下，应文化产业实践发展及教学科研之需、人才培养之急，编写一本既反映产业原理、又涉及行业发展和政策状况的教学用书成为一件重要且极有意义的事情。

综观近年来全球文化产业的态势，用“如火如荼的战略性新兴产业”来形容文化产业毫不为过。日新月异的实践滋养并汇聚着各种丰富的资源，推动着相关专业学科建设、科学研究、人才培养等各方面工作的进步和成长，因此也为教材体系的设计和各章的撰写准备了资料、创造了条件。目前，国内关于文化产业经济的教材不在少数，然而如何集各家之长，立己之说，编写一本既有鲜活理论，又有行业、政策追踪，把原理、政策和行业有机结合起来，全面而细致地反映当下文化产业发展面貌的专业教材确实很有必要。

而今呈现给读者的便是编者参阅大量文献资料，集各家之长、融教研心得之作。教材尽可能地反映当下文化产业发展的新特征、新趋势和新资讯，既突出文化产业经济学作为产业经济学分支所具有的理论体系的完整性，又兼顾其交叉、应用的特点。此外，课程思政目标和相关元素也在教材中得到体现，从而为推进思政育人实践提供引导和参考。

本教材共分十二章，包括导论、文化产业结构、文化产业组织、文化产业投融资与经营、文化产业竞争力、文化产业政策、国际协定与文化产业、数字文化产业、新闻出版产业、广播影视产业、网络动漫产业、演艺娱乐与文化会展产业。教材在充分考虑和运用经济学及产业经济学原理进行分析的基础上，重点关注文化产业经济学自身的体系架构，注重原理剖析的精要及难易的适当，同时教材注重国别及国际视角，为读者呈现出一幅较为完整的政策画卷，并且着重选取重要且有特色的文化行业部门进行介绍，以点带面，从而引发学习者对其他行业的学习和关注。应该说，本教材已经形成了相对完善的教学架构体系，为教学模式和教育教法的创新奠定了坚实的基础。

本教材既可作为大专院校国际文化贸易、文化产业管理等专业和方向的本科教材，也可作为产业经济学、传媒经济学等相关专业和方向的教材或参考用书。当然，对于关注、喜爱文化产业的人士以及开展业务培训的机构而言，本教材也不失为一本有益的读物。

教材几易其稿，研究生方朔、周琳、孙柳明、程钲参与了教材资料搜集和部分内容初稿的撰写。在教材出版之际，编者要衷心感谢所在单位各部门、各位同事给予的支持和帮助，尤其要感谢中国商务出版社各位编辑给予的大力帮助。没有他们的帮助、关心和鼓励，这本教材的出版几近奢望。

限于编者水平，教材难免有不妥、不足之处，我们真诚欢迎批评指正，以便日后修改补充和完善。

CONTENTS 目 录

第一章　导　论

【主要内容】

作为导论，本章介绍了文化产业的概念、统计分类，文化产业的特征、作用和发展，以及相关研究内容和方法，从而使学习者从总体上建构起对文化产业经济的认识，深入理解文化产业在中华民族伟大复兴中的作用，增强学习和推进文化产业的自信，为今后进一步学习奠定基础。

【学习要求】

1．掌握文化产业的概念和统计分类。

2．掌握文化产业的特征和作用。

3．理解文化产业的发展。

4．理解文化产业在我国社会主义文化强国建设中的地位和作用。

【案例导引】

坚定文化自信 精彩精神生活——从“文化更加繁荣”看全面建成小康社会[①]

打卡博物馆、非遗走红到三星堆考古引发世界关注，从红色旅游升温到《山海情》《觉醒年代》《我和我的祖国》等主旋律影视剧“圈粉”年轻一代，从红火的乡村文化大院到城镇密布的图书馆、博物馆……全面建成小康社会，收获的不仅是物质文明的胜利，更是精神文明的成长、人民精神力量的增强，包括文化建设在内的“五位一体”高质量发展汇聚成百姓全方位的幸福感、获得感。

“十三五”期间，全国文化及相关产业增加值从 2.7 万亿元增长到超过 4.4 万亿元，年均增速接近 13%，占同期国内生产总值比重从 3.95% 上升到 4.5%。进入新时代，

①周玮，史竞男，余俊杰．坚定文化自信　精彩精神生活——从“文化更加繁荣”看全面建成小康社会．新华网，2021-07-15.

文化产业稳步向国民经济支柱性产业迈进——我国文化产业发展足迹描绘出一条从无到有、从有到优的上升曲线。

从“有没有、缺不缺”到“好不好、精不精”，新时代人民群众精神文化需求发生了深刻转变。文化兴国运兴，文化强民族强。党的十九届五中全会明确提出到2035年建成文化强国。以文化焕发出的内生动力，凝聚起全面建成小康社会的精神力量。中华文化所蕴含的文明价值导向，滋养新时代、照亮复兴路。

第一节　文化产业的基本概念及分类

一、“文化产业”概念的源起

“文化产业”概念的提出最早可追溯至20世纪初。在德国法兰克福学派学者西奥多·阿多诺（Theodor W.Adorno）和马克斯·霍克海默（Max Horkheimer）所著的《启蒙辩证法》一书中，作者首次提出“文化工业”一词，用以批判资本主义社会下大众文化的商品化及标准化。

霍克海默和阿多诺尖锐地指出，文化工业是一种资本主义控制下的文化体系，是与大众的权益对立的。它也是现代科学技术的产物。文化商品生产者凭借现代科学技术手段大规模地复制、传播文化商品。文化工业用技术无比的威力以及标准化、统一性等科学意识，瓦解了艺术本身所需求的个性。简而言之，文化工业是在先进的现代科学技术手段的基础上大批量地复制、传播并商品化了的、标准化的文化产品的娱乐工业体系。

法兰克福学派认为，文化服务于资本的权力。文化工业赖以存在和发展的动力基础是资本，而资本同时也是文化工业所追求的目标。不仅如此，艺术作品的商品化、消费化使艺术从精神领域蜕化成一种物化的文化。文化工业环境下的文化作品已经不再具备太多的艺术价值。更为严重的是，先进的工业技术使各种文化形式能更好地操纵、控制群众的心理结构。在各类文化工业产品的包围和冲击下，大众消费者日益失去自己独立的头脑和判断能力，代之以被动的文化受众和消费者，从而被动地接受文化工业产品的塑造。

可见，法兰克福学派的学者们已经正视文化经济发展中的利益矛盾，认为文化的商品化和标准化工业生产改变了生产模式，创造了一个由上层阶级领导的文化影响。这种思路，对此后的文化经济研究产生了深远的影响。

然而随着世界范围内文化产业的迅猛发展，法兰克福学派理论的局限性日益显现。日新月异的文化实践推动着文化领域的研究，关于文化产业概念的探讨层出不穷。

二、各国及国际组织对文化产业的解释

“文化产业”这一概念从诞生之日起就带有批判性，加之与“文化”（culture）定义本身有着密切的联系，使得无论从理论还是实践对其进行界定厘清都成为一件并非容易的事情。众所周知，“文化”是一个非常复杂、多层次的概念。从广义上讲，文化是指人类创造的一切物质产品和精神产品的总和，其所涉及的范围几乎囊括了人类生活的方方面面，由此也决定了对“文化产业”内涵及外延的把握不仅困难，而且必须运用动态的眼光，随着社会生活实践的发展而不断更新认识和看法。

目前，世界各国有关文化产业的名称大不相同，如美国称之为“版权产业”（copyright industries）；英国、新西兰等国，称之为“创意产业（creative industries）”；中国则称之为“文化产业”（cultural industries），由此对文化产业的解释也存在很大差异。

（一）联合国教科文组织对文化产业的解释

1972 年，联合国教科文组织（UNESCO）在蒙特利尔召开大会时给出“文化产业”的定义，即按照工业标准，生产、再生产、储存以及分配文化产品和服务的一系列活动。

该定义是从文化产品和服务的工业标准化生产、流通、分配、消费的角度进行界定，涉及两个重点：一是大工业化生产方式，二是文化产品和服务生产与交换。符合上述两点并具有系列化、标准化、生产过程分工精细化和消费的大众化特征的文化产品和服务才能被纳入产业所指的对象中。

（二）美国对文化产业的解释

美国倾向版权产业的提法，其主要是从文化产品具有知识产权的角度进行界定。美国 1997 年制定了“北美行业分类系统”（NAICS），强调美国已进入“以信息和知识为基础的经济”阶段，将通信、新闻出版、电影、音像录制、在线服务等列入“信息产业”。这标志着美国将文化、信息产业从其传统工业中彻底剥离出来，融为一体，形成了新的文化产业体系。

（三）英国对文化产业的解释

英国最早提出“创意产业”的概念，并且通过“文化”的诠释，发展成为一种在全球化消费社会的背景下，推崇智力创新、强调文学艺术作品的创作与传播（即文化活动）对经济的支持与推动作用的新兴理念、思潮和实践活动。在世界上，特别是在工业发达国家，创意产业越来越受到政治界、经济界、文化界的重视。以伦敦为例，作为一个无可争议的富有变化的全球性城市，创意产业已成为其第三大产业。

（四）欧盟对文化产业的解释

欧盟提出的文化产业概念与美国有较大区别。欧盟于 1997 年重新界定了文化产业，认为文化产业是基于文化意义内容的生产活动，除了新闻出版业、广播影视业、音像业、网络业、文学艺术、音乐创作外，还包括一切具有现代文化内容标识的产品和贸易活动，如摄影、舞蹈、工业与建筑设计、艺术场馆、博物馆、艺术拍卖、体育，以及文化演出、教育活动等。

（五）韩国对文化产业的解释

2001 年 8 月，韩国成立了文化内容振兴院（KOCCA），该院是韩国政府为发展文化内容产业并支援国际合作而成立的专门机构。韩国将文化内容产业定义为，文化内容产业由与内容有关的经济活动（如创意、生产、制作、流通等）组成，这些活动的内容源自任何类型的知识、信息及与之相关的文化资源，具体包括动画、卡通、漫画、电影、音乐、电子图书、移动、互联网内容、游戏、娱乐内容、广播电视等。

（六）中国对文化产业的解释

2003 年 9 月，中国文化部制定下发的《关于支持和促进文化产业发展的若干意见》中将文化产业界定为：从事文化产品生产和提供文化服务的经营性行业。2004 年 4 月，国家统计局颁布的《文化及相关产业分类》又进一步明确了文化产业的内涵和范围。该文件指出，文化产业是为社会公众提供文化娱乐产品和服务的活动，以及与这些活动有关联的活动的集合。为了适应文化产业发展形势和文化统计工作的要求，2012 年 8 月，国家统计局颁布《文化及相关产业分类（2012）》，将文化及相关产业界定为：为社会公众提供文化产品和文化相关产品的生产活动的集合。2018 年 4 月，国家统计局颁布了新修订的《文化及相关产业分类（2018）》。文化及相关产业的界定没有变化，但是对于范围的表述有所调整。本次新修订的分类标准，结构变化大、涉及范围广，将以“互联网 +”为依托的文化新业态及时纳入统计范围，是文化体制改革和发展工作的重要成果。

总之，现代意义上的文化产业实际上是一个巨大的“产业群”，它们奠基于大规模复制技术和现代知识产权之上，履行最广泛传播的功能，经商业动机的刺激和经济链条的中介，迅速向传统文化艺术的原创和保存两个基本环节渗透，将原创变成资源开发，将保存变成展示，并将整个过程奠定在现代知识产权之上。

三、相近概念的比较

（一）文化产业与文化事业

古往今来，国家、地区、民族都要直接掌握一部分文化产品，使它成为公共产品，以满足经济社会发展的基本需要。这就是文化事业。国家、地区、民族的财力越雄厚，掌握文化产品的数量就越多，反之则少。余下部分，则由社会成员或居民自行解决。在商品货币社会中，文化产品以商品的形式满足消费需要，既简单又快捷，于是部分文化服务劳动者专门从事文化商品生产，形成文化产业或文化产业经营。文化产业是与文化事业相对应的概念，两者都是社会主义文化建设的重要组成部分。

文化产业与文化事业的不同点表现在：

第一，生产目的不同。文化事业部门是生产公共产品，以国家需要为转移。文化产业部门是为市场生产商品，以市场需要为转移。

第二，资本来源不同。生产文化产品也必须有资本。文化事业的生产资本由国家或社会提供。而生产文化商品的资本来源则因社会制度而异。在我国社会主义市场经济制度下，多种经济成分并存，生产资本需从不同经济成分中获取。广泛吸收民营经济进入文化产业经营领域，是发展文化产业的重要战略。

第三，机构性质不同。文化事业机构是政府部门的附属单位，以行政方式管理。文化产业机构是企业单位，以企业法人进行经营活动。

第四，运营机制不同。事业机构是由国家财政提供经费维持其生产与服务活动，以寻求最高社会效益为原则。企业的本质是以少投入、多产出、追求最高经济效益为原则。社会效益与经济效益有时是一致的，有时则是矛盾的。在有矛盾的时候，事业机构必须也必然把社会效益放在第一位。企业必然要考虑自己的利润目标和承受能力。

第五，调控方式不同。对事业单位，国家可以采取行政命令的方式直接调控，要求它生产什么样的文化产品，怎样为大众提供服务。对企业单位，一般地说，是以间接调控为主。一是法律。国家通过立法程序把生产和经营文化服务商品的基本准则写进法律，要求企业依法经营，违法必究。二是税收政策引导。对企业经营国家和社会最需要的商品实行低税，而加以限制的文化商品则实行高税。三是价格杠杆。工资、利率、商品与服务的价格等，都可以对企业按社会效益的原则进行引导。

（二）文化产业与内容产业

文化产品的核心价值是其产品具有的精神内涵，即内容。形式各异、内涵多样的文化产品因其内容而有价值，因此也可以称之为内容产品。近年来，信息技术在内容产品生产、传播和消费上的应用，极大地提高了内容产品的生产能力，形成了数字内容产业（digital content industry），引领着当代文化产业发展的新趋势。数字内容产业的概念最早于1995年由西方七国经济会议提出。1996年，欧盟《信息社会2000计划》进一步将其内涵明确为“制造、开发、包装和销售信息产品及其服务的产业”。内容产业的范围包括各种媒介上所传播的印刷品内容（报纸、书籍、杂志等）、音响电子出版物内容（联机数据库、音像制品服务、电子游戏等）、音像传播内容（电视、录像、广播和影院）、用以消费的各种软件等。这些产业是经济价值的生产者。

总之，内容产业关注当代数字类产品的文化内容，以创意为动力，以数字技术为载体，将各种“文化资源”与最新数字技术相结合，融汇重铸，建立了新的生产和消费方式，产生了新的产业群落，培育出新的消费人群，并以高端技术带动传统产业实现数字化更新换代，创造出了惊人的经济社会价值，已逐步成为当代社会发展中的主流产业，赋予了文化产业新的时代内涵。可见，文化产业与内容产业有着密切的联系。从文化产业到数字内容产业的发展，是文化产业与现代科技相结合，向纵深发展的体现，是当前及将来文化产业发展的重要业态形式。

（三）文化产业与版权产业

版权产业是当今知识经济时代最重要的产业之一，是文化产业的核心和基础因素，其发展水平被国际社会认为是衡量一个国家或地区创新能力和核心竞争力的基本标尺。

世界知识产权组织（WIPO）将版权产业划分为核心版权产业、部分版权产业、边缘版权产业、交叉版权产业4类。

核心版权产业是指那些主要目的是为了原创、生产、发行或展览版权产品的产业，这些产业包括报纸、图书、期刊、摄影、录音、音乐出版、广播和电视播放、商用及娱乐软件等。

部分版权产业是指那些部分产品为版权产品的产业，这部分产业包括纺织品、珠宝首饰、家具、玩具、游戏等。

边缘版权产业包括那些将受版权保护和部分不受版权保护的产品发行给商家和消费者的产业，涉及为发行版权产品服务的运输服务、电信业、批发商和零售商，这些行业产生的全部产值中只有一部分被视作版权产业的产值。

交叉版权产业是指那些生产、制造和销售其主要功能是为了促进有版权的作品的创造、生产，或者使用的设备的产业，这些产业包括制造业，如CD机、电视机、VCR机、个人电脑。此外，这些产业还包括空白磁带和打印纸。

版权产业高度关注知识内容、市场权益和知识产权的归属，这也是在世界贸易组织（WTO）体制下像美国这样的版权大国发展版权产业的重要着眼点。早在1990年，美国国际知识产权联盟就已经利用版权产业的概念来计算其对美国整体经济的贡献。

（四）文化产业与创意产业

1998年，英国创意产业特别工作组首次对创意产业进行了定义：源自个人创意、技能及才华，通过知识产权的开发和运用，具有创造财富和就业潜力的行业。在英国的文化、传媒与体育网上，将创意产业界定为“广告、建筑、艺术品和文物交易、工艺品、设计、时装设计、电影和音像、互动休闲软件、音乐、表演艺术、出版、软件与计算机游戏、广播和电视”13个行业。

创意产业具有以下特征：第一，知识、文化要素密集性特征。创意产品和服务一般是以文化、创意理念为核心，是人的知识、智慧和灵感在特定行业的物化表现，呈现出高知识性、智能化的特征。第二，强融合性特征。创意产业作为一种新兴的产业，它是经济、文化、技术等相互融合的产物，具有高度的融合性、较强的渗透性和辐射力，为发展新兴产业及其关联产业提供了良好条件。第三，高附加值、高风险特征。创意活动为产品或者服务提供了实用价值之外的知识、文化附加值，提升了文化产品和服务的经济价值，创意产业更强调人的创造力，更加注重文化艺术对经济的渗透和贡献。同时由于创意活动本身及市场的不确定性，使创意产业面临较高的经营和市场风险。

在理论研究和现实实践中，存在文化创意产业的习惯提法。文化创意产业与创意产业，无论是内涵，还是外延，都极为相近。国际上比较通行的提法是创意产业。1998年，英国最早提出创意产业，这一概念影响了欧洲、美洲、亚洲等许多有意发展创意产业的国家，在短短几年内迅速地被全球接受，略作调整后采用。我国如北京、上海等城市采用文化创意产业的提法。中国香港最初使用的是创意产业，在 2005 年将其改称为文化创意创业。

相比较而言，版权产业概念侧重于对智力创造成果的肯定和保护，创意产业概念侧重于对创造行为和过程的肯定和重视，而文化产业则是较为综合的概念。

创意产业为创意人群发展创造力提供了根本的文化环境，因此又往往与文化产业概念交互使用。

（五）文化产业与信息产业

信息产业是生产经营信息商品的信息企业的集合。随着高新技术的广泛应用，信息产业与文化产业达到了全面互渗的境界，成为互为表里的现代社会的支柱产业。正是数字技术的崛起为与信息有关的一切产业提供了一个统一的平台，大众传媒（新闻、出版、广播、电影、电视、音像等）、通信（电话与无线通信）和信息业（计算机与网络）也因此而相互融合和渗透，为共同的"用户"提供服务。但并不是所有的科技进步都可归于文化产业。只有当"信息"成为文化商品而有偿使用时，即"信息"成果作为文化产品进入生产经营且进入市场化的生产、交换和消费，实现了关于"信息"的文化产业运作，才有商品和市场意义上的文化产业。在这种情况下，信息产业成为文化产业的重要部分。

四、文化产业的统计分类

（一）重要国家、地区及国际组织文化产业的统计分类

文化产业活动与人们的社会生活、经济生活密切相关。它是涉及多行业、跨部门的一个交叉集合体，在内容和形式上表现为复杂多样化。不同国家和地区的不同学者对于文化产业的分类各不相同（见表 1–1），这是因为各国产业名称和定义不同，涵盖内容不同，分类标准不一，归类也就不同。

（二）中国文化产业的统计分类

在中国的《文化及相关产业分类（2018）》中，文化及相关产业的范围包括：

（1）以文化为核心内容，为直接满足人们的精神需要而进行的创作、制造、传播、展示等文化产品（包括货物和服务）的生产活动。具体包括新闻信息服务、内容创作生产、创意设计服务、文化传播渠道、文化投资运营和文化娱乐休闲服务等活动。

表 1–1 文化产业分类表

定义	国家、地区（国际组织）	分类
创意产业	英国	13 类：广告、建筑、艺术及古董市场、工艺、设计、流行设计与时尚、电影与录像、休闲软件与游戏、音乐、表演艺术、出版、电脑软件、广播电视
	新西兰	10 类：广告、软件与资讯服务业、出版、广播电视、建筑、设计、时尚设计、音乐与表演艺术、视觉艺术、电影与录像制作
	中国香港	11 类：广告、建筑、设计、出版、数码娱乐、电影、古董与工艺品、音乐、表演艺术、软件与资讯服务业、电视与电台
	澳大利亚	7 类：制造（出版、印刷等）、批发与销售（音乐或书籍销售）、财务资产与商务（建筑、广告及其他商务）、公共管理与国防、社区服务、休闲服务、其他产业
文化产业	新加坡	3 类：文化艺术、设计、媒体
	韩国	17 类：影视、广播、音像、游戏、动画、卡通形象、演出、文物市场、美术、广告、出版印刷、创意性设计、传统工艺品、传统服装、传统食品、多媒体影像软件、网络、
	芬兰	9 类：文学、塑像、建筑、戏剧、舞蹈、影像、电影、工业设计、媒体
	联合国教科文组织	6 类：印刷、出版、多媒体、视听产品、影视产品、工艺设计
文化创意产业	中国台湾	13 类：视觉艺术、音乐与表演艺术、文化展演设施、工艺、电影、广播电视、出版、广告、设计、品牌时尚设计、建筑设计、创意生活、数字休闲娱乐
版权产业	美国	4 类：核心版权产业、交叉产业、部分版权产业、边缘支撑产业
感性产业	日本	3 类：内容产业、休闲产业、时尚产业

资料来源：蒋三庚．文化创意产业研究．北京：首都经济贸易大学出版社，2006：9.

（2）为实现文化产品的生产活动所需的文化辅助生产和中介服务、文化装备生产和文化消费终端生产（包括制造和销售）等活动。

《文化及相关产业分类（2018）》是以《国民经济行业分类》（GB/T 4754—2017）为基础，根据文化生产活动的特点，将行业分类中相关的类别重新组合，是《国民经济行业分类》的派生分类。该分类在考虑文化生产活动特点的同时，兼顾文化主管部门管理的需要；同时立足于现行统计制度和方法，充分考虑分类的可操作性，而且借鉴了联合国教科文组织的《文化统计框架—2009》的分类方法，在定义和覆盖范围上与其衔接。

依据上述分类原则，《文化及相关产业分类（2018）》采用线分类法和分层次编码方法，将文化及相关产业划分为三层，分别用阿拉伯数字编码表示。第一层为大类，用01—09数字表示，共有9个大类；第二层为中类，用3位数字表示，共有43个中类；第三层为小类，用4位数字表示，共有146个小类。其中，01—06大类为文化核心领域，07—09大类为文化相关领域。主要分类情况见表1-2。

表1-2　中国文化产业统计分类（2018）

文化核心领域	新闻信息服务	新闻服务 报纸信息服务 广播电视信息服务 互联网信息服务
	内容创作生产	出版服务 广播影视节目制作 创作表演服务 数字内容服务 内容保存服务 工艺美术品制造 艺术陶瓷制造
	创意设计服务	广告服务 设计服务
	文化传播渠道	出版物发行 广播电视节目传输 广播影视发行放映 艺术表演 互联网文化娱乐平台 艺术品拍卖及代理 工艺美术品销售
	文化投资运营	投资与资产管理 运营管理
	文化娱乐休闲服务	娱乐服务 景区游览服务 休闲观光游览服务
文化相关领域	文化辅助生产和中介服务	文化辅助用品制造 印刷复制服务 版权服务 会议展览服务 文化经纪代理服务 文化设备（用品）出租服务 文化科研培训服务

续 表

文化相关领域	文化装备生产	印刷设备制造 摄录设备制造及销售 游乐游艺设备制造 演艺设备制造及销售 乐器制造及销售 广播电视电影设备制造及销售
	文化消费终端生产	文具制造及销售 笔墨制造 玩具制造 节庆用品制造 信息服务终端制造及销售

资料来源：国家统计局。

此外，顺应文化产业迅猛发展之势，理论探讨同样热烈。国内外专家学者从研究需要等角度对文化产业分类提出不同观点。这些观点对于认识和研究文化产业有着积极的启发意义。

第二节　文化产业的特征、作用及发展

一、文化产业的特征

文化产业是一个特殊产业，它不同于一般产业的属性是由文化及文化产品的特性所决定的。随着全球文化经济的发展，文化产业呈现新的变化和特征。

第一，文化产业的生产方式采取工业化模式，复制性特点明显，具有开发固定成本高、边际成本低的特征。文化产业具有文化与经济的双重属性，是文化性与商品性的集合体。它采取工业化的生产方式，奠基在大规模复制技术之上，从而使文化产品和服务的生产和销售具有产业化、市场化和商品化特征。与其他产业相比，文化产业大都在研发阶段需要较高的投入，开发固定成本高。然而由于采用了现代科技及工业化的复制方式，其产品和服务的边际成本相当低，从而可以获得巨大的经济效益。

第二，文化产业属于知识创新密集型产业，内生收益递增明显，外部性显著。文化生产是创造性生产，是创新活动，极具创造性和个性，每一件文化产品之间都具有不可重复性、不可替代性和不可再生性，这就决定了文化产业属于知识创新密集型产

业。经济学理论表明，在普通的物质产品消费中，边际生产力递减规律与边际效用递减规律是普遍存在的。但是，以知识、文化作为资本和资源的文化产业，由于分工与专业化的发展，以及创新机会的不断扩张，文化产业成为一个内生收益与边际效用递增的产业部门。不仅如此，文化产业兼具有生产的外部性和消费的外部性。文化生产不仅具有经济功能，同时具有社会、文化功能；文化消费不仅满足了消费者的效用，同时也是消费者学习知识、进行人力资本投资的过程。

第三，文化消费具有典型的网络效应和口红效应，不确定性明显，消费方式日益全球化。网络效应指的是当消费同样产品的其他使用者的人数增加时，某一使用者消费该产品所获得的效用增量。网络效应是一种需求方的规模经济。当网络规模没有达到临界点时，市场就会萎缩甚至为零；一旦超过，就会表现出很强的网络外部性。从需求方来讲，文化消费相互带动、影响显著，如大型文艺表演、体育赛事，其网络效应就十分明显。

口红效应是指每当经济不景气，消费者购买预期有所下降时，口红的销量反而会直线上升。口红并非生活必需品，但廉价并能带来满足消费欲望与心理慰藉的双重愉悦。文化消费就具有这种口红效应，在经济下行、金融危机时呈现逆势而上的反周期性质。

此外，由于文化消费的知识性、娱乐性和差异性，其不确定性明显。在经济全球化不断发展的今天，文化产业的消费方式日益呈现出全球性的特征。文化消费的全球性给文化生产以有力的推动，促使各国文化产业朝集团性和全球性方向发展，文化产品在日益丰富的同时也使它在全球范围内更加具有竞争性。

第四，文化产业渗透性、融合性强，产业内部关联紧密，具有较为显著的范围经济。文化产业的核心要素是信息、知识，特别是文化和技术等无形资产，是具有自主知识产权的高附加值产业。因此其产品往往是新思想、新技术、新内容的物化形式，特别是数字技术和艺术的交融和升华，技术产业化和文化产业化交互发展，使其渗透到诸多产业部门，具有很强的渗透性和融合性。而从产业内部来看，文化产业内部关联紧密，不同行业部门之间有着密切的联系和影响，这就表明文化产业价值链较长。同时文化产业较高的固定成本特性决定了该产业具有很强的范围经济性。范围经济是指由一个企业联合生产若干种产品，要比由多个企业分别生产各自产品更节约成本。从文化产业各部门之间的关联性以及产业价值链延伸来看，文化产业可以取得较为显著的范围经济。

二、文化产业的作用

（一）文化产业促进经济增长，提供就业机会

作为“新经济”或者“知识经济”的典型，文化产业促进了经济增长。文化产业的经济贡献在微观上表现为，在单位产品的价值构成中，物质、能源消耗的比重减少，文化的比重增加；在宏观上表现为，文化产业在国民生产总值中所占的比重和从事文化工作的劳动者在全社会就业中所占比例的提高。在西方许多国家，以文化产业为核心（或主体）的第三产业产值比重已超过第一、第二产业而居首位。一份关于欧洲文化经济的报告从以下方面披露了这样的事实：1999—2003 年，欧洲文化产业增长 12%，超过了其经济增长的普遍水平，产业增加值增长了 19%，则 2002—2004 年就业增长了 1.8%。与汽车业、化工业以及煤气、电力业相比，欧洲文化产业较这些行业雇用人数的总和还要多。

（二）文化产业推动产业结构升级，带动相关产业发展

文化产业对产业结构的升级作用体现在两方面：一是独立的产业形式存在，并成为国民经济的主导产业；二是通过产业渗透的方式对传统产业加以改造，推动传统产业服务化、服务产业知识化、知识产业人文化、文化产业网络化。文化产业是在全球化的消费社会背景中发展起来的一门新兴产业，被公认为 21 世纪全球经济一体化时代的“朝阳产业”或“黄金产业”。在 2008 年金融危机后，各国纷纷将文化产业视为支柱性产业加以大力发展，以促进经济方式转变和本国产业结构升级。

此外，文化产业可以带动相关产业发展。文化一旦成为充满活力的经济因素，它便不可阻挡地向一切可能的产业中渗透发展。在这一过程中，文化不仅壮大了自己，也大大刺激拉动了相关产业的延伸和升级，促进了生产方式的变革。

（三）文化产业具有重要的社会功能

文化产业能够传承、改变、重塑，甚至创造新的文化观念，直接刺激和引导个人、群体、社会的价值取向、思维方式，以及兴趣偏好、消费观念和消费倾向，进而影响总体经济。

文化产品能够作用于人的智力、观念、思想、能力，并从整体、根本上引导、培育人力的素质，通过提高全体劳动者的文化素质，为生产力和总体经济的发展，源源

不断地提供高质量的劳动力和各类人才。

文化产业还具有娱乐功能，能够满足大众放松身心、活动肌体、交流情感的作用；文化产业具有审美功能，人们在享受文化产品精神内涵的同时，也得到了精神的愉悦、心灵的陶冶。

（四）文化产业具有重要的政治功能

文化产业的政治功能表现在三个方面：一是文化产业具有教化功能。文化产业虽然不如文化事业那样，具有强烈的使命意识和责任意识，但同样具有教化功能，大众在接受、享用文化产品时，总是会受到他们所共同认可的价值以及相应的行为准则、规范等的教育。二是文化产业具有维护国家安全的功能。文化产业不仅具有重要的社会价值和经济价值，而且具有重要的战略价值，关系到国家政权的巩固和稳定。三是文化产业具有维护社会安定的功能。文化产业为大众提供各种文化娱乐和文化服务，使大众可以更好地享用业余时间，可以获得身心放松。可见，文化产业对社会稳定具有促进功能。

三、文化产业的发展

（一）文化产业的兴起

1. 文化产业兴起的历史背景

早在 17 世纪，西方经济学家威廉·配第就已经敏锐地发现了文化产品供给的变动趋势。他说："随着时间的推移，社会经济的发展，从事农业的人数将相对减少，从事工业的人数比从事服务业的人数又相对地减少。"而产业变动的趋势恰如配第的预见，朝着配第一克拉克定律所阐明的方向发展。时至今日，在全球服务经济和文化经济浪潮的推动下，伴随大众生活水平的提高、休闲时间的增加，文化产业正如火如荼地发展。

中国文化产业伴随改革开放、社会主义市场经济建设不断深入发展。从国家管文化办文化，开始向政府管文化、由社会多元建设力量办文化过渡，中国文化建设开始关注需求，贴近市场，让可以产业化的部分大步走入市场，民营资本涉足文化产业领域。文化部系统的统计显示，在其管辖范围的文化产业，非公经济所创增加值已占增加值总量的一半以上、就业人数的三分之二以上。中国文化产业迎来了大繁荣、大发展的黄金时期。

2. 文化产业兴起的动因

（1）科学技术革命的推动作用。科学技术革命，特别是电子信息技术的发展是文化产业兴起的技术前提和直接推动力。电子技术的出现，是传播媒介的重大革命。随着现代技术的发明和运用，技术以前所未有的规模入侵文化领域，生出一种以工业生产的方式制造文化的行业，特别是数字技术和网络技术日新月异的变化，把人类由文本文化时代推进到了视觉的读图文化时代，从而催生出新的文化业态，如以电脑、电视、手机、PDA、MP4 等设备为终端的媒体，能够实现个性化、互动化、细分化的传播方式，部分新媒体能够实现精准投放、点对点的传播，新媒体博客、电子杂志等应运而生，数字文化产业和网络文化产业成为当今世界占主导地位的文化产业。总之，科技革命使文化艺术的科技含量大幅度增加，使文化的生产与服务真正进入规模化、标准化、高质量化阶段，显示出产业化的基本特征。

（2）文化消费需求增长的推动作用。文化消费需求是文化产业兴起的内在动力。随着社会经济发展，大众的需要逐步从生存需要向发展和享受需要过渡，由物质层面上升到精神层面，文化教育、娱乐开支逐步增大，生活水平的提高也使更多的人有经济能力享受精神文化消费。而科技的发展、劳动者素质和技能的不断提高、劳动手段的不断改进，使劳动生产率大大提高，人们在相同时间内可以创造比过去更多的产品，这给工作时间的缩短提供了可能，为人们提供了更多的闲暇时间，从而引起社会的生活方式、经济结构以及个人的娱乐行为发生巨大变化。当下大众文化以其快速化、商业化、盈利化、规模化发展，成为全球文化的一大景观。

（3）文化产业市场化运作的推动作用。市场化运作是文化产业兴起的环境保证。文化产业的出现是产业分化、社会进步的必然结果，其产业化与市场化进程也相伴相随、相辅相成。文化产业的市场化运作为文化产品的生产导入了市场竞争机制，使文化资源得到合理的配置，从而也提高了文化产业的经营水平。当文化产品进入市场，就已经被赋予了商品的属性，必须受到市场规律的制约，受到市场检验。文化产品的生产者和经营者为了追逐最大的生产经营利润，就必须不断生产出质优价廉、受人欢迎的文化产品。在市场竞争面前，生产者不断分化，文化生产资源得到重新配置和优化，刺激并推动文化产业的发展。文化产业发展既受制于市场经济的发展，又反映市场经济的发育程度。文化的产业化只有在非物质文化的生产、交换和消费发展到一定程度、文化市场发育到一定程度后才成为可能。由此可见，市场经济的成熟发展和文化产业的市场化运作推进了产业的发展。

（二）世界文化产业发展现状、趋势

当下世界文化产业处在一个全球化深化、知识经济迅猛发展、低碳经济渐成主流、国际政治经济秩序重构的时代，人类的生产与生活方式正面临重大变革。在这样的时代背景下，世界文化产业的发展趋势成为备受关注的问题。

1. 经济全球化及新兴产业的蓬勃兴起正开创世界文化产业发展的战略机遇期

即便全球化进程会遭遇各种各样的羁绊，然而它却以不可阻挡之势在整个世界拓展、渗透，已然成为当今人类社会存在的一种方式，无处不体现在生产与生活方式的变迁中。单从服务经济以及文化经济在全球的相继蓬勃兴起我们就不难寻到全球化推动的社会发展的时代机遇。那些最先把握趋势、抓住机遇的国家往往能够引领潮流、占尽先机。

《2010 年创意经济报告》显示，早在 2008 年，全球创意产业出口总值达到 5920 亿美元，与 2002 年相比几乎翻了一倍，意味着在这六年间，全球创意产业出口以每年 16% 的平均速度增长。不仅如此，在以绿色、智能和可持续为特征，以信息技术和新能源革命为主导，科技革命和产业革命相伴随的新兴产业振兴的后危机时代背景下，世界文化产业必将顺应上述时代趋势，成为新兴产业浪潮的宠儿，迎来具有历史意义的成长战略机遇期。

2. 知识经济及科技日新月异正催生面向生产及生活的文化产业新业态，产业融合趋势愈加明显

在以知识密集和创新创意为特征的文化经济浪潮中，文化产业以其多面性和多样性呈现于世界产业体系中。多面性如欧盟、日本将文化产业称为“内容产业”，英国、新加坡等国称为“创意产业”，美国称为“娱乐业”或“版权产业”，充分体现了其知识、创意的特征。多样性则表现为文化产业所涉门类繁多，不一而足，包括影视制作、出版发行、演艺娱乐、数字和动漫等。而恰恰由于知识和科技的日新月异，为文化产业的创意带来了前所未有的想象空间。同时我们不难发现，这些具体的文化行业部门，它们或为生产服务，却更多体现了从生存向发展乃至享受过渡的人的需要的变化，直指人的生活本身，这显然代表未来社会的发展趋势。更为重要的是，文化产业，尤其是文化产业新业态，不仅表现出强劲的发展势头，而且呈现出明显的产业融合的趋势。《2010 年创意经济报告》称，创意经济是艺术、商业、关联性、创新驱动和新商业模式的交叉融合。数字时代打开了音乐、动漫、电影、新闻、广告业等的营销渠道，从而增加了创意经济的收益。移动通信技术革命正在改变发展中国家亿万人民的生活

方式。可见，未来不同产业及行业部门的融合将成为必然的趋势。

3. 国际分工深化及全球文化市场的繁荣正推动各国对外文化贸易的发展，文化产业国际化路径及贸易模式面临创新

不断拓展的经济全球化同时在推动着国际分工的深化。此外，伴随着知识经济的发展，国际分工的知识、技术基础也更加突出。总的来讲，水平型国际分工、产业内及产品内国际分工或网络分工兴起，由此催生出新的产业和部门，推动着全球文化市场的繁荣及新兴市场的产生，其直接的结果就是促使各国对外文化贸易的迅速发展。

麦肯锡咨询公司的一项调查分析表明，文化贸易发展的主要推动力和国家经济发展水平的相关度超过 90%。而全球范围内的经验也表明，文化贸易的发展将带来包括经济增长、产业结构及贸易结构优化、升级等诸多经济效益和社会效益。然而，鉴于国际分工的发展变化以及当前世界范围内贸易投资一体化趋势的加强，文化产业国际化路径及国际文化贸易模式均面临创新，才能适应分工深化及产业与贸易自身的特点，这是将来全球文化经济必须面对的一大课题。

4. 发达国家仍主导世界文化产业发展，开放文化经济面临更为集中的自由与保护的利益纷争

资料显示，早在 2008 年，发展中国家向世界出口的创意产品达到 1760 亿美元，占整个创意产业贸易额的 43%，2002—2008 年间，年均增长 13.5%。这表明发展中国家在世界创意产业市场上具有强大的活力，所占市场份额增长迅速。南南创意产品贸易总额将近 600 亿美元，该时期达到了 20% 的惊人增长率。上述数据确能反映出发展中国家文化产业及对外文化贸易发展的良好态势，然而却并非表示，在世界文化经济体系中，发展中国家已经能与发达国家分庭抗礼。

从具体行业部门来看，发达国家仍以明显的比较优势和竞争力占据价值链的高端；更重要的是，新贸易保护主义抬头，发达国家与发展中国家之间的贸易摩擦增多，特别是在文化经济领域，其中较有代表性的案例如中美视听服务案。相关事实说明，在未来世界文化产业发展过程中，发达国家仍然将主导世界文化产业的发展，发展中国家不可避免要面对各国利益博弈下的摩擦与纷争。

（三）国际视野下对中国文化产业发展现状的总体判断

在对世界文化产业发展趋势分析的基础上，我们需要进一步在国际视野下对中国文化产业发展的现状做出判断，以便能针对性地提出其国际化的战略取向。

1. 发展速度快，规模和效益提升潜力大

《2010创意经济报告》显示，2008年中国创意经济产品出口值达848亿美元，占全球市场的20.8%，位居世界第一。在宏观经济复苏的大背景下，文化产业不负人们的高度期待，在多数领域实现了超常增长，成为国民经济发展中最为亮眼的领域，国际金融危机凸显了文化产业的特殊优势，文化产业已经登上了国家战略性产业的位置。虽然依据数据资料或许我们可以认定中国文化产业近几年发展非常快，总量很大，然而与发达国家相比，中国尚称不上文化经济强国，起码在打造大型文化集团，甚至跨国文化公司，在产业集聚、集群发展，规模与范围经济的获得以及产业效益、效率的提升方面还有很大空间，发展潜力巨大。

2. 发展不平衡，国内外市场拓展空间大

就目前状况看，中国文化产业发展虽然发展快，而且面对广阔的国内外市场，但是发展不平衡问题较为突出。中国三大都市经济圈、东南沿海成为中国文化产业及对外文化贸易领先地区，而文化资源丰富的内地却显得落后。中国文化经济空间及部门发展的不平衡将会制约统一文化市场的形成和资源在更广阔范围内的配置，最终将影响文化经济发展水平的总体提升。

3. 产业组织主体单一，打造面向国际的多元化市场主体成为必然要求

在市场经济成熟的国家，文化产业组织形成较为完整的体系，从而能够保障竞争市场的形成、资源的优化配置，形成价格机制完善，市场、企业及其他主体边界合理，产业效率较高的利益链条和经济系统。单以美国文化经纪公司为例，好莱坞的顶级经纪公司如CAA、WMA、ICM、UTA等[①] 就让众多国家望之项背。相比而言，中国的产业组织主体单一，公有制文化企业“一支独大”不利于文化体制改革深化和健康繁荣文化市场的形成。以中国民营文化企业为例，其在中国文化经济发展以及文化体制改革过程中面临重重困难，体现在：第一，公有单位在文化产业中处于主体地位，但是其垄断地位阻碍了行业的公平竞争和良性发展，民营企业缺乏宽松的发展环境和空间；第二，行业财税等优惠政策支持不足，企业税费负担较重；第三，缺乏行业自律与引导，市场环境需要改善。为了推进中国开放文化经济的发展，打造面向国际的多元化市场主体成为必然要求。

①它们分别是创新艺人经纪公司（CAA）、威廉·莫里斯经纪公司（WMA）、国际创意管理公司（ICM）、联合艺人经纪公司（UTA）。

4. 市场化改革及政策支持力度大，应对外部纠纷能力尚待加强

自2009年中国颁布第一部文化产业专项规划——《文化产业振兴规划》以来，财政、税收、金融支持等相关意见和措施也随之跟进。应该说，中国政府促进本国文化经济繁荣的决心不可谓不大，力度不可谓不强。但是，我们又必须做好打硬仗的准备，起码在中国文化产业国际化道路上将面临愈加激烈和复杂的竞争和纠纷。这对于尚没有强大竞争实力和应对外部纠纷能力的中国文化经济而言将是巨大的考验。

（四）国际视野下中国文化产业发展的战略取向

1. 抓住战略机遇期，以市场为导向，大力实施“走出去”国际化战略

要紧紧抓住未来若干年世界文化产业蓬勃发展的战略机遇期，以国际化的视野，从国家社会经济迈入高质量发展的战略高度全力推进中国文化产业国际化步伐。为此，必须融入国际市场环境中，积极参与国际分工，而此前提是中国文化产业繁荣发展一定要以社会主义市场经济为导向，充分发挥好市场配置资源的决定性作用以及化解发展难题有效途径的功能，真正处理好政府与市场的关系。对于市场化程度要求高且具备条件的文化产业部门，可以最大程度搞活放开。注意协调好生产与生活、传统与新兴文化产业部门的发展。同时深入研究学习国际经验，坚定不移实施“走出去”战略，推进战略性贸易政策的有效实施，力争实现文化“走出去”及贸易“走出去”的双赢目标。

2. 统筹规划，“线面”结合，“内外”并举，促进健康有序的中国开放文化格局的形成

要科学制定好国家及各地区发展规划，统筹城市、省域、经济圈、经济带以及国际经济合作区域文化产业的发展，做到“线面”结合，“内外”并举。“线”指的是产业及产业链、价值链，“面”指的是空间布局，由此二者结合促进产业集群发展，获得更大的规模经济和范围经济。“内外”并举指的是注意国内外市场、资源的有效结合和利用。由此实现规划科学、健康有序、层次分明的中国开放文化格局。

3. 培育主体，完善体系，促进交融，推动文化产业、贸易及投资的良性互动，创新贸易和投资模式与路径

要培育好多元化的文化经济主体，特别要推进个体、民营及股份制文化主体的壮大，促进文化市场竞争机制的完善；要鼓励文化经济领域创新和科技应用，关注新兴业态的成长，同时适应国际分工形式的变化，促进不同文化部门以及不同产业之间的交融；要高度重视新型工业化阶段产业、贸易、投资的良性互动，在文化经济领域推

动三者的区域协同发展战略，重点地区和行业部门领先、突破战略；要依据具体文化产业特点，利用现代科技手段探索贸易、投资模式创新，特别要重视商业存在模式及服务外包的发展，充分融入国际分工中去。

4. 加强合作，发出中国声音，积极应对贸易、投资纷争，为中国文化产业国际化创造良好的外部环境

加强国家、区域及城市间的合作与交流。在世界贸易组织及相关国际性组织谈判上中国要发出自己的声音，竭力推进符合时代发展潮流的国际政治经济秩序的重构。国家要鼓励新兴产业协会、促进会等非官方组织的成立，组织力量深入研究国际规则，积极应对文化贸易及投资领域的摩擦和争端，积累相关经验。通过交流、合作和利益博弈，不仅为新兴产业国际化创造有利的国际政治环境，更应争取在国际领域中的发言权和影响力。

第三节　文化产业研究的内容与方法

一、研究内容

（一）文化产业原理

主要介绍与文化产业相关的基本理论问题，包括文化产业导论，内容涉及文化产业的概念、特征、作用以及统计分类，文化产业的兴起和发展；文化产业结构、文化产业组织、文化产业投资与经营、文化产业竞争力、数字文化产业。通过学习，学生对文化产业经济学基本原理有所了解，对重要理论问题达到掌握并运用的水平。

（二）文化产业行业部门

文化产业行业部门分析主要围绕重点领域展开，包括图书报刊、广播影视、演艺娱乐、网络动漫等内容。通过学习，使学生对具体行业状况及运作规律有所认识，并尽可能运用原理知识展开分析。

（三）文化产业政策

文化产业政策部分主要针对中国文化产业政策，WTO 等相关文化产业政策进行概略性介绍。本部分内容旨在让学生了解当下重要的文化产业政策，由此在理论和部

门分析学习的基础上，提高对政策的认识和分析运用的理论水平。

二、研究方法

文化产业是产业经济学的一个应用分支，始终将紧密联系产业经济学以及经济学的总体分析框架。经济学的研究方法，特别是产业经济学的研究方法也是文化产业研究的基本方法。此外，文化产业作为一个交叉性的产业门类，涉及文化学、社会学、统计学、法学等学科，文化产业的具体研究方法也随之多样化。因此文化产业的研究方法是以经济学研究方法为主的多种方法的融合。文化产业的经济学研究方法主要有以下两方面：

（1）规范和实证的研究方法。这是经济学研究最基本的两种方法。规范分析是一种主观性的表述，是对于现实状况的判断，即在有关经济现象的分析中得出的一种价值判断。实证分析一般是描述性的，是对经济现象特征的客观表达，并对经济问题提出解决办法。

文化产业经济学的学习要重视调查实证研究，获得对文化产业发展较为全面的认知和实感，尤其是在全球化视野下，立足我国国情，加深对我国文化产业状况的认识，增强文化自信，坚定建成社会主义文化强国的信念和行动。同时要加强规范分析和价值判断，在“以人民为中心”的发展思想指引下，准确把握文化产业的发展规律和方向，有效将文化产品和服务的商品属性与审美属性、文化企业发展的社会效益和经济效益统一起来。

（2）理论分析和经验分析方法。理论分析方法是指在特定的框架内对事物进行理论上的演绎、推理和归纳，而经验分析方法是运用数据和实际资料的经济学分析。

文化产业经济学的学习要重视理论素养的提升，增强运用所学理论进行研究和思考的能力，同时也要加强资料搜集、数据分析、模型构建等方面，全面提高学习的效果。

【本章小结】

从诞生之日起就带有批判性的文化产业概念至今众说纷纭，统计分类也莫衷一是。这种状况反映出作为新兴产业的文化产业，一直处于发展之中，产业内涵和边界尚在拓展之中。而随着全球文化经济的发展，文化产业不断呈现出新的变化和特征，在各国社会经济发展中占据越来越重要的地位。深入了解文化产业兴起的历史背景及动因，发展现状与趋势对于深化对该产业的认识、获得总体的正确判断和评价、引导此后进一步学习有着重要意义。

【复习思考】

1. 什么是文化产业？它与文化事业、创意产业、内容产业、版权产业有什么不同？
2. 文化产业的特征是什么？
3. 文化产业的作用体现在哪些方面？
4. 中国文化产业如何分类？
5. 试述世界文化产业的发展现状和趋势。
6. 讨论新时代我国社会主要矛盾转化对文化产业发展提出哪些新的要求。

【案例讨论】

文化产业：为高质量发展积蓄势能，助推文化强国建设①

第十七届中国（深圳）国际文化产业博览交易会成功落下帷幕。作为"中国文化产业第一展"，本届文博会实现全国31个省、自治区、直辖市及港澳台地区全部参展的"满堂红"，超过10万件文化产品、近4000个文化产业投融资项目在现场进行展示与交易，不仅向世界展示了中国加快建设文化强国的自信与底气，也显示了数字赋能和文化传承、内容创新为文化产业高质量发展带来的新机遇。

一、于变局中开新局

这是一场前所未有的冲击波——突如其来的新冠肺炎疫情让线下文化产业发展遭受重创，演出、影视、会展等行业一度停摆，产业发展陷入困局。

这是一张分外亮眼的成绩单——2020年，全国规模以上文化及相关产业企业实现营业收入98514亿元，比上年增长2.2%；2021年上半年全国规模以上文化及相关产业企业营业收入增长30.4%，两年平均增长10.6%。

①李慧，严圣禾．文化产业，为高质量发展积蓄势能．光明日报，2021-09-23（4）．
党文婷，严圣禾．以文化产业推动文化强国建设．光明日报，2021-09-28（8）．

数据背后，是中国文化企业在危机中育新机、于变局中开新局的艰辛探索，是一项项支持文化企业“战疫情、渡难关”政策举措的持续发力。

疫情关闭了线下文化消费的大门，却开启了线上文化消费的一扇窗——以网络游戏、短视频、数字阅读、网络直播、数字音乐、在线教育等文化新业态为代表的数字文化产业逆势增长，展现了数字经济强大的渗透力与生命力。

国家统计局数据印证着文化新业态的蓬勃增长态势：2021 年上半年，广播电视集成播控、互联网搜索服务、数字出版等文化新业态特征较为明显的 16 个行业小类实现营业收入 18204 亿元，比上年同期增长 32.9%；比 2019 年上半年增长 57.1%，两年平均增长 25.3%。

二、在转型中惠民生

本届文博会围绕“服务构建‘双循环’新发展格局”，将集中展示优质多元、贴近真实需求的文化产品，拓展文化消费新空间。与此同时，本届文博会以“线上＋线下”的创新形式亮相，按照推动文化产业高质量发展的总体要求，展现文化产业惠及民生的最新成果，创造“不一样的精彩”。

如今，智能、创意正在成为新的要素，技术创新和文化创意正在驱动经济的转型升级，促进民生福祉改善。站在“十四五”开局之年，本届深圳文博会将以更高层次、更宽视野、更大力度谋划和布局文化产业新发展，激活中国经济发展“新动能”。文化的情感和温度、文化的底气和力量，将引领国人满怀自信和豪情，投入中华民族伟大复兴新征程的壮丽事业，创造属于新时代的骄傲和荣光。

三、数字文化产品大放异彩

文化与数字技术的融合，让云音乐会、云录制、云展览、云观影等成为文化消费的新场景、新模式，不但在“稳增长”中发挥了重要力量，还带动文化产业转型升级。本届文博会上，以科技为支撑、以创意为灵魂，通过跨界融合发展产生的诸多文化产业新型业态集中亮相，显示了这一发展趋势。多个“科技范”十足的文化展品吸引了不少观众驻足体验。AR 扫一扫，文物也能“说话”；把手放在感应区做出固定手势，竟能“指挥”文物动起来。

文化和旅游部数字文化产业发展成果展区成为一大亮点，线上演播、数字艺术、沉浸式体验、数字文化产业国际标准和数字文博等板块，集中展示了近年来我国在数字文化产业等方面的新成果。

各省市也充分展示实施文化产业数字化战略的成果，一批数字化文化产品争相在展会上亮相，充分展现了数字化赋能文化产业的生机与活力。上海展区围绕“品牌展现空间、文化消费场景、文化赋能案例、数字装备体验”的特点，打造多个互动体验场景，观众们纷纷和大屏幕上的画作进行互动，体验数字化“可触摸的艺术”。在江苏展区，曾在扬州中国大运河博物馆开馆时吸粉无数的“5G大运河沉浸式体验区”，搬到了深圳文博会现场。裸眼3D，5G+VR720° 全景视角，让现场观众一镜穿越17座运河城市，体验祖国的大好风光。

四、文化产业新业态亮点纷呈

当前，我国经济已转向高质量发展阶段，进一步繁荣发展文化产业，促进文化产品和服务的有效供给，不但有利于满足人民对美好精神文化生活的需要，也对坚定文化自信、推进社会主义文化强国建设具有重要的作用。

本届文博会上，“文化＋创意”“文化＋旅游”“文化＋设计”“文化+IP”等新业态，都让人看到了将优秀传统文化和现代生活需求相结合，对中华优秀传统文化进行创造性转化、创新性发展所带来的无限可能和勃勃生机。

河南展区以保护传承弘扬黄河文化、深入推进文旅文创融合发展为主线，将《唐宫夜宴》为代表的优秀文化创意产品带到了现场，以内容创新推动文化产业高质量发展；主打“非遗匠作”的大田匠作文化村分会场依托两百年历史的客家围屋——大田世居打造了全国首个体验型木作博物馆，通过文物活化利用发挥文化遗产价值，不但弘扬了大国工匠精神，也盘活了当地的家具产业；北京展区的古都文化、京味文化，四川展区的巴蜀文化旅游走廊，云南展区的“跟着大象赏云南”文旅融合项目，贵州展区的“绿水青山”主题区的康养度假旅游项目，都反映了近年来“文化＋旅游”业态的蓬勃发展。

问题：谈谈你对未来中国文化产业的展望。

第二章　文化产业结构

【主要内容】

在学习经济结构、产业结构等相关内容的基础上，本章重点介绍了文化结构、文化产业结构的概念，文化产业发展与经济结构演进、产业结构演进的基本理论问题，世界及中国文化产业结构状况等内容，旨在强化系统和结构的观点，引导学习者立足我国国情，推动产业结构优化，培养具有中国心的文化产业人才。

【学习要求】

1. 掌握经济结构、产业结构、文化结构、文化产业结构的定义。
2. 掌握文化产业对一国或地区经济结构演进的作用。
3. 理解文化产业推动产业结构调整的机制和路径。
4. 了解世界及中国文化产业结构现状。
5. 理解社会经济高质量发展中文化产业结构调整的意义。

【案例导引】

“平台 + 技术 + 内容 + 垂直运作”将成为未来文化产业的基本生态结构[①]

“十四五”时期是我国开启全面建设社会主义现代化国家新征程、向第二个百年奋斗目标进军的第一个五年，也是社会主义文化强国建设的关键时期。在构建以国内市场为主体、国内国际双循环发展格局的背景下，文化产业的生产要素正在加速迭代，基础动能正在发生快速变化。

产业要素组合形式正发生深刻变化。随着新一代信息技术、人工智能、大数据和虚拟数字技术的发展和应用不断加快，知识、技术、信息、数据等新生产要素流动和集聚效应凸显，将更大程度上激发文化产业模块化、规模化和集群化产品生产。同时，文化产业个性化定制、智能化配置、精准化分发、沉浸式体验等不仅会大大促进

①张晓欢．培育壮大文化产业发展新动能．中国发展网，2021-09-14.

文化产品的线上线下重组与合作，还将催生更多个性化、复合型、体验型、交互式的文化产品和服务。

文化消费主流形式正发生深刻变化。随着互联网、物联网等新技术的发展，文化消费的数字化、交互化、线上线下联动化逐渐成主流，文化消费活动不断跨越地域和人群界限，极大地推进文化消费的普及和升级。数字化、虚拟现实、人工智能等技术的运用，将重塑人们的消费理念、消费方式和消费场景。传统文化消费场所的升级，除了需要加快自身产品更新和数字化改造外，还需依赖周边区域新基建的推进和相应服务的完善。

行业发展边界日益模糊。在新技术的推动下，文化产业与创意和设计服务业融合加速，并以多种方式与科技、金融、制造、服务、旅游等相关产业深度融合，文化产业边界正在不断突破和消解。

数据要素成为重要资产。数据平台成为文化产业内容流、数据流、资金流的关键节点，“平台＋技术＋内容＋垂直运作”将成为未来文化产业的基本生态结构，市场份额将进一步向头部企业集聚，形成具有极强控制力的产业链节点。

实体平台区位更加聚焦。京津冀、长三角、粤港澳大湾区的中心城市正成为各类高科技文化产业平台建设的聚集地。长江经济带、黄河流域的重要节点城市正成为特色文化产业平台建设的重点区域。各类文化产业平台也成为城市更新和乡村振兴的重要抓手。

文化贸易迎来全新局面。“一带一路”倡议为我国文化产业走出去提供了广阔的发展空间。同时，海南自由贸易港、中国自由贸易试验区、国家对外文化贸易基地、国家文化出口基地及各类博览与交易会等平台建设的推进，也会继续加快文化产业走出去的步伐。

第一节　经济结构与产业结构

一、经济结构

（一）经济结构的含义

以系统的观点看，经济结构当属经济系统，系统中各个要素之间互相关联、互相结合，有着数量对比关系。因此，经济结构意指组成国民经济的各种产业、各个地区、各种经济成分等要素之间的相互关系。

一定的社会经济和技术条件，要求与它相适应的一定的经济结构。经济结构的各个组成部分之间都是有机联系在一起的，具有客观制约性，不是随意建立任何一种经济结构都是合理的。

经济结构包含多重含义。从国民经济各部门和社会再生产的各个方面的组成和构造考察，包括产业结构、分配结构、交换结构、消费结构、技术结构、劳动力结构等；从所包含的范围来考察，可分为国民经济总体结构、部门结构、地区结构，以及企业结构等；从不同角度进行专门研究的需要来考察，可分为经济组织结构、产品结构、人员结构、就业结构、投资结构等。

（二）经济结构的优化

经济结构优化是指经济体系中资源配置在时间空间、数量质量等方面更具协调性和可持续性。健康的经济发展，不仅要有发展的可持续性，还要有空间布局的合理性；不仅要有经济总量的积累，还要有经济质量的提高。

经济结构是一个由许多系统构成的多层次、多因素的复合体。优化经济结构旨在使得各种结构内部及彼此之间能够相互匹配，形成耦合关系，保证经济实现有序、高效、持续运行。

一个国家的经济结构是否合理，主要看它是否建立在合理的经济可能性之上以及是否适合本国的实际情况。结构合理就能充分发挥经济优势，充分利用国内外一切有利因素，合理有效地利用人力、物力、财力和自然资源，有利于国民经济各部门的协调发展，有力地推动科技进步和劳动生产率提高，促进近期的经济增长又有利于长远的经济发展，取得最大经济效果和最大限度地满足人民的需要。

经济结构状况是衡量国家和地区经济发展水平的重要尺度。不同经济体制，不同经济发展趋向的国家和地区，经济结构状况差异甚大。

（三）我国经济结构的状况

依据国家统计局相关报告，改革开放以来，我国坚持巩固加强第一产业、优化升级第二产业、积极发展第三产业，三次产业结构在调整中不断优化，农业基础地位更趋巩固，工业逐步迈向中高端，服务业成长为国民经济第一大产业。经济增长由主要依靠投资出口拉动转向依靠消费、投资、出口协同拉动，三大需求内部结构持续改善。

我国经济发展方式转变和经济结构调整取得重大进展，长期困扰我国经济发展的结构不合理状况有了明显改观，经济运行的质量和效益显著提升，内生动力不断增强，为迈向高质量发展奠定了较好的基础。但也要看到，中国特色社会主义进入新时代，我国经济社会发展主要矛盾发生转化，与人民日益增长的美好生活需要相比，发展不平衡不充分的问题仍比较突出，发展质量和效益还不高。经济结构优化升级以及社会经济的高质量发展依然任重道远。

二、产业结构

（一）产业结构的概念

产业是指国民经济中以社会分工为基础，在产品和劳务的生产和经营上具有某些相同特征的企业或单位及其活动的集合，简单地说，产业是指具有某类共同特性的企业集合。产业是社会生产力发展的结果，是社会分工的产物，并且随着社会生产力水平和分工专业化程度的提高不断变化和发展。

产业结构是分析把握产业发展状况的重要范畴，它是指国民经济中各个物质资料生产部门（包括部门内的分部门）之间的组合与构成的情况，以及它们在社会生产总体中所占的比重，实质上是生产资料和劳动力在各产业部门之间的按比例分配。简言之，就是指产业间的技术经济联系及其数量比例关系。

一切决定和影响经济增长的因素都会在不同程度上对产业结构的变动产生直接的或间接的影响。技术创新、人口规模、经济体制、自然资源禀赋、资本规模、需求结构、国际贸易等是一国产业结构演变过程中的基本制约因素。除这些因素外，一国资本的积累程度、国际投资规模、经济体制、产业政策、历史条件等，都会不同程度地影响一国的产业结构。

（二）产业结构的演进规律

随着经济的发展，产业结构在产业高度方面不断地由低级向高级演进，在产业结构的横向联系方面不断地由简单向复杂转化，这两个方面的不断变化推动产业结构向合理化方向发展。

在揭示与产业变动有关的研究中，有多个规律和定理，包括配第—克拉克定理、库兹涅茨提出的产业结构演变规律、霍夫曼定理、主导产业转移规律等。这些规律和定理阐明或揭示出产业结构演进中存在的趋势。

配第—克拉克定理揭示了经济发展中劳动力在三次产业中分布结构的演变规律，

指出劳动力分布结构变化的动因是产业之间相对收入的差异。不同产业间相对收入的差异，会促使劳动力向能够获得更高收入的部门移动，随着人均国民收入水平的提高，劳动力首先由第一次产业向第二次产业转移；当人均国民收入水平进一步提高时，劳动力便向第三次产业转移。

库兹涅茨在继承克拉克研究成果的基础上，对产业结构的演变规律做了进一步探讨，阐明了劳动力和国民收入在产业间分布结构演变的一般趋势，从而在深化产业结构演变的诱因分析方面取得了突出成就，进一步完善了配第—克拉克定理。

德国经济学家霍夫曼(W. Hoffman)通过研究，发现在工业化过程中消费资料（消费品）工业的净产值和资本资料（资本品）工业的净产值之比（后人称其为霍夫曼比例）是不断下降的。在工业化过程中，霍夫曼比例不断下降，被人们称为霍夫曼定理。

主导产业是在产业结构中处于主体地位，发挥引导和支撑作用的产业，即一个国家在一定时期内，经济发展所依托的重点产业，这些产业在此发展阶段形成国民经济的“龙头”，并在产业结构中占有较大比重，对整个经济发展和其他产业发展具有强烈的前向拉动或后向推动作用。从产业结构变迁的历史看，主导产业转换引致产业结构演进，存在着从以农业为主的结构开始，按顺序依次向以轻工业为主的结构、以基础工业作为重心的重工业为主的结构、以高加工度工业为重心的结构、以信息产业和知识产业为主的结构演进的规律性。

上述产业结构的演进规律对于认识文化产业的发展和结构的变化演进具有重要意义。

专栏 2-1

马斯洛需求层次理论与恩格尔定律

马斯洛需求层次理论与恩格尔定律可以为产业结构演进规律提供进一步的理论支撑和说明，从而表明人的需求、消费内容的变化和发展。

美国心理学家马斯洛将人的需求划分成生理需求、安全需求、归属与爱的需求、尊重需求和自我实现需求五类。五种需求像阶梯一样从低到高，按层次逐级递升。一般来说，某一层次的需要相对满足了，就会向高一层次发展，追求更高一层次的需要就成为驱使行为的动力。相应的，获得基本满足的需要就不再是一股激励力量。

德国统计学家恩格尔根据统计资料，对消费结构的变化进行研究并得出一个规律：一个家庭的收入越少，家庭收入中（或总支出中）用来购买食物的支出所占的比例就越大；随着家庭收入的增加，家庭收入中（或总支出中）用来购买食物的支出则会下降。

第二节　文化结构与文化产业结构

文化产业结构首先是文化结构，然后才是经济结构，是文化生产、文化消费与文化需求结构的社会文化形态的经济方式体现。因此，学习文化产业结构，首先必须明了文化结构。

一、文化结构

文化结构同经济结构一样是一个系统。关于文化的结构，有物质文化与精神文化两分说，物质、精神、制度三层次说，物质、制度、风俗习惯、思想与价值四层次说等。就三层次来说，物质文化、精神文化和制度文化构成的一个系统。这个系统与经济结构系统有着密切联系，对文化产业发展有着重要影响。

（一）物质文化

物质文化是人类物质生产活动方式和产品的总和。它反映的是人与自然的物质变换关系，表现为一定的社会生产力的发展水平。物质文化构成整个文化的基础，其他的精神文化、制度文化都由物质文化所决定。

物质文化分为物质生产文化和物质消费文化。物质文化具有时代和民族特点，即随着生产力水平的不断提高，社会物质文化也在不断发生变化；而不同民族又创造着不同的文化，各自拥有本民族的独特文化。

由此可见，作为文化基础的物质文化同时也是文化产业化和产业文化化的基础和条件。物质文化结构决定文化产业结构作为一种经济形态存在的业态发展水平。

（二）精神文化

精神文化是文化整体的核心部分，它由价值观念、思维方式、道德情操、宗教感情、民族性格等因素构成，还包括文化信念与文化情趣等。

精神文化受物质文化的决定和制约。但是，精神文化具有相对的独立性，它的演进与物质文化并不完全同步。与物质文化一样，精神文化具有时代和民族特点。

作为文化整体核心部分的精神文化，它的结构决定文化产业结构作为一种意识形态存在的时代内容。

（三）制度文化

制度是人们在参与社会活动的过程中形成的要求人们遵守的规则。制度用法令、条例、规章等形式固定下来，借助一定的组织系统保证实施，要求人们遵守。制度文化是以制度为核心的文化，它是文化系统中最具权威性的因素，规定着文化整体的性质，它的结构规定了文化产业结构作为政治文化权利分配和权力体现的特殊安排。

二、文化产业结构

（一）文化产业结构的定义

文化产业结构是指文化产业内部构成及其比例关系，它代表着文化产业的发展层级，决定着文化产业的发展规模。

从不同视角可以获得对文化产业结构不同的认识。

从文化产业的行业部门划分，可以获得新闻业、出版业、广播业、电视业、电影业等不同行业在文化产业中的构成比例，从而获得对文化产业结构的认识。

从文化产业的地域归属划分，可以获得省域、市域、不同经济圈、国家等地区文化产业的构成及比例关系，从而获得对文化产业结构的认识。

从文化产业的市场主体划分，可以获得国有、民营、混合所有制等文化产业机构所属文化产业的构成及比例关系，从而获得对文化产业结构的认识。

从文化产业生产对象的特征划分，可以获得文化产品、文化服务的构成及比例关系；获得传统文化产业、新兴文化产业的构成及比例关系；可以获得技术密集型文化产业、创意知识密集型文化产业的构成及比例关系，从而获得对文化产业结构的认识。

当然还有其他划分方式，如按照中国国家统计局将文化产业划分为核心层、外围层、相关层，同样可以获得对文化产业结构的认识。

（二）文化产业发展与经济结构演进

文化产业结构的构成与运动，不仅一般地反映了一个国家或地区文化产业发展的现代化程度，而且还深刻地反映了一个国家国民经济和社会发展的现代化程度。文化产业的发展，对于一国或地区经济结构的演进具有重要作用。

1. 文化产业的发展推动产业结构不断优化

文化产业化使具有文化价值的文化资源成为具有经济价值的生产要素，参与到生产、交换、分配与消费之中，因而产业本身就成为整个产业结构、经济结构的组成部分，直接创造财富，改变国内生产总值的构成。随着文化产业的发展，其所创造的财富不断增加，直接改变整个产业结构的比例和关系，引起整个产业结构调整优化。

2. 文化产业的发展推动就业结构向服务化形态转变

文化产业具有广泛吸纳各类社会劳动力的特点和优势。产业化的文化生产效率趋高，其创造的增加值和经济效益也较高。较高的收益将吸引更多的社会投资，形成更多的文化企业，创造和增加劳动力就业，特别是对脑力劳动者的吸纳数量迅速增加。目前，文化休闲娱乐、文化旅游、网络服务、广播电视、动漫等服务行业已成为就业人数增长较快的领域。可见，发展文化产业可以引起劳动力以较高的速度不断向文化产业转移，促进劳动力素质提高和增加服务业的就业比重。

3. 文化产业的发展推动消费结构不断升级

发展文化产业，可以促进经济发展由适应市场需求向创造供给需求转化。文化产业既可以开辟新的需求领域，主动创造新的文化产品和服务，满足、对接不断增加与不断更新的市场消费需求，使新兴业态不断产生、发展，并迅速占领新兴消费市场，又可以引导社会消费，拉动内需增长。它以消费者需求为导向，通过产品的创意激发消费者的购买潜力，引导消费时尚，形成新的消费市场，同时提升社会品质，促进经济开拓更大的市场空间，从而推动消费结构不断升级。

此外，文化产业的发展还可以推动技术、投资、分配、贸易等结构调整优化，从而促进整体经济结构的不断升级。

（三）文化产业结构的调整与优化

当今世界，文化产业的比重逐渐增大，在一些发达国家已经成为国民经济的主导产业和国民收入的重要来源。从行业部门的发展来看，文化娱乐业、文化设计业、传媒产业等迅速发展，成为第三产业的领头羊；网络文化业、信息文化业等新兴的第三产业迅猛崛起。同时，文化还渗透到餐饮业、商业等传统第三产业，提升了这些产业的层次，衍生出商业文化、网络文化、饮食文化等新的文化形态。由此可见，文化产业结构在不断地变化、调整。

如何推动文化产业结构优化升级是文化产业发展中的重大问题。鉴于文化产业自身特征及发展趋势，在文化产业结构调整、优化的过程中，应注意以下几个方面：

第一，用现代科学技术改造和提升传统文化产业，加快文化产业与高新技术的融合、加大高新技术在文化产业中的应用开发。

第二，用市场化的手段培育激励文化产业市场主体，改善文化产业主体结构，让更多社会资本进入文化领域，增强文化产业的市场竞争力。

第三，政府应构建公开平等的文化管理体制，为不同类型文化企业提供公平竞争的环境。

第四，从科学规划布局角度出发，推动文化产业向重点区域和重点领域聚集，着力提升文化产业环境竞争力。同时扩大社会文化消费，增强文化产业发展的消费需求原动力。

（四）文化产业发展与产业结构调整

1. 产业结构调整

产业结构调整包括产业结构合理化和高级化两个方面。

产业结构合理化主要是指产业与产业之间经济技术联系和数量比例关系趋向协调平衡的过程，即在一定的经济发展阶段上，根据消费需求和资源条件，对初始不理想的产业结构进行有关变量的调整，理顺结构，使资源在产业间合理配置，有效利用，促进产业结构的动态均衡和产业素质的提高。

产业结构高级化是指产业总体发展水平不断提高的过程，或者说是产业结构由低水平状态向高水平状态发展的过程，也可将其称为产业结构的升级。

产业结构的合理化与高级化有着密切的联系。产业结构的合理化为产业结构的高级化提供了基础，而高级化则推动产业结构在高层次上实现合理化。结构的合理化首先着眼于经济发展的近期利益，而高级化则更多地关注结构成长的未来，着眼于经济发展的长远利益。

2. 文化产业推动产业结构调整的机制

文化产业推动产业结构调整的机制主要有以下三项：

（1）渗透机制，指文化产业的发展促进文化理念渗透到传统产业的设计、生产、营销、品牌和经营管理等环节，从而改变传统产业的价值创造链条，使传统产业提供的产品更加富有文化含量、文化品位。

（2）转换机制，指随着文化产业的发展，资源逐步从传统产业流入文化产业，并由此加剧传统产业之间的竞争，使传统产业融入更多的文化元素，从而促进传统产业的结构调整。

（3）提升机制，指文化产业通过提升工业、服务业的文化含量与经济价值，提升整个社会经济的质量，进而促进经济增长方式的转变。提升机制是建立在渗透机制和转换机制基础之上的，它带来产业结构质的飞跃。在这一机制的作用下，产业对文化的需求从简单的吸收、组合过渡为文化要素的挖掘与创造，文化成为传统产业动态比较优势、竞争优势的核心要素。

至于文化产业推动产业结构调整路径，则因具体产业的差别而不同，如传统文化产业不同于新兴文化产业，资本密集型文化产业有别于技术密集型文化产业等。实践中，需要深入全面分析文化产业的特点，充分发挥文化产业推动产业结构调整的机制，形成差异而有效的调整路径。

第三节　世界及中国文化产业结构状况

一、世界文化产业结构状况

《2010 创意经济报告》显示，2008 年全世界出口额达到 5920 亿美元，连续 6 年年均增长率达到 14.4%。其中，创意产品出口达到 4070 亿美元，年均增长率达到 11.5%；创意服务出口达到 1850 亿美元，年均增长 17%。

从发展中国家向世界出口的创意产品平均每年增长 13.5%。2008 年，中国成为创意产品主要出口国，市场份额达到全球创意产品出口的 20%。而在 2008 年世界创意服务出口中，发达经济国家仍占据主要地位，其所占比重为 83%，发展中经济国家占 11%，转型经济国家占 6%。表 2-1 显示的是 2005 年不同类型国家创意产业出口状况。

由表 2-1 可以看出，无论发达国家还是发展中或是转型国家，如设计、新媒体及视觉艺术等新兴文化业态占有较大的比重。由此表明，世界对音乐、动漫、电影、手工艺品、多媒体以及广告等创意产品和服务的需求保持着较高的发展态势。

表 2-1 2005 年不同类型国家创意产业出口状况

单位：百万美元

	发达国家	发展中国家	转型国家
全部创意产品	194 444	136 231	3 154
工艺	9 118	13 881	137
视听	592	55	2
设计	112 595	102 413	1 735
音乐	13 424	1 412	63
新媒体	6 471	5 508	50
出版	36 593	6 567	1 096
视觉艺术	15 651	6 395	71

资料来源：UNCTAD。

在 2008 年和 2010 年《创意经济报告》版本的基础上，联合国教科文组织发布的《创意经济报告（2013）》显示，2011 年世界创意商品和服务贸易总额达到创纪录的 6240 亿美元，2002—2011 年增长了一倍有余。在这期间，创意经济的年均增长率为 8.8%。发展中国家创意商品的出口增长势则更为强劲，同期的年均增长率达到 12.1%。

2019 年，联合国贸易和发展会议发布题为《创意经济展望：创意产业国际贸易趋势》的研究报告，指出全球创意产品及贸易正在扩大，平均出口增长率超过 7%。亚洲创意产品出口额超过了全球其他地区，中国和东南亚地区创意产品出口总额达到 2280 亿美元，几乎是欧洲的 2 倍。由于出口强劲，中国创意产品贸易顺差高达 1540 亿美元，居世界首位。从国家及地区看，中国大陆、中国香港、印度、新加坡、中国台湾、土耳其、泰国、马来西亚、墨西哥和菲律宾是全球创意产品贸易表现最佳的 10 个发展中经济体；在发达经济体中，美国、法国、意大利、英国、德国、瑞士、荷兰、波兰、比利时和日本位列十大创意产品出口国前列。报告研究了 130 个国家和地区的创意经济概况，其中中国创意产品贸易增长显著，表现优异。

总体而言，全世界文化产业出口额总体保持高速增长，贸易总额不断扩大。其中文化产品出占主要比重，且发展中国家如中国在文化产品出口上发展迅猛，成为世界主要文化产品出口国；而文化服务出口占比相对较小，但增长势头强劲。值得注意的是，发达经济体在世界文化服务出口中仍占据主要地位，相对而言，发展中经济体和转型经济体所占市场份额与之差距悬殊。

通过考察发达国家文化产业发展的现状与历程，发现英美等发达国家出版业、电视与广播、广告等传统文化产业持续占据主导地位，内容创意、制作、生产复制和营销传播等高附加价值创意内容部门与交易传播等渠道平台部门占据核心地位。以创意为核心、以数字化为表现形式的数字内容产业为代表的新兴文化业态高速发展，正改变着文化创意产业的发展格局。出版、音乐、视频、电影、网络游戏、视觉艺术、表演艺术等受数字技术影响大的部门快速发展，而一些与新技术缓慢融合的传统部门，发展速度则相对缓慢。

而对于大多数发展中国家而言，往往拥有丰富的历史文化资源和众多文化遗产，但文化产业起步晚，发展滞后，尚未形成完整的商业模式。产业主体面临着巨大不确定性，缺乏稳定的收入保障，人才流失现象严重，并且受技术条件约束和监管滞后等挑战。在国际市场上，发展中国家的文化产业难以进入由欧美国家主导的全球市场，往往只能从事创意含量低的劳动密集型产业，音乐、视听、出版等以创意为核心的产业国际竞争力较弱。

二、中国文化产业结构状况

在推进文化强国建设的过程中，文化产业在中国经济以及文化发展中的地位不断提高。《中华人民共和国国民经济和社会发展第十四个五年规划和 2035 年远景目标纲要》提出“坚持把社会效益放在首位、社会效益和经济效益相统一，健全现代文化产业体系和市场体系”。由文化和旅游部于 2021 年 5 月印发的《“十四五”文化产业发展规划》（以下简称《规划》）指出，“十四五”时期是我国开启全面建设社会主义现代化国家新征程、向第二个百年奋斗目标进军的第一个五年。我国进入新发展阶段，经济长期向好，市场空间广阔，随着供给侧结构性改革不断深化，现代产业体系加快发展，以国内大循环为主体、国内国际双循环相互促进的新发展格局加快构建，乡村振兴、区域协调发展和新型城镇化深入推进，文化产业将深度融入国民经济体系，在服务国家重大战略、培育新的经济增长点、赋能经济社会发展方面发挥更大作用。新一轮科技革命和产业变革深入发展，创新驱动发展战略深入实施，将不断催生新产品、新业态和新模式，为文化产业转型升级提供强劲动力。《规划》同时提出，“到 2025 年，文化产业体系和市场体系更加健全，文化产业结构布局不断优化，文化供给质量明显提升，文化消费更加活跃，文化产业规模持续壮大，文化及相关产业增加值占国内生产总值比重进一步提高，文化产业发展的综合效益显著提升，对国民经济增长的支撑和带动作用得到充分发挥。”具体到文化产业结构，强调要促进“产业结构优化升级，新型文化业态更加丰富，数字化、网络化、智能化特征更加明显，产业链条和创新发展生态更加完善，文化产业与相关领域融合更加深入，文化产业整体实力和竞争力显著增强”。

国家统计局对全国6.0万家规模以上文化及相关产业企业调查结果显示，即便受到新冠肺炎疫情的影响，2020年全国规模以上文化及相关产业企业实现营业收入达98514亿元，比2019年增长2.2%。其中，互联网其他信息服务、其他文化数字内容服务、互联网广告服务、娱乐用智能无人飞行器制造、可穿戴智能文化设备制造等行业小类的营业收入增速均超过20%。2021年，我国文化及相关产业保持较快增长，恢复基础得到巩固，产业结构进一步优化。

首先，文化核心领域“压舱石”作用凸显。新闻信息服务、创意设计服务、内容创作生产等行业发展较快。

其次，文化新业态“助推器”作用增强。随着我国文化产业数字化战略深入实施，以视频直播、创意广告、智能文娱设备制造等为代表的文化新业态带动作用持续增强。其中文化新业态特征较为明显的16个行业小类（包括广播电视集成播控，互联网搜索服务，互联网其他信息服务，数字出版，其他文化艺术业，动漫、游戏数字内容服务，互联网游戏服务，多媒体、游戏动漫和数字出版软件开发，增值电信文化服务，其他文化数字内容服务，互联网广告服务，互联网文化娱乐平台，版权和文化软件服务，娱乐用智能无人飞行器制造，可穿戴智能文化设备制造和其他智能文化消费设备制造）增速明显。

最后，区域文化产业高地“领头雁”作用突出。京津冀、长三角、粤港澳等区域文化产业群建设持续推进，有力推动了相关区域文化产业的发展。整体来看，东部地区文化企业经营实力占据全国主导地位。

三、中国文化产业结构调整的任务

为了进一步优化我国文化产业结构，需要持续推动新兴文化产业的发展，使产业价值链向两端附加值较高的环节移动，提高文化产业的科技含量和市场竞争力，持续促进文化产业区域布局的合理性，提升产业间的行业结构比例协调关系，包括各子行业的产出结构、技术结构和要素结构等方面的协调性和关联度，以促进文化企业之间的协调、合作。优化我国文化产业在城乡及东西部地区的空间相对集中与扩散，并且为文化产业结构改善创造良好的制度政策环境。具体实践中，需要重视以下几个方面：

（一）调整产品服务结构，实现更高质量和多样化的供给

在供给侧结构性改革和高质量发展的背景下，我国文化产业结构调整的重要着力点就是产品服务结构的调整。各地区要依据实际情况，找准文化产业的着力点和突破点，积极推动新兴文化行业以及文化产业的特色化、差异化、品牌化发展，尤其要优化文化产品以及文化服务的结构，通过“文化 +”、科技应用、协同融合等途径和机制，不断提升产品服务的品质和竞争力，紧密对接市场需求，实现高质量和多样化的文化产业供给。

（二）调整企业组织结构，大力夯实文化产业发展的基础

伴随科技和企业组织的变革，文化企业组织结构也在发生巨大变化。在数字时代，智能化、数字化、平台化在深刻影响着文化企业组织结构。突出的特征表现在组织的扁平化，让企业内部的连接全部打通，让组织实现信息的高度对称，由此使企业组织不是大而全，而是小而精，在大的平台上，出现更多的小团队。不仅如此，组织的核心职能变成打造组织文化和价值观。组织更多的是激发大家的文化和价值观的认同，让每个人能够根据一种动态变化，进行协同工作，同时让每一个人都有机会参与到企业的决策中来。这些特点和变革趋势恰恰顺应文化生产的特殊性和规律，个体文化创造和生产将更加突出。因此，我国文化企业组织结构调整应该高度重视中小微文化企业的培育和支持，为文化领域的自由职业者创造更大的发展空间，提供各方面的支持和保障，从而能够大力夯实文化产业发展的基础，增强文化产业发展的内生动力。

（三）调整所有制结构，提升文化产业竞争空间和能力

为了推动文化产业更快更好发展，让一切文化创造的源泉涌流，文化产业的发展需要激发不同所有制主体，公平参与中国特色社会主义文化建设。面对当前我国文化产业规模不断壮大、文化企业数量不断增多的现状，需要依据文化产业的发展状况，不断优化所有制结构，既充分发挥国有文化企业在促进文化产业发展中的主导作用，又充分调动和发挥民营文化企业的积极性，释放文化发展活力，使各类所有制企业全面参与国内外文化市场竞争，满足更广泛更多样的文化消费需求，不断提升文化产业

竞争的空间和能力。

（四）调整技术结构，促进新科技的广泛深度应用和推广

文化产业各行业、部门以及相关企业差别大、复杂程度高，既有传统文化行业，也有新兴文化行业；既有劳动密集型行业，也有技术和资本密集型行业。不同区域文化行业技术利用程度和水平也各不相同。特别是在“文化＋科技”深度融合和数字科技迅猛发展的背景下，为了推动文化产业迈入高质量发展的新阶段，调整优化技术结构，促进新科技的应用和推广成为重要的趋势和选择。我们应牢牢把握科技变革的机遇，在数字文化产业等领域实现弯道超车。

（五）调整区域布局结构，推动资源要素配置更加合理高效

我国文化产业区域发展不均衡，市场和营商环境也存在差异。在促进文化产业全面繁荣发展的过程中，要积极推动和引导区域布局结构的优化调整，使各区域能充分发挥自身优势，培育新的增长点以及后发优势，同时促进要素资源更加高效合理的配置和全国统一市场的形成。

【本章小结】

文化产业的发展，对于一国或地区经济结构的演进具有重要作用。文化产业能够改变传统产业的价值创造链条，使传统产业提供的产品更加富有文化含量、文化品位；加剧传统产业之间的竞争，使传统产业融入更多的文化元素，从而促进传统产业的结构调整；通过提升工业、服务业的文化含量与经济价值，提升整个社会经济的质量，进而促进经济发展方式的转变。在社会经济高质量发展的今天，文化产业的地位和作用更加凸显，但是中国的文化产业结构仍然存在结构低端、地区发展不平衡等问题，需要政府、企业通过政策、市场等手段不断优化文化产业结构，推动中国文化产业的良性发展。

【复习思考】

1. 什么是经济结构、产业结构、文化结构、文化产业结构？
2. 文化产业的发展对一国或地区经济结构演进有何作用？

3. 中国文化产业结构有哪些问题？该如何解决？

4. 如何认识我国社会经济高质量发展中文化产业结构调整的意义？

【案例讨论】

从 1.0 到 3.0：科幻产业的发展阶段和演进规律①

我国科幻产业在政策扶持、科技创新、文化消费繁荣的推动下，快速发展起来。美国、日本等发达国家的科幻产业也离不开本国科技和文化产业的发展以及政府的支持。概观国内外科幻产业的演进规律，主要经历了从 1.0 到 3.0 的发展阶段，在文化科技融合的创新影响下，科幻产业的内涵和外延不断拓展，逐步形成“科幻 +”的产业生态。

一、科幻 1.0：以科幻文学为主导的想象力消费

西方科幻文学伴随着工业革命和自然科学的发展而兴起。1918 年，第一部科幻小说《弗兰肯斯坦》诞生。1926 年，美国出版人雨果创办杂志《惊奇的故事》（*Amazing Stories*）提出了“科学虚构小说（*Science Fiction*）”的概念。20 世纪 30 到 60 年代，西方科幻文学进入“黄金时代”，出现了克拉克、阿西莫夫等科幻大师。20 世纪 70 年代以后，西方科幻往哲学、社会学、心理学等社会科学延伸，发展出新浪潮、赛博朋克等流派，突出对于现代科技如何影响人类社会的想象、反思和重构。

中国的科幻小说最早可追溯到晚晴和民国时期，但真正发展于 20 世纪 70—80 年代。在当时学习苏联的背景下，科幻小说以叶永烈等作家倡导的“科学文艺”形式，成为科普传播的载体。20 世纪 80 年代中后期，在经历“科文之争”之后，中国科幻逐步摆脱“科普读物”的局限，创作类型多元化。进入新世纪，在国家科技创新和文化振兴的推动下，中国科幻加快发展，科幻作家和作品不断涌现，刘慈欣的《三体》从 2008 年到 2010 年连续出版了 3 部，2015 年斩获雨果奖，在国内掀起科幻热潮。

科幻文学是工业文明、现代科技和文学创作结合的产物，富有对科学的想象力和对文化科技的包容性。科幻产业 1.0，是以科幻文学为主导的想象力消费时代。

①金韶．从 1.0 到 3.0：科幻产业的发展阶段和演进规律．光明网，2021-08-17．

二、科幻 2.0：影视和科技结合的科幻视听消费

20 世纪 90 年代到 21 世纪，电影、电视、动漫、游戏等视听媒介取代阅读媒介，成为世界性潮流。美国通过发达的电影工业化体系、完善的投融资模式和发行网络，打造了星球大战、漫威宇宙等全球超级 IP，占据全球票房市场的主流。IMDB 数据统计显示，2009—2020 年全球电影票房排行榜前 30 中，好莱坞科幻电影占比高达 60%，而且牢牢占据全球票房的前五名，分别是《阿凡达》《复仇者联盟 3》和《星球大战：原力觉醒》《侏罗纪世界》。科幻电影成为美国科幻产业的代表。日本的科幻动漫独具特色，将手绘风格与 CG、3D 技术融合，在画面和特效设计上融入大量机械场景和工业美学，推出了攻壳机动队、机动战士高达、新福音战士等经典科幻 IP，在全球科幻市场中占有重要席位。

中国电影产业自 2012 年“中美电影新政”后加快发展，2015 年票房突破 400 亿元，2018 年成为全球第二大票房市场，为国产科幻电影的发展打下基础。2016—2020 年，国产科幻电影出品总计超过 20 部，以《美人鱼》《流浪地球》《上海堡垒》《疯狂的外星人》最为出名。虽然国产科幻偏向于重视剧情的“软科幻”，但在拍摄和特效技术上仍然取得很大进步，比如《美人鱼》的水下 3D 拍摄、《疯狂外星人》的外星人的表情、动作捕捉和模型技术，尤其是《流浪地球》的地球灾难和太空场景的特效、太空舱的机械设计等，被公认为“硬科幻”佳作。2020 年，国家发布“科幻十条”，着力打造科幻电影产业，提出建立特效电影技术标准，中国科幻电影进入发展的快车道。

科幻电影将文学文本内含的想象力文化，运用现代科技加以直观化、形象化的视觉呈现，追求高超的特效技术、营造极致的视听体验，形成强大的票房市场、粉丝效应和衍生产业。科幻产业 2.0，是影视和高科技结合的科幻视听消费时代。

三、科幻 3.0：以高科技应用为支撑的科幻场景消费

科幻 3.0 代表了科幻产业的前沿动态和发展趋势。美国的环球影城将科幻电影中的太空探索、海洋冒险、地球灾难等特效场景运用 3D/4D/5D 等技术加以再现，将虚拟科幻场景和真实在场体验融合一体，让游客沉浸其中，成为和迪士尼齐名的文旅 IP。法国的未来世界，将科学和艺术结合，以探索未来为主题，通过声光电、虚拟现实、全息影像等科技手段，呈现从宏观宇宙到微观生物的科学世界和艺术想象。

近年来，随着我国文化、休闲和旅游业的发展，全国各地出现了很多科幻新兴

业态。贵州科幻谷、重庆科幻乐园、长春国际影城等科幻主题乐园和园内推出的各种声光电沉浸式演出，为游客提供科幻场景的交互体验；北京的中国科幻大会、南京的蓝星球等科幻赛事和会展活动，展出各种科幻概念、科学艺术设计和黑科技潮品，成为科幻迷的“朝圣地”；还有科幻主题的密室逃脱、剧本杀、餐厅商场在各个城市开花，打造充满科幻元素和炫酷风格的城市新空间。

科幻 3.0 和高科技的发展契合，更能体现科幻的科技创新和产业化特征，借助人工智能、虚拟现实、全息影像等高科技的综合应用，设计和开发出多种消费场景，完美呈现粉丝想象和奇观景象，重塑用户体验和消费方式，为科幻产业贡献巨大的发展空间。

四、科幻产业的演进规律：从媒介叙事到场景营造

如果说科幻 1.0 是故事驱动、科幻 2.0 是视听体验驱动，那么科幻 3.0 就是场景驱动。从科幻 1.0、2.0 再到科幻 3.0，科幻叙事元素逐步向科幻场景元素迭代，科幻载体从媒介空间向现实空间延伸。科幻不再仅仅是文本和屏幕世界中的虚拟场景和遥远想象，而是走进人们现实生活的真实场景和沉浸体验，在高科技驱动下，实现科幻的“现实化”。

科幻产业从 1.0 的出版产业、发展到 2.0 的数字视听产业，进而往 3.0 的以场景营造为核心的“科幻 +”多元产业发展。在文化和科技融合的创新影响下，科幻产业的内涵和外延不断拓展，形成以科学精神和想象力文化为内核，以视听工业化生产、高科技应用和服务为支撑，塑造超现实故事世界、视觉奇观和虚拟现实体验场景、创新文化科技消费方式的新兴综合业态。

问题：结合科幻产业的演进，谈谈影响文化产业结构的因素。

第三章　文化产业组织

【主要内容】

围绕产业组织理论的基本框架，本章介绍了文化市场结构、文化企业行为和文化产业市场绩效。内容涉及文化市场结构的概念与形态，文化市场结构的类型，决定文化市场结构的因素，文化企业的价格战略、产品战略、并购与集团化战略和集群发展战略，体现文化产业的资源配置效率、规模结构效率以及文化产业的技术进步水平等。在此基础上，教学过程中可以进一步拓展学习者对文化市场正外部性和社会效益的认识，增强诚信经营的意识，培养大国工匠精神。

【学习要求】

1. 掌握文化市场的概念及结构类型。
2. 掌握决定文化市场结构的因素。
3. 了解文化企业的价格战略、产品战略、并购与集团化战略和集群发展战略。
4. 了解文化产业市场的绩效衡量。
5. 理解社会效益在文化企业发展中的重要意义。

【案例导引】

文旅部：推动数字文化产业高质量发展 打造产业集群①

2020 年 11 月 18 日，文旅部发布了《关于推动数字文化产业高质量发展的意见》（以下简称为《意见》），提出要实施文化产业数字化战略，推动数字文化产业高质量发展，并制定了一系列的发展意见和要求。

《意见》指出，要顺应数字产业化和产业数字化发展趋势，实施文化产业数字化战略，加快发展新型文化企业、文化业态、文化消费模式，改造提升传统业态，提

① 白帆．文旅部：推动数字文化产业高质量发展 打造产业集群．人民网，2020-11-27.

高质量效益和核心竞争力，健全现代文化产业体系，围绕产业链部署创新链、围绕创新链布局产业链，促进产业链和创新链精准对接，推进文化产业“上云用数赋智”，推动线上线下融合，扩大优质数字文化产品供给，促进消费升级，积极融入以国内大循环为主体、国内国际双循环相互促进的新发展格局，促进满足人民文化需求和增强人民精神力量相统一。

以坚持导向，提升内涵；创新引领，激活市场；数据驱动，科技支撑；融合发展，开放共享为基本原则。同时，《意见》还提出了推动数字文化产业高质量发展的目标。

在夯实数字文化产业发展基础方面，《意见》要求加强内容建设，深刻把握数字文化内容属性，加强原创能力建设，创造更多既能满足人民文化需求、又能增强人民精神力量的数字文化产品。培育和塑造一批具有鲜明中国文化特色的原创IP，打造更多具有广泛影响力的数字文化品牌。

在培育数字文化产业新型业态方面，《意见》提出要促进优秀文化资源数字化，对文化资源进行数字化转化和开发，让优秀文化资源借助数字技术“活起来”，将所蕴含的价值内容与数字技术的新形式新要素结合好，实现创造性转化和创新性发展。支持文化场馆、文娱场所、景区景点、街区园区开发数字化产品和服务，将创作、生产和传播等向云上拓展。支持文物、非物质文化遗产通过新媒体传播推广，鼓励线下文艺资源、文娱模式数字化，创新表现形式，深化文化内涵。鼓励依托地方特色文化资源，开发具有鲜明区域特点和民族特色的数字文化产品，助力扶贫开发。

发展平台经济。深入推进“互联网+”，促进文化产业上线上云，加快传统线下业态数字化改造和转型升级，培育文化领域垂直电商供应链平台，形成数字经济新实体。鼓励各类电子商务平台开发文化服务功能和产品、举办文化消费活动，支持互联网企业打造数字精品内容创作和新兴数字文化资源传播平台，支持具备条件的文化企业平台化拓展，培育一批具有引领示范效应的平台企业。鼓励互联网平台企业与文化文物单位、旅游景区度假区合作，探索流量转化、体验付费、服务运营等新模式。引导“宅经济”健康发展，鼓励线上直播、有声产品、地理信息等服务新方式，发展基于知识传播、经验分享的创新平台。

产业组织理论是运用微观经济学理论分析厂商和市场及其相互关系的一门学科，是研究企业结构与行为、市场结构与组织，以及市场与厂商相互作用和影响的一门新兴应用经济学分支。本概念中的产业组织是指同一产业内企业间的关系。

文化产业组织是现代产业组织的特殊形态。其特殊性表现在，作为市场行为主体的企业或是企业间的关系，都具有不同于一般企业的个性。即便如此，现代产业组织理论的分析方法和手段依然可以运用到文化产业组织的分析过程中。其中“结构－行为－绩效”的分析范式就是一种重要的理论分析框架。

这个既能深入具体环节又有系统逻辑体系的框架被称为SCP分析框架，即“市场结构structure）——市场行为（conduct）——市场绩效（performance）”。结构、行为、绩效之间存在着因果关系，即市场结构决定企业在市场中的行为，而企业行为又决定市场运行的经济绩效。因此，要研究文化产业组织，我们首先探讨结构问题，然后再转向行为和绩效。

第一节　文化市场结构

一、文化市场结构的概念与形态

（一）市场结构与文化市场结构

产业组织理论中的结构常用来描述在某一特定市场或产业中经营的厂商所面临的环境。具体到市场结构，指的是在特定的市场中，企业与企业之间在数量、规模上的关系以及由此决定的竞争形式。

文化市场属于一般市场的特殊形态，是指按价值规律进行文化艺术产品交换和提供有偿文化服务活动的场所，也指相关主体形成的各种经济关系的和总和。而文化市场结构同样是一种特殊的市场结构，是在文化市场中，文化企业与文化企业之间在数量和规模上的关系以及由此决定的竞争形式。

（二）文化市场形态

随着文化产业的发展，文化市场形态呈现多元化发展。文化市场的多元化一方面可以分散风险，并形成多个利润增长点；另一方面又可以整合资源，壮大规模，提升市场竞争力。

多元化的文化市场也是市场发展成熟的表现。以市场主体自主经营为主导的文化市场迅速发展，形成了包括娱乐业、演出业、音像业、影视业、网络业、艺术品业、出版业、传媒业、旅游业、会展业等多门类、多层次的综合性市场体系。随着文化体制改革的逐步推进，各种文化机构渐次转型，组建了一系列报业集团、演艺集团、广电集团、出版集团等大型文化企业集团，成为自主经营的文化市场主体。文化的生产和消费正在由国家指令性计划管理转型为市场条件下的多元化形态。

专栏 3-1

多元化的《时代》杂志

创刊于1923年的美国《时代》杂志，现在已经发展成为世界最大的文化传媒集团之一——时代华纳集团。目前，时代华纳集团主要有六大业务板块：网络业务、电视和广播、有线电视网、时代出版、电影娱乐以及音乐产业。在公司的收入结构中，包括期刊出版在内的整个出版业务不足其收入比例的10%。不难看出，从一本杂志延伸出其他刊物，再扩展到电视、电影、娱乐、网络等多元化文化产业，正是时代华纳集团的成长壮大之路。

二、文化市场结构的类型

文化市场结构类型是指在文化市场中，文化企业之间因数量、规模的不同而决定的竞争形式。依据市场主体在某一商品市场中的数量比例和竞争程度，它可分为完全竞争市场、垄断竞争市场、寡头垄断市场结构和完全垄断市场。

（一）完全竞争市场

完全竞争市场又称纯粹竞争市场，是指不存在任何垄断因素，文化市场主体不受任何阻碍和干扰，完全依照市场经济规律自由进行生产和交易的市场。

作为完全竞争的市场结构一般具有以下条件：

（1）市场上存在众多市场主体，即大量的文化产品和服务的供给者和消费者。因为数量多，每个供给者在市场上占有份额很小，所以单个供给者并不能影响文化商品和服务的市场价格。同理，单个消费者也不能影响价格，因而交易双方都是市场价格的遵从者。

（2）产品和服务同质，不存在差别。同质性保证市场中的文化产品和服务没有品牌差异和消费偏好，不同供给者之间可以完全平等竞争。

（3）各种资源都可以完全自由流动而不受任何限制。每个市场主体都可以依据自己的意愿自由地进出市场。

（4）交易双方信息完全对称，即文化产品和服务的供给者充分了解各种要素的价格、产品和服务的价格以及生产技术状况；文化产品和服务的消费者充分了解文化市场的价格、文化产品和服务的功能特征和供给状况。文化市场信息的完全性、对称性保证了文化产品和服务价格的唯一性。

完全竞争市场是一种理想的市场竞争状态。在这种市场结构状态下，价格可以充分地发挥其调节作用。它可以使文化生产者确保得到正常利润，使文化消费者以可能的最低价格购买文化商品。因此完全竞争文化市场是一个有效率的市场结构。

（二）垄断竞争市场

垄断竞争市场也称不完全竞争和不完全垄断市场，这一理论于 1933 年由美国经济学家张伯伦和英国经济学家罗宾逊夫人提出来的。垄断竞争市场是指一个市场中有许多企业生产和销售有差别的同类商品。垄断竞争市场的特点在于：文化市场既存在有限度的垄断，又存在不完全的竞争。

垄断竞争市场的存在条件是：

（1）市场上存在较多的文化产品和服务的供应者和消费者，他们每个都没有明显优势，所占份额很小，因此相互之间存在一定竞争。

（2）产品和服务有差别。不同文化企业生产、提供的不同文化商品不同，生产、提供的相同文化商品也只能部分互相替代，而不是完全替代。

（3）进入或退出市场的障碍较小，即市场进退壁垒比较低。

（4）完全信息。即市场中每个企业和消费者都十分清楚市场中所有文化产品及其价格、信誉等情况，信息搜索成本为零。

（三）寡头垄断市场

寡头垄断市场又称寡头、寡占，是指少数几家大企业生产和销售了该行业全部或极大部分产品或服务，每个企业的产量占据市场总量相当大的份额，在这个市场里，竞争只在几家大企业之间展开。

寡头垄断市场的存在条件是：

（1）市场上只有少数占支配地位的企业，对市场价格能产生重大影响，同时生成的市场价格较稳定。

（2）产品、服务同质或异质。产品、服务没有差别，彼此依存的程度很高，叫纯粹寡头；产品、服务有差别，彼此依存关系较低，叫差别寡头。

（3）存在较高的进退壁垒。其他厂商进入相当困难，甚至极其困难。因为不仅在规模、资金、信誉、市场、原料、专利等方面，其他厂商难以与原有厂商匹敌，而且由于原有厂商相互依存，休戚相关，其他厂商不仅难以进入，也难以退出。

在多元的文化市场形态中，最典型的寡头垄断是传媒业、广播电视网络业、艺术品拍卖业、网络游戏业等，如全球艺术品拍卖业基本上被嘉士德和苏富比两家公司垄断。

寡头垄断形成的原因很多。第一个原因可归结为规模经济。许多文化行业，固定成本在总成本中占据的比例很大，单位文化产品的平均成本随着企业规模的扩大而降低，规模经济明显，从而容易产生垄断，如艺术品经营企业。第二个重要的原因是行业进入壁垒，包括技术要求、制度设置等，如网游、动漫对技术人才的需求，政府的专业许可等。

（四）完全垄断市场

完全垄断市场又称独占性市场，分为买方垄断市场和卖方垄断市场，一般情况下，我们所说的垄断是指卖方垄断，意指只有一家企业独家控制某种文化产品和服务的供给和销售，垄断者是价格的制定者而非接受者。这是一种与完全竞争市场相反的市场结构，不存在任何竞争因素。

完全垄断市场有如下条件：

（1）市场上只有唯一的一个厂商生产和销售文化商品。换言之，该厂商完全垄断了文化商品市场的生产和供应，由此它也成为价格的决定者。

（2）新企业进入该行业存在很大限制，亦即有很高的进入壁垒，包括技术专利、版权保护、市场准入等。

（3）厂商生产和销售的商品没有任何相近的替代品。

完全垄断的市场结构使社会福利受损，资源配置效率下降。而形成完全垄断的文化市场结构的原因是多方面的。一类是存在明显的规模经济效益特点的文化产业，例如数字电视业，它的固定成本大大高于可变成本，因而供给随着需求的充分扩大才是经济的。另一类是制度性安排的结果。例如对于电影、新闻等行业，出于对国家文化安全等方面的考虑，赋予某些企业的垄断地位。

三、决定文化市场结构的因素

从现代产业组织理论出发，文化市场结构的主要决定因素包括市场集中度、规模经济、文化产品差别化、产业的进入与退出等。

（一）市场集中度

市场是由买卖双方组成的，相应地市场集中度包括买方集中度和卖方集中度。因为买方集中仅限于某些特殊产业，所以产业组织理论对市场集中度的研究主要集中于卖方集中度。所谓市场集中度，是指文化市场上卖方和买方各自数量及其在市场上所占份额。文化市场集中度反映了文化市场中竞争或垄断程度的高低，是决定市场结构的基本因素。

一般来讲，某一文化市场集中度较高，意味着少数文化企业的市场占有率较高，在这一占有率之内的最大规模的文化企业的数量较少，这些数量较少的文化企业可凭借较高的市场占有率左右市场价格，从而垄断市场，形成卖方垄断市场结构（见表3–1）。

表 3–1 贝恩的市场结构分类

集中度	CR_4（%）	CR_8 （%）
寡占Ⅰ型	$75 \leqslant CR_4$	—
寡占Ⅱ型	$65 \leqslant CR_4 < 75$	$85 \leqslant CR_8$
寡占Ⅲ型	$50 \leqslant CR_4 < 65$	$75 \leqslant CR_8 < 85$
寡占Ⅳ型	$35 \leqslant CR_4 < 50$	$45 \leqslant CR_8 < 75$
寡占Ⅴ型	$30 \leqslant CR_4 < 35$	$40 \leqslant CR_8 < 45$
竞争型	$CR_4 < 30$	$CR_8 < 40$

资料来源：［美］J.S. 贝恩 . 产业组织理论，北京：经济科学出版社，1981.

文化产业中各个行业的文化企业分布的特点是不同的，也就是说各类文化市场中的市场集中度是不同的。比如，传媒市场与书画市场相比，前者市场集中度较高，后者市场集中度较低。在文化产业发展的过程中，随着成长、成熟、衰退生命周期的演进，市场集中度将呈现出上升、稳定、再上升的变动曲线。在文化产业发展初期，大量文化企业涌入，市场集中度较低。当产业发展成熟，进入繁荣时期，市场集中度会逐步提高并趋于相对的动态均衡。文化产业如果进入衰退期，部分文化企业将推出，市场集中度将会再度上升。

衡量市场集中度有两种方法：一是绝对法，二是相对法。

1. 绝对法

绝对法是直接计算市场前几位大企业所占有的市场份额。常用的计算指标有：行业集中度（CRn）、赫芬达尔—赫希曼指数（Herfindahl-Hirschman Index，简称 HHI）等。

（1）行业集中度。绝对集中度指标 CRn 通常指行业内在规模上处于前 n 位企业的有关数值（如产值、产量、销售量、职工人数等）的累计数量占整个市场或行业的份额，表示为：

$$CRn = \sum_{i=1}^{n} X_i / \sum_{i=1}^{N} X_i$$

其中，*Xi* 表示第 *i* 位企业相关指标的数值，*N* 表示市场中所有企业的总数，*n* 表示排名为前 *n* 位，其取值依赖于研究需要，一般情况下，*n*=4 或 *n*=8。

一般而言，厂商集中度越高，意味着前几位厂商所占有的市场份额越大，市场势力越强，市场垄断程度越高。

（2）赫芬达尔—赫希曼指数（HHI）。赫芬达尔—赫希曼指数，简称赫芬达尔指数，是一种测量产业集中度的综合指数。它是指一个行业中各市场竞争主体所占行业总收入或总资产百分比的平方和，用来计量市场份额的变化。

该指数的计算公式为：

$$HHI = \sum_{i=1}^{N} (X_i / X)^2 = \sum_{i=1}^{N} S_i^2$$

其中，*X* 为市场的总规模；*Xi* 为第 *i* 位企业的规模；*i* =1，2，⋯，*N*；N 为市场中的企业总数；*Si* 为第 *i* 个企业的市场占有率。当市场上有很多企业，并且企业规模相差不大，也就是说 *n* 趋向于无穷大，用赫芬达尔—赫希曼指数来测度市场集中度时，*HHI* 就无限接近于 0，市场集中度就很低，市场垄断程度也相应比较低；相反，*HHI* 值越大，市场集中度就越高。当一个市场处于完全垄断时，*HHI* 值就等于 1。

2. 相对法

相对法指通过比例关系衡量市场规模分布的差异，从而判断市场结构的一种方法。常用衡量市场集中度相对法主要有洛伦茨曲线（Lorenz curve）、基尼系数（Gini Coefficient）等。

（1）洛伦茨曲线是一种相对指标，表示市场占有率与市场中由小到大企业的累计百分比之间的关系。

图 3-1 中，横轴是市场企业数量的百分比，纵轴是文化企业市场份额的百分比，

45° 线为文化企业规模分布的绝对平均线。市场结构处于完全均等分布时，洛伦茨曲线将是一条 45° 的对角线；右下角的 90° 线为文化企业规模分布的绝对非平均线，表明市场此时处于完全垄断状态。处于 45° 和 90° 线之间的洛伦茨曲线代表了文化企业规模分布的差异，是一条向下弯曲的曲线。

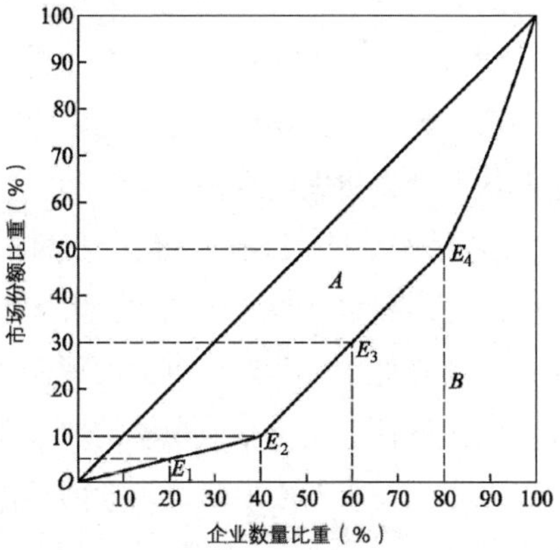

图 3–1 洛伦茨曲线和基尼系数与厂商规模差异

（2）基尼系数是洛伦茨曲线反映出来的特定市场中企业规模的差异值。依据图 3–1，基尼系数被定义为洛伦茨曲线与绝对平均线（45° 线）所包围的面积的比值，即：

$$GI = A / (A+B)$$

基尼系数越大，企业规模的差异越大；反之，基尼系数越小，企业规模差异则越小。基尼系数的取值范围是 $0 \leqslant GI \leqslant 1$。

（二）规模经济

规模经济（economies of scale）是指当生产或经销单一产品的单一经营单位因规模扩大而减少了生产或经销的单位成本时而导致的经济。规模经济有内部规模经济（internal economies of scale）和外部规模经济（external economies of scale）之分。内部规模经济是指单位产品成本取决于单个厂商的规模，随着单个厂商规模的扩大，单位产品的生产成本逐渐下降；外部规模经济是指单位产品的成本取决于所在行业的生产规模，随着所在行业规模的扩大，单位产品的生产成本逐渐下降。

为了提升文化企业规模经济，从而能够影响和改变文化市场结构，需要从规模经济的成因入手。规模经济主要来源于以下几个方面：

第一，专业化分工和协作的经济性。随着社会分工的深化，新的行业和部门独立化或者应运而生，服务业及文化产业就是在这种背景下大规模繁荣发展起来。不仅如此，专业分工协作能够大幅度提高劳动效率，使文化产业不同行业部门在独立化、市场化、商品化的趋势下愈加重视行业协作和融合，从而为各企业获得规模经济创造了空间。

第二，标准化和简单化的经济性。大规模企业所采用的大批量生产方式有利于实行标准化和简单化操作，从而有利于增加产量，提高产品质量，降低成本。这种方式是工业时代福特生产模式的典型特征。文化产业化就是顺应生产方式发展，最大可能地提升文化商品的供给量，从而获得更大的规模收益。

第三，采用高新技术、设备的经济性。目前，文化产业的知识性、创意性日益明显，成为技术密集型的典型产业。高新科技、设备的利用，大大增强了文化产业的生产效率和产业的可持续发展性，为其降低成本、获得更大的规模经济提供了条件。

第四，规模化经营管理的经济性。文化企业规模的提升和规模化经营管理方式使得文化产业在管理上提效率、出效益。而面对日益扩大的目标市场，也为该产业规模化营销管理创造了可能性。

全球服务经济和文化经济的发展，促使越来越多的文化企业可以多方面探索，以充分发挥规模经济的优势，从而提升本企业的竞争力。

（三）文化产品差别化

产品差别化是指产业内相互竞争的企业所生产的产品之间可替代的不完全性。文化产品差别化是指文化企业所提供的文化产品和服务，由于在质量、款式、性能、销售服务、信息提供和消费者偏好等方面存在着差异，从而导致产品和服务之间替代不完全的状况。

文化产品差别化可以分为以下几类：

第一，水平差异，指的是若以相同的价格出售不同品牌的差异化产品，不同消费者偏好不同的品牌，那么，这些产品具有水平差异。水平差异表示不同消费者对于相同的产品的评价不同，如可口可乐与百事可乐。

第二，垂直差异，指的是若以相同价格出售不同品牌的差异化产品，所有的消费者都会选择同一种品牌，那么，这些产品具有纵向差异，如精装本和平装本的图书。

第三，信息差异，指的是指由于消费者和厂商之间存在着信息不对称，从而导致消费者对产品认识产生了差异。

第四，策略性差异，指的是厂商通过空间先占或选址来遏制潜在进入者进入相关市场，从而享有相应的市场权力。

第五，服务差异，指的是厂商在售前、售中和售后提供的服务内容和服务质量方面的差异。

上述差异在文化产品和文化服务的供给与消费中均都存在。相对于一般产品，文化产品，特别是文化服务的差异化尤为明显，突出表现在其经验验特征显著。

产品差别化战略能使企业在行业中别具一格，具有独特性，并且利用有意识形成的差别化，建立起差别竞争优势，以形成对“入侵者”的行业壁垒，并利用差别化带来的较高的边际利润补偿因追求差别化而增加的成本。因此，通过产品差别化，可以影响市场集中度，影响产业内垄断和竞争程度，对文化企业行为也将产生重要影响。

（四）产业的进入与退出

进入壁垒和退出壁垒是衡量一个产业竞争程度的重要指标，是企业在进入或退出某一市场时所遭遇的障碍现象。只有当一个产业可以自由进入和退出，它才是一个可竞争产业。

1．进入壁垒

（1）进入壁垒的概念。进入壁垒指的是与产业内的原有企业相比，潜在的新进入企业在竞争条件上所具有的不利性。它反映了新企业与现存企业之间竞争条件的差异，影响到该市场的垄断竞争状况，而进入壁垒是影响市场结构的重要因素。因此，进入壁垒的大小既反映了市场内的已有企业优势的大小，也反映了潜在企业或新企业所面临的劣势的程度。

从经济上分析，进入壁垒具有正面作用和负面作用的双重性质。一方面进入壁垒的存在引起价格扭曲，造成社会福利损失；另一方面进入壁垒存在又具有正面作用。因为进入无壁垒的、原子型的完全竞争市场结构，尽管从理论说可以达到社会福利的极大化，但它是以资源配置效率的牺牲和产品效用的损失为其代价的，而具有一定高度的进入壁垒，则可以提高社会资源的配置效率和社会产品的效用。

（2）进入壁垒的形成。进入壁垒的形成主要来自以下几个方面：

①结构性进入壁垒。结构性进入壁主要包括绝对成本优势壁垒、规模经济性壁垒、产品差异化壁垒、必要资本需要量与融资成本壁垒。

绝对成本优势壁垒是由于在位企业相比于潜在进入企业，其产品成本处于绝对优势，从而形成进入障碍。文化在位企业的绝对成本优势来源于文化资源的不可复制性与唯一性、技术秘密或专利的保护、拥有先进的经营管理与特殊的专业人才、良好的品牌商誉等。

规模经济性壁垒是由于企业生产的平均成本随产量的增加而下降。随着文化企业集团化经营、多元化发展，其规模经济将更加明显，从而对潜在进入文化企业形成障碍。

产品差异化壁垒是由于同类产品在消费者心目中存在不完全替代性而形成的障碍。文化产品差别化的分类说明了这种障碍产生的原因，这里不再赘述。

必要资本需要量壁垒是指新企业进入市场必须投入一定的资本，而由于产业或行业差异，其初始资本需要量相差很大，显然必要资本需要量越大，新企业进入市场的难度越大。事实上，文化产业各行业差异相当之大，必要需要量有很大差距。潜在进入企业成功进入某一市场，必须要考虑必要资本需要量的约束和限制。

融资成本壁垒是因资本筹措难度而导致的融资成本不同而给潜在进入企业进入市场带来的障碍。文化产业自身的特殊性，其投资风险往往高于一般企业，加之产品的经验特征和信任特征强，信息不对称性明显，由此为相关企业融资带来一定难度，融资成本增高。

②策略性进入壁垒。策略性进入壁垒是区别于客观存在的结构性壁垒的一种有意识、主观设置的市场进入障碍。这种壁垒主要是通过现有企业通过相互协调，实施控制产业利润率和销售网络、形成过度供给、针对新企业的歧视性价格、采取广告策略加大宣传等手段实现的。

③制度性进入壁垒。制度性进入壁垒主要涉及，第一，政府对新企业行政管理和有关部门颁布的相关法规政策，不同程度地形成新企业进入产业障碍，如国家为实现产业经济发展目标，通过倾斜政策鼓励、扶植重点产业的成长，进行知识产权保护等；第二，通过各种行政手段和经济手段，抑制某些产业的发展，提高进入这些产业的代价，如实施高税收政策、高贷款利率政策，严格审批手续等。

2．退出壁垒

（1）退出壁垒的概念。所谓退出壁垒，就是指某企业在退出某个特定市场时所遇到的障碍。产业市场退出壁垒的高低也会影响企业进入市场的决策，如果退出行业的成本高昂，企业进入市场的动机就会削弱。如果退出壁垒很低，企业就可以迅速退出。

（2）退出壁垒的形成。构成进入壁垒的因素往往同构筑退出壁垒的因素紧密相关，因此在一般情况下，进入壁垒低的行业，退出壁垒也可能较低，这种行业的竞争性就比较强；相反，进入壁垒高的行业，退出壁垒也可能较高，这种行业的垄断性就比较强。

退出壁垒的形成主要来自以下两方面：

一是经济性退出壁垒。经济性退出壁垒主要包括资产专用性、沉没成本等。资产专用性是指资产只能在某一行业内使用，当退出这一行业时，资产难以变现或资产变现价格远低于购买价格，由此形成企业退出该市场的障碍。沉没成本（sunk cost）是指已经形成资产而无法回收的投资费用。一般来讲，固定资产除土地外专用性很强，在企业退出时难以转用或转卖，其沉没成本较大。沉没成本愈大，企业愈想继续维持下去，力求回收投资，难于退出。相反，沉没成本愈小，企业则易于退出。文化产业具有创意和知识密集性特征，因此很多情况下，其资产专用性很强，沉没成本较大。

二是制度性退出壁垒。制度性退出壁垒主要指国家政策法律的限制。政府为了达到确保稳定服务，经常通过制定政策和法规来限制企业从产业中退出，如对具有公益性特征的文化行业部门，国家有着相关规定，不能轻易退出市场。而对于某些非公益性行业，如果在法律上实行的是特许经营制，政府也可能对企业退出加以阻止。

第二节 文化企业行为

文化企业行为是指文化企业在市场条件下有目的的生产经营活动，是企业为了获取更多的利润和更大的市场占有率，适应市场要求而采取的战略性行为。这些行为包括价格行为与非价格行为。价格行为主要包括定价行为、定价方法、价格差别和价格协调等；非价格行为主要包括产品战略、营销战略、投资战略、研发以及企业并购与集团化战略等。本节将重点介绍价格、产品、并购与集团化战略和集群发展战略。

一、文化企业价格战略

文化企业价格战略是文化企业为了获得更多利润和更高市场占有率而在制定价格时所追求的目标和采取的策略。文化产品和服务的定价与其他产品和服务的定价一样，是一系列决策过程的结果。

（一）定价过程与步骤

1. 数据收集

为了能够进行科学而有效的定价，首先必须收集数据信息。这一过程包括：

（1）成本核算，确定与特定的定价决策相关的增量成本和可避免成本。

（2）确认消费者，确定哪些是潜在的消费者，他们购买产品和服务的原因。

（3）确认竞争对手，确定目前或潜在的能够影响该市场盈利能力的竞争对手。

2. 战略分析

在独立完成上述数据收集的三个步骤后，需要进一步进行战略分析。这一过程包括：

（1）财务分析。确定对于潜在的价格、产品或促销变动，销售量需要变化的幅度以增加利润；确定对于新产品或新市场，销量应至少达到多少才能回收增量成本。财务分析通过价格、产品和目标市场的选择来更好地满足顾客需要或者创造竞争优势。

（2）市场细分。不同细分市场顾客的价格敏感度不同，购买动机不同，为他们服务的增量成本也不同，确定不同细分市场的定价以及如何能够最有效地向不同细分市场的顾客传达产品的价值信息。公司选择目标市场要考虑为市场细分服务的增量成本以及公司比竞争者更有效的或者成本更低的服务于该市场的能力。

（3）竞争分析。确定竞争者对公司将要采取的价格变动会做出的反应，他们最可能采取的行动以及竞争者的行动和反应将如何影响公司的盈利和长期生存能力。竞争者分析一定程度上是为了预测竞争者对某个以深入顾客细分为目的的价格变动的反应。

3. 制定战略

财务分析阶段的最终结果是得到一个价格—价值战略（a price-value strategy），一个指导未来业务的规划，从而确定最后的策略。

（二）定价方法

关于文化产品定价，同其他产品定价一样，存在多种方法，此处简要介绍成本加成定价法、目标利润定价法和认知价值定价法。

（1）成本加成定价法，即在产品的成本上加一个标准的加成，它是最基本的定价方法。这种定价方法因为较显公平，同时简化了卖方的定价任务，有益于将价格竞争减小到最低程度，因而被普遍接受。

（2）目标利润定价法，即企业试图确能带来它所追求的利润的价格。该种定价方法的要点是使产品的售价能保证企业达到预期的目标利润率。企业根据总成本和估计的总销售量，确定期望达到的目标收益率，然后推算价格。

（3）认知价值定价法，即根据消费者所理解的某种商品的价值来确定产品价格的一种定价方法。

对于搜寻特征显著的文化产品而言，成本加成定价法应该成为一种首先考虑的重要方法；对于经验性特征和信任特征较强的文化产品和服务，特别是新文化产品和服务，目标利润定价法与认知价值定价法则成为定价时需要考虑的重要方法。当然，文化产品和服务毕竟有着诸多区别于一般产品的特征和属性，因此必须结合具体情况，选择合适的方法确定其价格。

（三）差别定价

差别定价又称价格歧视，指企业以两种或两种以上不反映成本比例差异的价格来营销一种产品或提供一项服务。

实行差别定价需要具备如下条件：第一，市场必须能够细分，而且这些细分市场有不同的需求价格弹性；第二，不同消费群体的存在，由此可以将消费者划分为不同的市场；第三，市场被有效分割，消费者无法套利。

在能够有效实施差别定价的条件下，可以采取如下定价方法：

（1）顾客细分定价：在这种情况下，对同样的产品或服务，不同顾客支付不同的数额。

（2）产品式样定价：在这种情况下，产品的式样不同，制定的价格也不同。它们的价格距离与它们各自的成本是不成比例的。

（3）地点定价：在这种情况下，不同地点可制定不同的价格，即使所提供的每个地点的成本是相同的。

（4）时间定价：在这种情况下，不同季节，不同日期，甚至不同钟点，都可以采取不同的价格。

（5）数量定价：在这种情况下，根据消费量细分市场，分成大户、散户，给予不同价格。

上述差别定价方法在文化产品和服务的定价上有着广泛的应用价值。综合运用上述定价方法，有利于在满足消费者需求的前提下，最大化实现文化企业经营目标。此外按照企业对消费者群体需求特征的识别程度，价格歧视可以分为一级、二级、三级价格歧视。它们在文化产品和服务的差别化定价中也被广泛应用。

二、文化企业产品战略

文化产品战略是文化企业对其所生产与经营的产品进行的全局性谋划，是文化产品差别化的竞争策略系统。其中，新文化产品和服务的研发是策略系统的核心。

对于主要提供增强精神愉悦和享受产品和服务的文化企业而言，要想长期拥有稳定的消费群体和市场占有率，就必须不断推陈出新，创造具有市场竞争力的产品。而竞争的市场反过来又会有利于研发的开展。为此，就需要格外重视新产品和服务的研发。

具体到开发战略，主要有以下类型：

（一）领先型开发战略

采取这种战略，企业努力追求产品技术水平和最终用途的新颖性，保持技术上的持续优势和市场竞争中的领先地位。当然它要求企业有很强的研究与开发能力和雄厚的资源。文化企业应该充分利用先进科技，强化产业间的互相支持和融合，进一步深化文化产业的创意性和知识密集性。

（二）追随型开发战略

采取这种战略，企业并不抢先研究新产品，而是当市场上出现较好的新产品时，进行仿制并加以改进，迅速占领市场。这种战略要求企业具有较强的跟踪竞争对手情况与动态的技术信息机构与人员，具有很强的消化、吸收与创新能力，容易受到专利的威胁。

（三）替代型开发战略

采取这种战略，企业有偿运用其他单位的研究与开发成果，替代自己研究与开发新产品。研究与开发力量不强、资源有限的企业宜采用这种战略。

（四）混合型开发战略

文化企业可以以提高产品市场占有率和企业经济效益为准则，依据企业实际情况，混合使用上述几种产品开发战略。

三、文化企业并购与集团化战略

（一）文化企业并购

1. 并购的概念

企业并购是资本集中的一种形式，包括兼并和收购两层含义。兼并指在市场机制的作用下，企业通过产权交易获得其他企业的产权，使这些企业法人资格丧失，并获得它们控制权的经济行为。收购指一家企业用现金或者有价证券购买另一家企业的股票或者资产，以获得对该企业的全部资产或者某项资产的所有权，或对该企业的控制权。企业并购是现代市场经济中实施资产重组和优化资源配置的有效手段，有助于实现企业规模的迅速扩张，推动产业结构的不断升级。

2. 并购的分类与动因

按照被并购双方的产业特征可以划分为横向并购、纵向并购和混合并购。

（1）横向并购，又称水平并购，是企业扩张的一种基本形式，指并购双方处于同一行业的并购活动，也即竞争者之间的并购。

企业之所以进行横向并购，其动因大致可以归结为：第一，因成本节约目的而希望通过横向并购获得规模经济效应和管理、经营以及财务协同效应。这里的协同效应指的是组织部门各部分因为能够实现在生产经营各环节目标和实践的统一性和一致性而获得的效率的提高，风险的分散、降低，以及收益增加等益处。第二，追求市场势力所致。通过横向并购，提高企业的市场占有率，消除竞争等。

（2）纵向并购，也称垂直并购，是指生产过程或经营环节紧密相关的企业之间的并购行为。从纵向并购方向来看，有前向并购和后向并购之分，前者指生产原材料的企业通过并购向经营下游业务扩展；后者指装配或制造企业通过并购向上游业务扩展。

企业进行纵向并购的动机在于，通过纵向并购，相关企业可以降低交易成本，消除外部性，避免政府的管理和税收，确保投入品的稳定供应，从而完成企业的扩张。

（3）混合并购，是指生产和经营彼此没有关联的产品或服务的企业之间的并购行为。企业进行混合并购的目的主要是为了追求组合效应，降低经营风险。

就中国文化企业而言，自文化体制改革以来，几乎所有文化体制改革的重要文件均提及要推动国内文化企业跨地区、跨所有制兼并重组。

（二）文化企业集团化

文化企业集团化是指由一定数量的文化企业彼此之间在经营方面形成稳定协作关系，在统一机构的协调下，依据一定原则组成的企业群体。它以一个或若干文化企业为核心，通过控股、企业合同或其他方式，使核心企业控制一系列从属企业，从而形成众多企业的结合体，对现有存量资产进行重新配置，实现专业化生产、规模化经营，形成新的规模优势。

企业集团的主要类型有龙头带动型，优势互补型，产供销一条龙、贸工农一体化型以及增量扩张型。企业集团化可以采取所有权关系结合的形式，即通过控股或持股方式的资本结合途径，也可以采取融通资金的形式，即资金结合的途径。

文化企业集团化，将进一步改变企业组织形式和市场结构，有利于推进企业改革，促进其按照市场规律不断提高经营效率和效益。

四、文化产业集群发展战略

（一）文化产业集聚与文化产业集群的概念

1. 文化产业集聚的概念

产业集聚是指生产某种产品若干个不同类企业，以及为这些企业配套的上下游企业、相关服务业，在某个特定地理区域内高度密集地聚集在一起。产业集聚是客观的经济现象，其形成可能是为了充分利用地区的某种优势而形成的企业群体，也可能是为了加强地区内企业之间的经济联系而为企业发展创造更有利的外部条件等。

实践表明，产业集群在强化专业化分工、发挥协作配套效应、降低创新成本、优化生产要素配置等方面作用显著，是工业化发展到一定阶段的必然趋势。引导和促进产业集群发展，有利于优化经济结构，转变经济发展方式；有利于集约使用土地等资源，集中进行环境治理；有利于带动中小企业发展，提升区域和产业竞争力；有利于统筹区域和城乡发展，加快工业化和城镇化进程。

文化产业集聚同样是产业发展的过程和结果，是文化产品和服务生产提供企业在地理上的高度集中。其特殊之处在于文化发展规律以及文化产品和服务的特殊性对文化产业集聚有着重要的制约和影响。

2. 文化产业集群的概念

产业集群是指在特定区域中，具有竞争与合作关系，并且在地理上集中，有交互关联性的企业、专业化供应商、服务供应商、金融机构、相关产业的厂商及其他相关机构等组成的群体。产业集群超越了一般产业范围，形成特定地理范围内多个产业相互融合、众多类型机构相互联结的共生体，构成这一区域特色的竞争优势。产业集群的核心是在一定空间范围内产业的高集中度，这有利于降低企业的制度成本（包括生产成本、交换成本），提高规模经济效益和范围经济效应，提高产业和企业的市场竞争力。

文化产业集群是大量的相互关联的文化企业，如影视、文娱、出版、新媒介、唱片、设计、广告、经纪等企业，文化创意人才与其相关支持系统包括科研院所、行业协会、金融机构、政府部门等在一定地域范围内的集聚和集中。

（二）文化产业集群形成的条件

文化产业集群形成的条件主要包括以下几个方面：

1. 经济因素

与其他产业集群一样，文化产业集群的形成离不开一定经济基础的支持。厚实繁荣的经济显然为文化产品和服务的供给和需求以及相关产业的发展提供强大支撑并为文化企业发展提供内生动力，从而促进要素、资源以及供需在空间地理上的集中。特别是对于文化生产和消费，其需求价格弹性大，敏感性强，对于经济水平的要求较高，更需要有良好的经济基础。

2. 政策因素

集群经济发展在很大程度上与政府政策的导向和支持存在关联。在政府规划和引导下，文化产业集群可以加快集聚程度和水平，获得规模经济和范围经济等效应，如文化产业园的建设和发展。文化产业园是文化产业发展规模化、园区化的表现，通过在地理空间上的聚集，形成了一个集政策落地、项目孵化、企业发展、投资管理、产权交易和后勤服务等多种功能为一体的发展平台。在产业园内，不仅有特定的办公经营空间，而且关联度高的企业集聚，园区可以提供完善的公共服务和平台，入驻园区的企业可以获得政府的优惠和扶持。这些都促进了文化产业集群的发展。

3. 区位因素

文化产业集群的形成和发展与区位也存在关系。良好的自然社会资源、人口分布、地理环境可以为文化产业及集群发展提供有利的促进因素。尤其是完善的基础设施有助于文化产业前向、后向的关联产业，如金融、服务、高新技术、交通运输等产业的发展和集中。

4. 产业因素

特定地区所形成的特色文化产业集群以及其规模、体量等与该地区已有产业基础、行业优势、企业状况等有密切关联，同时也与该地区产业发展规划以及对主导产业、龙头企业的选择和支持有关。即便是在制造业、加工贸易发达的地区，在推动文化产业发展以及集群形成的过程中，依然可以发挥制造能力强、加工水平高等优势，促进以文化装备为指向的产业集群的成长。

5. 市场因素

文化产业集群的形成和发展需要有坚实的市场支撑。完善的市场机制、便利的营商环境、发达的市场交易对于要素资源的流动、人才的集聚、交易的发生、消费的集中等具有重要影响，同时也有利于竞争和创新，使文化产业集群拥有良好的外部发展环境和动力。

6. 文化因素

与其他产业集群相比，文化产业集群的特殊之处在于其指向的生产、消费、贸易标的是具有高度差异性、特色化的文化产品和服务。文化资源、文化基础、文化优势和文化特色等在其中具有重要影响。国内外许多文化产业园区由旧城改造过程中保留下来的富有历史文化内涵的旧厂房、旧仓库改建而成。国外如英国泰晤士河南岸、柏林的哈克欣区、日本北海道小樽运河等；国内如北京的 798 艺术区、原上海制动器厂厂房改建而成的时尚创作中心、原杭州蓝孔雀化纤公司锦纶分厂的旧厂房改造的杭州 LOFT 创意产业基地等，处处彰显着历史文化内涵，唤醒人们的怀旧情结，为创意者发挥想象力提供元素和题材。

7. 科技因素

人类社会正迎来以数字化、智能化和网络化为核心的新一轮工业革命。随着云计算、大数据、物联网、机器学习等数字技术体系的发展，各种基于数字技术的商业模式和产业形态重塑了社会生产与再生产的各个过程，使文化产业集群从实体空间向虚拟空间发展，形成各种类型的文化产业集聚和集群平台，推动虚拟文化产业集群的成长壮大。

专栏 3-2

平台经济

对平台经济这种新的经济现象，法国经济学家罗歇和梯若尔在 2001 年做了开创性的研究，并首次称这种商业模式为“双边市场”。后来在其论文中，罗歇和梯若尔对平台经济给出了一个基本定义：“如果平台可以通过向市场的一方收取更多费用并将另一方支付的价格降低相同数量来影响交易量，则市场是双边的。也就是说，价格结构很重要，而平台必须设计这种结构以便让双方都参与其中，即两方以上的参与者通过利益互动形成的市场为双边市场或平台经济。”

在数字化时代，平台是指为数字化的人类生产与再生产活动提供算力支持、数据存储、工具和规则等功能的不同要素数字化的组织形式。那些经营与维护数字平台，并依赖数字平台参与社会生产和再生产的新型企业组织，就是平台组织。

平台组织与其他主体在经济的循环和周转过程中所形成的各种经济联系的总体，就是平台经济。平台经济在数字化技术高速发展的基础上，以数字平台为核心，以数据作为生产要素或一种有价值的资产进行资源配置，集成生产、分配、交换、消费活动的信息，促进社会生产与再生产过程顺利进行。

在数字化时代，网络平台有以下基本功能：

一是通过数字平台巨大的规模效应和网络效应吸引大量的生产者和消费者，将不同空间和经济部门具有类似交易逻辑的产品与服务的流通活动集中在一起，并将他们连接起来建立一个流动性的数字化市场，提供产品和服务的线上交易中介服务，向卖方收取服务费或从交易金额中抽成，如中国的京东公司、美国的亚马逊公司。

二是通过数字化技术提供便利的信息传递和社会交往渠道，如提供搜索引擎和社交媒体服务，匹配生产者和消费者之间的交易，通过广告等获取收入。社交媒体较具代表性的如腾讯公司的微信、微博，脸书公司的脸书网。搜索引擎较典型的有百度搜索和谷歌搜索。

三是提供数字化的物质技术基础，通过提供“基础设施服务”或“平台服务”等来降低用户的交易成本，提高平台使用的价值。将基础设施作为服务，就是把数字化时代的算法、信息储存等互联网基础设施封装成可模块化调用的服务，供用户使用。典型的有阿里巴巴公司和亚马逊公司提供的云计算、云存储等服务。将平台作为服务是指提供应用程序的运营环境，让用户可以使用服务提供者所支持的资源库、编程语言、服务和工具来开发自己的应用程序。典型的有通用电气工业互联网平台和谷歌安卓系统。

借助平台经济、文化与数字技术的融合，使得近年来云音乐会、云录制、云展览、云观影等文化消费新场景、新模式走进千家万户，以科技为支撑、以创意为灵魂的线上演播、数字艺术、沉浸式体验成为文化产业发展新的增长点，借助平台经济，文化产业新业态发展前景广阔。

8. 人才因素

文化产业有着显著的知识密集型特征，对于人才有着特殊的要求。文化产业的发展和集群的壮大离不开各类高水平、复合型的人才的培养，也离不开高素质的消费人才的参与。特别是在文化 + 科技的背景下，对于高科技人才的需求更加迫切。

第三节　文化产业市场绩效

市场绩效是指在一定市场结构下，通过一定的市场行为使某一产业在产量、价格、成本、利润、产品质量、品种及技术进步等方面达到的现实状态和最终经济成果。描述和评价市场绩效主要有资源配置效率、规模结构效率和技术进步水平等指标。

一、文化产业的资源配置效率

资源配置效率是指配置资源的有效性，它是同时从消费者的效用满足程度和生产者的生产效率高低的角度来考察资源的利用状态。因此，需要考虑在有限的生产资源或消费品的条件下，产出和消费者效用的满足程度。

微观经济学理论告诉我们，竞争的市场机制能保证稀缺资源的最优配置，从而使消费者剩余、生产者剩余和社会总剩余最大化。一般情况下，市场竞争越充分，资源配置的效率就越高；与此相反，市场垄断程度越高，资源分配效率越低。因此，社会主义市场经济体制下，要逐步完善和充分发挥市场机制的作用，通过市场化手段和途径配置文化及相关资源，才能提升消费、生产及社会总剩余，增强文化企业的盈利能力。

坚持市场经济导向，首先，要依据市场规律，对文化生产要素的流向起到积极的引导作用，从而使各类文化企业能获得发展所需的不同资源，尽可能降低文化生产成本，增强文化产品和服务的市场竞争力；其次，要加快新技术的创新和采用，不断提高劳动生产率，既在数量上满足市场的需要，又要在品质上提升消费者的满意度；最后，通过市场化配置，实行优胜劣汰，使资源向社会效益与经济效益突出的文化生产部门和产品倾斜，推动文化产业的结构调整和升级，形成普遍文化产业竞争优势。

二、文化产业的规模结构效率

产业组织的规模结构效率，又称产业组织的技术效率，反映产业经济规模和规模效益的实现程度。产业的规模结构效率既与产业内单个企业的规模经济水平密切相关，还反映出产业内企业之间的分工协作水平的程度和效率。而文化产业规模结构效率反映文化产业经济规模和规模效益的实现程度。

衡量某个特定产业的规模结构效率可以从以下三个方面来进行：

第一，用达到或接近经济规模的企业产量占整个产业产量的比例来反映产业内经济规模的实现程度。

第二，用实现垂直一体化的企业的产量占流程各阶段产量的比例来反映经济规模的纵向市场程度。

第三，通过考察产业内是否存在企业生产能力的剩余来反映产业内规模能力的利用程度。

就文化产业而言，考察其规模结构效率所表现的市场绩效时，同样可以从上述三个方面进行。而影响文化产业规模结构效率的因素可以归纳为两方面：一是文化产业内文化企业规模结构，它指的是文化产业内不同规模文化企业的构成和数量比例关系。一国经济的平稳发展必须要有一个适当的规模结构，即要保持适当的大、中、小型企业的构成比例。二是文化产业内的文化市场结构，大量实证研究表明，产业市场的过度集中和分散都会降低产业的规模经济水平。

三、文化产业的技术进步水平

文化产业发展与技术进步水平有着密切联系。一方面科技创新为现代文化产业开辟了广阔的发展空间，另一方面文化产业的进步也激发并体现在科技在该产业各个环节的应用。

从科技进步对文化产业的重要意义来看，它让人类文化活动与文化产业的类型、内容、表现形式不断丰富。每一项新的科技成果的运用，往往为文化产业开拓出一个全新的空间，甚至产生出一个新的产业门类。高科技与文化产业的联系越来越密切，使文化产业不断拓展衍生出新的产业类型，如文化产业与数字技术、网络技术、通信技术的结合萌生了以广播、电视为载体的数字广播、数字电视业的雏形。

而新时代的文化产品创意工作也越来越依赖信息技术与互联网络。信息技术使得文化产品的传媒载体、传播渠道、传播范围、消费对象发生重大变化。而数字技术作为信息技术的核心技术类型，它的高速发展使传统文化产业数字化。如数字技术将世界传媒业引入一个全新的数字时代。作为文化产品传播渠道的大众传媒，其创意、制作、传输与营销过程都经历着数字化的洗礼。

从中观角度看，促进文化产业发展和文化企业的成长壮大无疑是文化企业经营者的重要目标和行为。企业经营者进行技术革新的主要动机就是对利润的追求。追求高额利润，是所有文化经营主体技术创新行为的基本推动力。因此，文化产业进步将体现并影响文化产品和服务生产的技术水平和知识含量，影响文化市场供给与需求状况以及文化市场竞争垄断格局，从而反映出文化市场的绩效。

【本章小结】

现代产业组织理论的分析框架，包括市场结构、企业行为和市场绩效，也即 SCP 分析系统，是研究和分析文化产业组织的重要理论基础。就文化产业市场结构而言，微观经济学市场结构理论为探究其结构和特征提供了有力的分析工具，同时要结合市场集中、规模经济、产品差别化等因素来加深对文化市场结构的认识。至于文化企业行为，是其在市场经济条件下有目的的生产经营活动，具体包括价格战略、产品战略以及企业竞争、并购、集团化和集群发展等行为。通过相关经营活动，使企业不断扩大市场占有率，实现利润最大化和企业发展的战略目标，由此达到一定的市场绩效。市场绩效是以市场结构为基础，由企业行为形成的资源配置和利益分配状况。总体而言，文化产业组织存在着区别于一般产业组织的诸多方面，其发展因各国国情不同而有很大差异。如何在文化经济全球化的背景下推进文化产业组织的繁荣、发展，已经成为夯实文化产业基础的重大问题，其中不仅涉及市场经济环境下产业组织发展的一般规律，更应重视文化产业组织本土化和国际化发展的趋势和导向。

【复习思考题】

1. 如何理解文化市场的多元形态？
2. 请运用微观经济学的市场结构理论分析文化市场结构。
3. 文化产业规模经济有哪些来源？
4. 文化企业行为中的价格战略具体包括哪些方面？
5. 文化产业集群形成的条件有哪些？
6. 如何优化文化产业资源配置效率？
7. 从社会效益的维度探讨如何提升文化产业市场绩效？

【案例讨论】

2021年中国国际服务贸易交易会首届国家文化出口基地论坛召开[①]

2021年中国国际服务贸易交易会首届国家文化出口基地论坛在北京市国家会议中心召开。论坛由商务部主办，安徽省合肥市人民政府、四川省自贡市人民政府、人民日报数字传播有限公司承办，旨在搭建基地交流合作平台，发挥基地在产业集聚、创新发展、示范引领等方面的重要作用，带动对外文化贸易高质量发展。

商务部领导在致辞中表示，开展国家文化出口基地建设是商务部等四部门贯彻落实党中央国务院决策部署，推动对外文化贸易创新发展的一项重要的举措，举办国家文化出口基地论坛，目的是搭建基地交流合作平台，推动基地建设提质增效。文化强国建设将为对外文化贸易发展和国家文化出口基地建设提供巨大的机遇。希望能够借助国家文化出口基地这一论坛的平台，凝聚共识，畅谈合作，共同为推进文化强国建设，提升国家文化软实力做出积极的贡献。

近年来，商务部会同中央宣传部、新闻出版署、国家广电总局等部门，积极推动中华文化走出去，着力优化文化贸易发展环境，完善政策支持体系，培育市场主体，开展国家文化出口基地建设，推动对外文化贸易发展取得了明显的成效。

2020年，我国文化产品和服务进出口总额实现了1443亿美元，文化产品出口额已经持续多年位居全球前列，形成了一批具有国际影响力的文化企业、产品和品牌。网络游戏、网络文学、短视频等数字文化领域已具备全球竞争力，我国主导制定的手机动漫标准、数字艺术显示标准等被确立为国际标准，中华文化的传播力和影响力持续提升。

一、创新文化贸易模式 助力中国文化“走出去”

据了解，三年来，首批国家文化出口基地积极发挥集聚、引领和辐射作用，努力创新文化贸易发展的体制机制和政策措施，培育了一批具有较强国际竞争力的文化企业，形成了一批具有较强辐射力的国际文化交易平台，探索了一批适应文化贸易创新发展的模式和经验，有效带动了文化贸易的高质量发展。

如何进一步做好对外文化贸易工作，安徽省委常委、合肥市委书记虞爱华认为，文化出口要讲好故事，努力让“好声音”成“最强音”。文化出口的重要使命，就是让想听中国故事的人“听得到”；文化出口要用好平台，我们现在称为“基地”，努

---

① 2021年中国国际服务贸易交易会首届国家文化出口基地论坛正式召开．中青在线，2021-09-07.

力让“大基地”成“新高地”。今天的合肥，拥有自贸区、服贸试点市、跨境电商综合试验区、进口贸易示范区国家级四个开放平台，还是首批国家文化出口基地之一。正是这些政策利好和平台力量，推动了各类市场主体正在汇聚合肥，并不断做大做强做优；文化出口需要有好产品，努力让 “走出去”成“走进去”。让文化出口有“说头”、有“看头”，还要有“赚头”。

四川省自贡市委书记表示，中央颁布的《成渝地区双城经济圈建设规划纲要》，赋予了自贡建设新时代深化改革、扩大开放、示范城市和高质量建设国家文化出口基地新的使命。我们深入落实中央和省委部署要求，以彩灯、恐龙等产业转型为重点，加快走出文化服务贸易高质量发展新路子。自贡灯会本为季节性灯会，为突破转型，提升竞争力，我们将其转型为常态化灯会，成为夜消费场景的供应商。同时，创新“彩灯 +”“+ 彩灯”“彩灯进家庭进社区”等发展思路，自贡彩灯广泛链接知名展会、赛事，相继点亮中国进博会，点亮了迪拜世博会，还将陆续点亮今年的西博会，明年的冬奥会和世界大学生运动会，实现“以灯扬名”“借船出海”。与江苏昆山、广东中山等合作发展文创产业，独具特色的彩灯文创产品将变成消费品走向千家万户，送出吉祥与欢乐。

二、探索文化贸易新方向　让文化自信更坚定

论坛现场，与会嘉宾共同见证了国家文化出口基地联席机制的成立。国家文化出口基地联席机制是由全国国家文化出口基地自愿设立，专注于提升我国文化领域自主创新能力，加强文化产业和贸易交流合作，开发具有中国特色、有影响力、传播力的文化出口产品与服务，共同推动我国文化贸易持续健康发展。未来，加入机制的全国首批 13 家文化出口基地将以联席机制为依托，着力促进政策功能和运营模式的创新，加快建设特色平台，落地重大项目，推进国家文化出口基地建设。

本届论坛作为首届国家文化出口基地论坛，力争把文化出口基地论坛打造成文化强国重要 IP，成为文化出口重要载体，以辐射带动能力，进一步优化文化贸易结构，减小核心文化产品和服务贸易之间的逆差，打造我国文化贸易的竞争新优势。

下一步将坚决贯彻落实党中央关于推动中华文化走出去，加强国际传播能力建设等一系列决策部署，立足新发展阶段，贯彻新发展理念，加强国家文化出口基地的建设，推动对外文化贸易高质量发展，更好地服务构建新发展格局。

问题：结合国家文化出口基地的发展，谈谈文化产业发展的新模式与新方向。

第四章　文化产业投融资与经营

【主要内容】

本章主要介绍了文化产业投融资体系，包括文化产业投融资主体、方式、特点，文化产业投融资的国际经验，国际文化贸易与文化产业投资，文化产业经营的商业模式与特点，文化产业跨国经营、国外文化产业经营经验等内容。在教学过程中，要着力增强学习者振兴文化产业的自信和情怀，强化对公正、法治的投融环境重要性的认识，加强守法、诚信教育。

【学习要求】

1. 掌握文化产业投融资的主体、方式和特点。
2. 了解文化产业投融资的国际经验。
3. 理解国际文化贸易对外直接投资模式。
4. 掌握文化产业经营的商业模式和特点。
5. 了解中国对外文化贸易现状。
6. 了解国外文化产业经营经验。

【案例导引】

我国一批国家级文化产业投资基金相继成立①

2020 年 11 月 18 日，中国文化产业投资母基金在北京正式成立。基金由中宣部和财政部共同发起设立，目标规模 500 亿元，首期已募集资金 317 亿元。基金成立是深入贯彻落实党的十九届五中全会精神、推进文化改革发展的重要举措，对于健全现代文化产业体系，完善把社会效益放在首位、社会效益和经济效益相统一的体制机制，

---

①中国文化产业投资母基金正式成立．人民日报，2020-11-19（4）．
谢卫群．央视融媒体产业投资基金在沪成立．人民日报，2021-09-27（15）．

推进社会主义文化强国建设具有重要意义。

作为国家级文化产业投资基金，主要围绕落实国家文化战略和规划积极发挥作用，以政府引导资金撬动，吸引各方资本投入，通过市场化运作、专业化管理，支持文化企业改制重组和并购，促进文化资源整合和产业结构调整，推动文化产业高质量发展。基金主要投向新闻信息服务、媒体融合发展、数字化文化新业态等文化产业核心领域，以及与文化产业高度相关的旅游、体育等相关行业，支持电影等重点行业发展；围绕粤港澳大湾区建设、长三角一体化发展等国家重大区域发展战略，支持区域文化产业协同发展，做强做优做大文化企业，增强文化产业实力和核心竞争力，促进形成文化产业发展新格局。

2021 年 9 月 26 日，央视融媒体产业投资基金在上海正式成立，这是我国首个以媒体融合为主题的国家级产业投资基金。习近平总书记指出，主流媒体必须紧跟时代，利用新技术、新应用创新媒体传播方式，加快融合发展步伐。成立央视融媒体产业投资基金，是深入贯彻落实习近平总书记关于推进媒体融合发展重要指示精神的一项创新举措，是“文化＋金融”融合模式的一次创新突破，将充分发挥资本市场的积极作用，持续释放科技创新的强大动能，积极共享合作共赢的发展成果，做大做强央视融媒体产业基金，形成产业示范龙头效应，推动我国广播电视领域文化产业高质量发展。

央视融媒体产业投资基金由中央广电总台所属中国国际电视总公司，以及中国电信、中国文化产业投资母基金等 26 家企业共同发起设立，总规模 100 亿元，首期规模 37 亿元。基金以融媒体技术、内容和生态建设为投资方向，主要投向 5G、超高清、人工智能、云计算、区块链等前沿技术应用，扶持新媒体、新业态，打造媒体融合新业态的全国性投资平台。

第一节　文化产业投融资体系

投资是各种经济主体为实现特定的目的和获得预期的效益，而把其所拥有的财产或资产作为资本运用并形成相应资产的经济活动。它包括两个过程：一是财产转化为资本或资产转化为资本的过程，这是投资的决策过程或准备过程；二是资本形成具体转化形态或运用形态即形成各种资产的过程，这是投资的进行过程或实施过程。就一项具体的投资而言，只要完成上述两个过程，其投资过程就结束了。

融资从狭义上讲即是一个企业的资金筹集的行为与过程；从广义上讲，融资也叫金融，就是货币资金的融通，当事人通过各种方式到金融市场上筹措或贷放资金的行为。

投资与融资是两个紧密联系的过程。企业要想发展壮大，必须高度重视投融资行为，从而为产业资产价值形态的资本的循环和周转奠定基础和创造空间。

具体到文化产业投资，其含义是各经济主体为了获得预期的效益而将其拥有的财产或资产作为资本运用并形成相应文化资产的经济活动。而文化产业融资则是文化企业资金筹集的行为与过程。

一、文化产业投融资主体

投资主体是指从事投资活动，具有一定资金来源，享有投资收益的权、责、利三权统一体。它既是决策主体、责任主体，同时也是利益主体，泛指多样化的投资者，既包括政府、企业和个人，也包括银行、证券公司、保险公司、信托投资公司、投资基金以及各种公共基金、财团法人、社团法人、事业法人、非政府机构等。

当然，依据不同的分类标准，可以将投资者划分为不同类型，如依据体现的法律关系不同，可以将投资主体分为自然人投资主体和法人投资主体；依据是否拥有经营项目的经营权，可将其分为直接投资主体和间接投资主体；依据投资主体在整个国民经济的地位和层次，可以划分为中央、地方、企事业单位以及个人投资主体等。

融资主体是指进行融资活动，承担融资责任和风险的实体。

文化产业投资主体是从事文化经济领域投资活动，具有相对独立的决策权，拥有一定资金来源，并对投资所形成的资产有所有权或支配权，能相对自主或委托他人进行经营的投资者。文化产业融资主体则是在文化经济领域进行融资活动，承担融资责任和风险的实体。根据文化产业投融资实际状况，其相关主体主要包括政府、企业及有关金融机构。

（一）政府

市场经济体制下，政府在投融资体系中发挥着重要作用。文化大发展、大繁荣不仅需要政府制定科学的文化产业政策，营造文化产业发展的平台，还应该成为文化产业投融资的积极推动力量，给予科学合理的支持和引导，具体包括：

（1）制定出台相关政策，进一步加大政策扶持和执行力度，在资金投入、用地、税收、价格、信贷、融资、生产、进出口、社会捐助与社会保障等政策方面支持文化产业发展，引导文化产业的资本、技术、信息、人才等资源集聚和发展。

（2）在产业布局升级、招商引资、鼓励民间投资时，突出文化产业的地位，引导产业结构优化整合，引导投资方向和错位发展，避免同质化竞争与过度竞争，促进文化产业发展。

（3）规范文化产业基金和风险投资行为和运营机制，完善文化产业基金和风险投资资本在文化产业进入和退出的机制。

（4）直接参与文化产业投资，增强国有文化资产的盈利能力，参与各类以推动文化产业发展为宗旨的投资中介机构，由地方政府、投资公司和财政出资，设立文化企业贷款的担保公司，也可以吸引社会资本投资，以非营利方式为文化企业提供担保等。

（二）企业

企业既是市场主体，更是投资决策的主体。现代企业制度下，文化投资多元化、社会化有利于促进文化产业效率和竞争力的提升。因此，推进不同所有制文化企业的繁荣发展，使其参与到市场竞争和投资决策中，将进一步促进文化体制和机制的完善，激发企业活力。

作为投资主体的中国文化企业，文化体制改革正推动着文化企业所有制结构朝多元化方向发展，国有文化企业投资主体单一的状况逐步改变，非公资本介入，民营文化企业有了长足的进步。

就国有文化企业而言，投入领域多，涉及受众面较广，拥有稳定的财政支持资金，成为满足大众文化需求的中坚力量。然而在近似于垄断条件的审批、准入门槛下占据了较大的投资空间，同时带来一定程度的“不计成本”的低投资效率，束缚了文化产业的发展。

相比而言，民间投资主体体现出体制灵活、市场把握敏锐及时、经营灵活、营利目的性强的特点，因此投资效率较高。有关数据表明，中国民营文化企业发展态势迅猛，已经成为中国文化产业发展的重要力量。

与传统国有企业相比，民营文化企业在经营发展中的优势集中表现为体制上的优势、人才上的优势、品牌上的优势、资本上的优势和价格机制上的优势。例如，在动漫行业，民营企业占到动漫企业总数的 90% 以上，而且是动画出口的主体企业，其出口总量和金额还在不断上升；在电影行业，尽管有中影集团、上影集团等一批强大的国有企业存在，但华谊兄弟等民营企业在快速发展，而且华谊兄弟已经成为国内第一家上市的影视公司。

然而民营文化企业在中国文化经济发展和文化体制改革过程中面临困难重重，体现在：第一，国有单位在文化产业中处于主体地位，但是其垄断地位阻碍了行业的公平竞争和良性发展，民营企业缺乏宽松的发展环境和空间；第二，行业财税等优惠政策支持需要加强，企业税费负担较重；第三，缺乏行业自律与引导，市场环境需要改善。

（三）金融机构

1. 银行

银行融资目前是文化产业融资的主要形式之一。在国家金融支持文化产业发展政策的大背景下，银行业和文化产业的合作日益密切，不仅合作面日益广泛，在授信额度上也有明显增长。

随着中国文化产业的不断发展，银行监管部门需要进一步细化对银行业金融机构支持文化产业发展的监管要求，促进银行业金融机构为中国文化产业的发展发挥更加积极的作用。

2. 保险公司

保险公司是通过收取保险费建立保险基金，并对发生保险事故进行经济补偿的金融机构。改革开放以来，中国保险业获得了比较快速的发展，年均增长超过 20%，资产规模迅速增长，保险公司面临开辟多元化资金利用渠道压力，这为保险业助力文化产业提供了契机。首先，在风险保障方面，现在文化产业发展程度高的国家，保险已经渗透到文化产业多个领域，可以为文化产业提供多环节、全流通的风险管理服务；其次，保险可以改善文化企业外部融资条件；最后，保险资金向文化产业直接融资。

保险业支持文化产业发展可以发挥以下几方面的作用：

一是为文化产业发展提供风险保障。保险机构可开发适合文化企业特点和文化产业需要的保险产品，如在现有保险产品的基础上，探索开展知识产权侵权险，演艺、会展、动漫、游戏、各类出版物、印刷、复制、发行和广播影视产品完工险、损失险，团体意外伤害保险等新型险种，以及各类责任保险业务，通过创新发展，培育和完善文化产业保险市场，提高保险在文化产业中的覆盖面和渗透度，有效分散文化产业的项目运作风险。

二是为文化产业发展提供便捷服务。保险机构可以建立承保和理赔的便捷通道，对于信誉好、风险低的，可适当降低费率；对于重点文化项目等提供更大力度的保险服务支持，鼓励和促进文化企业参与国际竞争。

三是支持文化企业拓宽融资渠道。保险公司将发挥机构投资者的作用和保险资金融资功能，在风险可控的前提下，投资文化企业的债券和股权，符合条件的保险机构还可以参与文化产业投资基金。作为一种金融工具，保险还可与信贷、债券、信托、基金等多种金融工具相结合，为文化企业提供一揽子金融服务。此外，保险公司还可以探索开展信用保险业务，弥补现行信用担保体制在支持融资方面的不足。

3. 投资公司

投资公司是汇集众多资金并依据投资目标进行合理组合的一种金融中介机构。随着经济的发展，投资公司所涉领域逐步扩大，文化产业投资公司的组建和成立就是明证。相对于传统的政府引导基金，有政府或国资背景的文化产业投融资公司或成为支持文化企业融资的更有效途径，也更适应市场化运作的要求。

由于技术风险、市场风险及财务与管理风险等多方面因素，文化产业投资失败率高达 80% 左右，然而好的文化产业项目同样可以带来巨大的收益，这些特点决定了文化产业投资更适于风险投资模式。

风险投资（venture capital）简称是 VC，以高新技术为基础，生产与经营技术密集型产品的投资，具有高风险、高潜在收益并存的特点。完善的风险投资运作可以实现文化产业高风险和高收益的统一。目前，不少风险投资公司已经把文化产业作为投资的重点。如韩国在政府的推动下，风险投资已经成为韩国电影产业的“孵化器”。摩根士丹利在《全球投资报告》中对 11 种产业建立起世界级竞争力大企业所需年限做了统计分析，其中文化产业所需年限远远低于医药、银行、电力、能源和建筑等传统行业。

4. 投资基金

投资基金是众多投资者出资，专业基金管理机构和人员管理运作，为投资人获取收益的一种金融组织形式。基金的运作分两个层次：一是投资者通过购买基金受益凭证将资金交基金管理公司运用，此层次既是一种投资行为，同时也是一种委托行为；二是基金管理公司将资金进行投资运用。基金的投资收益归投资人，基金管理公司向投资人收取手续费和管理费。

文化产业的发展推动相关产业投资基金的成长。文化产业投资基金的设立就是借鉴成熟资本市场“产业投资基金”运作模式，由发起人定向募集，委托专业机构管理基金资产，主要采取股权投资方式解决文化产业融资问题的一种探索和尝试。由此可见，文化产业投资基金是一种定位于特定产业的专家管理型的金融资本。

文化产业投资基金大致可分为三类，具体包括：政府出资并由政府委托专业机构来进行运作的政府引导基金，地方性的优秀文化产业企业单独或联合一些金融机构来共同成立的基金，以及专业投资机构独立成立的文化投资基金等。

二、文化产业投融资方式

文化产业多元化的投资主体对应着多元化的投资方式。中国文化产业所涉及的投融资方式主要包括政府拨款、银行贷款、二级市场融资、债券融资和风险投资等。

（一）政府拨款

文化产业被视作战略性产业予以支持发展，政府财政、税收的扶持及优惠成为重要的投融资方式。

首先，政府直接资助。为了促进文化产业发展，财政支持文化产业发展的重点，一是要积极推进文化产业结构调整和资源整合，鼓励有实力的文化企业跨地区、跨行业经营和重组，培育骨干文化企业；二是要积极推进文化与科技的融合，运用高新技术改造传统产业，大力发展新兴文化业态，推动文化产业升级；三是要积极推进建立健全文化市场，遵循市场规律，建立统一开放竞争有序的现代文化市场体系；四是要积极推进加快政府职能转变，为文化产业发展营造良好环境。

其次，财政部门可以通过贷款贴息、项目补贴、补充资本金等方式，支持国家级文化产业基地建设，支持文化产业重点项目及跨区域整合，支持国有控股文化企业股份制改造，支持文化领域新产品、新技术的研发，以及支持大宗文化产品和服务的出口。

最后，还需提及税收优惠手段，它同样是文化企业获得融资扶持的重要途径。税收的征收与否、起征点的高低、纳税环节的多少、税率的高低等，直接影响纳税主体的投融资偏好，进而影响行业、产业的发展。西方发达国家就非常重视税收对文化产业发展的影响，并且制定了一系列的财政税收政策对文化产业加以扶持。比如，法国规定所有的企业都要交 18.6% 的增值税，而文化企业仅交 7% 的增值税；在意大利，经济企业（除食品部门之外）增值税率均为 19%，而文化企业的增值税率仅为 9%。英国对书报刊实行零增值税，将其作为与食品和儿童用品并列的不多的免征增值税的商品之一。中国也在进一步落实并细化相关税收优惠政策，加大税收扶持力度。

（二）银行贷款

银行贷款是文化企业融资的途径之一。为贯彻落实国家文化产业政策，各级各类银行加强合作对接，完善信贷机制，创新信贷产品，探索融资模式，改进金融服务，从而促进了文化要素整合和资源优化配置，实现了金融业与文化产业的互利共赢。

（三）二级市场融资

文化企业上市不仅可以推动文化企业转变经营机制，建立现代企业制度，而且为文化企业搭建了融资平台，有利于文化企业做优做强。因此，对于符合条件的文化企业的首次发行上市及再融资申请，证监监管部门一直持积极态度，支持其在主板、创业板发行上市及再融资。

（四）债券融资

债券融资是指项目主体按法定程序发行的、承诺按期向债券持有者支付利息和偿还本金的一种融资行为。债券融资与股票融资一样，同属于直接融资。国家支持文化企业通过债券市场融资，鼓励符合条件的文化企业，根据自己的实际情况，通过发行企业债、公司债、短期融资券和中期票据等方式融资。积极发挥中债信用增进投资股份有限公司等专业机构的作用，为中小文化企业通过发行集合票据等方式融资提供便利。对符合国家政策规定的中小文化企业在银行间债券市场注册发行直接债务融资工具的，鼓励中介机构适当降低收费。

从表 4–1 中不难看出，各种融资模式在产业发展不同阶段的适应性。

表 4–1　中国文化产业传统融资方式局限性一览表（基于产业生命周期理论）

产业生命周期	传统融资方式	局限性
导入阶段	政府拨款	财政负担重，机制不健全 法律不完善，经营效率低
成长阶段（早期）	二级市场融资	准入标准偏高，审核程序复杂
	风险投资	信息不对称，透明程度差，短期行为严重
成长阶段（中期）	银行信贷	企业价值评估难，审贷程序烦琐，信用保障缺乏
	债券融资	信用评级体系缺乏，债券流通性差

资料来源：欧培彬．产业投资基金支持文化产业发展研究．武汉理工大学博士论文，2009：116.

表 4–2 是电影产业的融资模式，从中可见文化产业各行业部门投融资方式有着很大的创新空间。

表 4-2 电影产业的融资模式

多方合拍	不仅可以降低片方的投资金额，也有助于影片在合资方所在地发行。《赤壁》《梅兰芳》等都是多方投资
预售版权	影片上映之前，片商通过向海内外的发行公司和放映公司预售发行权、放映权，收取定金或“宝地发行金”以支持影片制作
拓展电影后衍生品市场	电影的著作权保护期为50年，因此，电影后衍生品开发可以很丰富。版权交易市场巨大
贴片广告和植入式广告收入	由于受众巨大，电影及相关场所是很好的广告载体
政府支持	来自政府的资金，如文化发展基金等

资料来源：厉无畏．文化创意产业的投融资与风险控制．毛泽东邓小平理论研究，2011（2）．

三、文化产业投融资特点

（一）文化产业投入较高，风险较大，回报也较大

文化产业行业进入、退出壁垒高，表现之一就是前期投入高。不仅如此，由于文化产品和服务具有精神性、文化性、娱乐性、心理性等特征，决定了其多方面的不确定性，特别是市场需求的不确定，由此使产业投资面临较大风险。以影视制作为例，前期需要大量的启动资金，产业链较长，影响投资回收的不确定因素较多，从产品制作到市场发行、票房及广告收入等，在各个环节都存在一定的风险。然而，文化产业投资回报也较大，不仅体现在创意及知识密集性所带来长期超额利润，同时文化产业投资的回报链条长，投资收益可以延伸。如动漫产业中一部作品的成功，不仅能带来直接的收益，还可以延伸产业链，将卡通形象作为品牌开发，经营衍生产品。美国迪斯尼公司制作《狮子王》，投资4500万美元，仅其衍生产品的收益已远超4500万美元。

（二）文化产业投资基金成为推动文化产业的重要力量

国内支持文化产业发展的各项政策持续推出，文化产业投资基金成为新宠。2020年11月18日，中国文化产业投资母基金在北京正式成立。基金由中宣部和财政部共同发起设立，目标规模500亿元。作为国家级文化产业投资基金，主要围绕落实国家文化战略和规划积极发挥作用，以政府引导资金撬动，吸引各方资本投入，通过市场化运作、专业化管理，支持文化企业改制重组和并购，促进文化资源整合和产业结构调整，推动文化产业高质量发展。随着文化产业投资母基金的开始运行，央视融媒体产业投资基金等国家级产业投资基金不断落地。基金以融媒体技术、内容和生态建设为投资方向，主要投向5G、超高清、人工智能、云计算、区块链等前沿技术应用，

扶持新媒体、新业态，打造媒体融合新业态的全国性投资平台。一个覆盖全国的文化产业投融资体系正在不断完善发展，成为文化产业发展的重要力量。

（三）文化企业上市成为文化产业投融资的重要途径

文化企业上市是企业进入资本市场寻求投融资服务和扶持。随着文化产业的壮大、资本市场的发展，文化企业上市必然成为企业的重要选择。2020 年，中国文化产业通过私募股权融资、新三板融资、上市融资、债券融资、信托融资、众筹融资等渠道（不含银行贷款）实现融资。其中 2020 年，我国新增 38 家文化企业境内外 IPO 上市，同比增长 5.56%，上市首次募资规模达 511.35 亿元，同比增长 98.48%。文化产业上市首次募资渠道表现良好。越来越多的文化产业借道资本市场进行扩张。

（四）人才等无形资本的投资构成文化产业投资的重要组成部分

文化产业的知识密集性决定了人力资本及其他无形资本投资在产业发展中具有重要意义，创意、知识、品牌、管理等在文化产品价值实现中发挥着重要的作用。文化产业的竞争不再是单纯的物质资本竞争，在当今社会更是无形资本等综合实力的竞争，尤其是人才的竞争。因此，为了促进文化产业可持续、稳定健康发展，必须重视无形资本投资，不断优化产业投资结构。

四、文化产业投融资的国际经验

（一）政府主导文化产业投资

政府主导和扶持成为文化产业发展的重要推动力量。以韩国为例，政府部门的主要投入包括：

一是表现在政策法规的制定。政府制定了大量促进产业发展的文化法规和经济政策，如对进驻文化产业园区的单位提供长期低息贷款，减少甚至免除税务负担。在文化产业园区建设中，免除农田、山林、草场转让费和再造费，以及交通设施补偿费等。

二是先后设立各种专项基金。如文艺振兴基金、文化产业振兴基金、信息化促进基金、广播发展基金、电影振兴基金、出版基金等若干促进相关文化产业发展的专项基金。数据显示，韩国文化产业振兴院早在 2002 年通过国家预算拨款、投资组合、专项基金共融资文化产业事业费 5000 亿韩元。

三是运作“文化产业专门投资组合”。这是按照“集中与选择”的原则，以动员社会资金为主，运用政府、民间共同投融资的运作方式，有目的、有重点地实施资金支持，在经费上确保文化产业的发展。

（二）利用社会集资进行文化投资

文化产业的发展需要巨额的文化投资，通过社会集资可以大大减小政府的负担。

在英国，文化投资的渠道是多样的，有政府拨款、准政府组织资助、基金会资助等。除此之外，还运用了一种非常规的投资方法，这就是用发行彩票来筹集文化基金。他们在鼓励企业赞助文化艺术的同时，鼓励全体公民自愿支持文化事业。1994 年 11 月 19 日，英国发行了第一期国家彩票抽奖。仅彩票收入一项，一年就可以为文化艺术事业筹集到赞助费 6 亿多英镑，极大地弥补了政府文化投资的不足，兴建了一批文化设施，支持了优秀的文化人才的培养。

（三）中央地方民间共同投入模式

日本政府高度重视文化产业，并采取政府推动、政府和民间一起投入的机制。一方面，政府把文化产业作为新兴产业，使之能够享有“研究投资和科学技术投资”；另一方面，作为对国民的投资，使它又享有国家“文化投资”的经费。

在日本，几乎所有的一流大型企业都以各种不同形式支持、参与文化活动，他们将此视为改善企业形象的重要举措。例如，NEC 公司举办的中日围棋擂台赛、富士通公司举办的世界围棋超霸赛、丰田公司举办的一年一度的“丰田杯”足球赛等都是闻名世界的文体赛事。日本 800 余家民间企业拥有自己的博物馆和美术馆，三得利公司在东京建造的音乐厅、创价学会在东京都八王子市郊建造的富士美术馆等都堪称世界一流。

（四）企业和专业协会发挥重要作用

法国政府对文化事业及相关产业给予支持或赞助的形式主要有三种：一是中央政府直接提供赞助、补助和奖金等（每一个从事文化活动的企业或民间协会，均可向文化部直接申请财政支持）。二是来自地方财政的支持。法国的大区、省、市、镇政府都有支持文化事业发展的财政预算。三是政府通过减税等措施鼓励企业为文化发展提供各类帮助。

在法国，无论大企业还是中小企业，都能依法参与文化赞助活动，在一系列大型古文物的修复和重大国际性文化交流活动中，也都能见到法国企业的身影。作为补偿，企业可获得减免税收或享有冠名权等各种不同的回报。

法国还有一些代表少数特殊群体利益的组织，如音乐协会、话剧协会、舞蹈协会等，还有一些准文化类或者说广义上的文化协会等。每当全国或地方上举办公共文化活动时，这些协会都会应邀参加，负责组织和服务方面的工作。另外，在号召志愿者参与文化发展的过程中，这些协会也发挥了重要的作用。

（五）多层次的文化产业投资体制

成熟的文化产业投资体制应该是各种投资形式繁荣并存。在全美 400 家最富有的美国公司中，有 72 家是文化企业，如迪士尼公司已跻身世界大型企业 500 强。美国的这些文化企业已成为世界文化市场中名副其实的龙头老大。而这些企业成功的关键在于美国多层次的文化产业投资体制。

一是联邦政府投资大。美国联邦政府主要通过国家艺术基金会、国家人文基金会和博物馆学会对文化艺术团体给予资助，州和市镇政府及联邦政府的具体部门也提供一定资助。这种投入面向所有符合政策导向的团体。

二是吸收非文化部门和外来投资，来自各大公司、基金会和个人捐助的数额远远高于各级政府的资助。各种来源的公共基金只占艺术组织运行费用的 15%，国家艺术捐助会的拨款占 5% 左右，单个而言，政府是最大的文化艺术赞助来源。但是，就特定的文化活动来说，私人捐赠者的捐献额是政府来源的 2 倍或 3 倍。20 世纪 60 年代以来，公司捐赠的艺术基金基本是稳定的，大约占 36%，并且，它们捐献的绝对数字一直大幅度上升。

三是形成了比较完善的融资体制。一些有实力的文化产业集团如美国广播公司、哥伦比亚公司等，背后都有金融大财团的支持。以传媒为例，现在，美国的主流媒体大多由各大财团控股，这些媒体无不依靠其巨大的财力和其他资源。以美国通用电气公司为例，美国国家广播公司（NBC）就是通用电气旗下的一家子公司。NBC 作为美国第一家广播电视网，拥有和运营着 13 家电视台，在美国收视率一直位居前列，而通用电气公司又是由美国老牌财团摩根财团控股的。通过与财团的合作，美国文化产业获得了发展所需要的大量资金。

此外，美国政府对于外资进入美国文化产业经营限制不多，文化产业依靠其强大的实力吸引了为数众多的外资进入，加拿大、英国、日本等国都有大笔资金通过文化产业的跨国公司进入美国。

第二节 国际文化贸易与文化产业投资

一、文化贸易与产业发展的关系

早在2009年7月，国务院常务会议原则通过《文化产业振兴规划》，其中要求“落实鼓励和支持文化产品与服务出口的政策，扩大对外文化贸易，并且要加大政府投入和税收、金融等政策支持，大力培养文化产业人才”。2014年3月，国务院印发《国务院关于加快发展对外文化贸易的意见》，此后一系列与文化产业及文化贸易相关的政策相继出台。这表明，中国文化贸易、文化产业的发展面临着重要的历史机遇，而这种历史机遇，也恰是贸易与经济、产业发展迈向更高水平，处于更新发展阶段的体现。

马克思曾指出：“对外贸易的扩大，虽然在资本主义生产方式的幼年时期是这种生产方式的基础，但在资本主义生产方式发展中，由于这种方式的内在必然性，由于这种方式要求不断扩大市场，它就成为这种方式本身的产物。”这一经典论断进一步证明，处于一定生产方式下的对外贸易，在生产关系变革、生产力进步的条件下，其地位与角色的变化就是这种生产方式本身变化的反映，它不仅反映出开放条件下，经济各部门发展的动态性和非平衡性，更在于为我们考察文化贸易与产业发展的关系提供了一条重要的理论线索。

对外贸易，作为开放经济中的流通部门，在一国经济发展中承担着诸多职能。从需求方面的互通有无到供给商品的寻找出路，从主要的市场流通功能到经济增长的重要推动力量，其无论对于发达国家还是发展中国家，在全球化的开放经济体系下都具有战略意义，已日益成为一国生产力水平提升的外部动因和内在要求，成为一国获取更多经济利益的重要途径。某种意义上，贸易与经济，特别是与产业发展规模及结构之间存在一定的“镜像关系”。这种关系的实现机制在于，开放经济系统中，处在流通环节的对外贸易通过扩大市场、实现价值、增加使用价值，进行资本要素的积累，促进技术进步与创新，来不断推进本国产业升级，增强其竞争力；反过来，产业的繁荣发展势必提供条件并推动一国融入经济全球化的浪潮中，通过对外贸易实现包括经济利益、国家利益在内的各种利益。由此我们能够在一定条件下通过贸易的商品结构来考量贸易国的产业结构，甚至经济发展水平，从产业规模和结构来推断贸易的发展前景、水平。因此不难理解，在生产方式发展的过程中，恰是从“这种方式本身的产物”中，我们能够窥测出经济发展本身的状况，能够了解人的需要从生存向发展过渡的必然趋势。而文化贸易的兴起正是这种趋势的集中反映。

事实上，贸易于经济、产业发展的益处在《国富论》开篇中就得到了阐释。贸易有助于专业化，而专业化显然有益于部门、行业、产业的发展，有益于人们从贸易中增加收益。具体到文化贸易，国内有学者将文化产品的生产和对外贸易归结为四种优势，包括成本递减优势、环境保护优势、边际收益递增优势和文化交流拓展优势。这四种优势明显地顺应了经济发展方式转变的要求，体现了产业发展与文化贸易的内在联系和天然优势，成为国家软实力、竞争力提升的重要方面。

简而言之，当今世界，考察贸易利益的实现问题，必须将其置于以发达国家为主导的全球化分工体系中，深入研究贸易动因、结构和贸易环境的改变，考察贸易国经济结构、竞争力的变化和着力点。而在服务经济全球化的浪潮中，对世界各国，特别是发展中国家来说，问题不是要不要贸易，而是用什么参与到贸易中，才能凭借有利的贸易条件最大化地实现自身的贸易利益。文化贸易以其自身的优势理应成为众多国家，尤其是发展中国家发展经济的选择。由此看来，推动中国文化产业的发展，扩大文化对外贸易当属振兴经济的必由之路。

而文化贸易与产业发展的关系除了贸易与产业关系的共性和上述四种优势外，其特殊性还在于，文化本身所具有的渗透性，影响的长久性、广泛性以及所体现的人文关怀使得二者之间的关系不仅仅限于文化贸易与文化产业的视野，而是表现出有形的文化产品、无形的文化服务，各大产业门类，生产、生活及贸易融合发展的态势，由此形成了人类步入服务经济时代或后工业社会的全球性的文化经济图景。

二、国际文化贸易对外直接投资模式

对服务贸易来说，有四种模式，即 GATS 定义的跨境交付（cross-border supply）、境外消费（consumption abroad）、商业存在（commercial presence）和自然人流动（presence of natural persons）。所谓商业存在模式，即一成员的服务提供者通过在任何其他成员境内的商业存在提供服务，是服务业的对外直接投资（FDI）。

国际直接投资与国际贸易，虽属两种国际分工的基本形式，却有着极为密切的联系和渊源，相关理论也在一定程度上有相互融合的趋势。这种联系和渊源的实体载体当归于跨国公司。而美国学者海默（S.H.Hymer）关于 FDI 著名的垄断优势理论指出，跨国公司之所以选择对外直接投资，主要是利用其拥有的垄断优势，而这些优势主要来自：

第一，产品市场的不完全，包括产品差别、商标、特殊的市场技能或价格联盟等。

第二，要素市场的不完全，包括专利制度保护的技术诀窍、资金取得的便利、特殊的管理技能等。

第三，企业拥有的内外部规模经济。

由此不难看出，垄断优势理论相对于传统贸易理论中的比较成本理论，是在更松条件和更大范围的发挥和提升。

而就文化贸易的 FDI 模式，上述垄断优势是国际文化产品和文化服务贸易进行国际直接投资所追寻的，因而对其商业存在模式的贸易动因具有很强的解释力。除此之外，日本学者小岛清认为，对外直接投资与国际贸易是互补关系，而不是替代关系。在比较优势的原则和基础上，他提出了边际产业扩张论，主张投资国的对外投资应从处于或即将处于比较劣势的边际产业依次进行。而这一理论实际上指明，同一产业在东道国可能正处于优势地位或潜在的优势地位，由此进行的对外直接投资，可以使投资国在新的要素组合及其他方面获得不断扩大的比较优势。虽然小岛清的理论有着特定的时代背景，不能很好解释其他对外直接投资现象，然而他的理论对于发展中国家的产业发展有着诸多启示。它是对传统贸易理论比较优势思想的进一步发挥，对文化贸易的商业存在模式能够给出一定程度的解释。

第三节　文化产业经营概述

一、文化产业经营的商业模式

经营是指经营者为了实现特定的目的，运用经营权使某些物质发生运动从而获得某种结果的活动。经营必须具有经营者、经营对象、经营权、经营的载体等要素。经营模式则是企业根据其经营宗旨，为实现企业所确认的价值定位所采取的某一类方法的总称。文化产业经营是文化企业创造经济价值的经营活动，如书籍、报纸、艺术品等货物的输入、输出以及演出、影视等服务的有偿提供和接受。

文化产业经营的盈利方法，即具体的商业模式不一而足。文化企业依据自身状况，如资源、管理、技术或资金等方面的优势以及产业环境等因素确定具体的经营战略，其中不乏运用资本运营的手段，既可以采取扩张型资本运营模式，即在现有资本结构下，通过内部积累、追加投资、吸纳外部资源即兼并和收购等方式，使企业实现资本规模的扩大，也可以采取收缩型资本运营模式，即企业把自己拥有的一部分资产、子公司、内部某一部门或分支机构转移到公司之外，从而缩小公司的规模，具体包括资产剥离、公司分立、分拆上市、股份回购等途径。

实践中，文化企业可以通过产业链经营、产业集聚、产业融合、资本运作等形成文化产业经营的独特模式。当然，从所有者角度来看，文化产业经营模式主要涉及国有、民营以及外资等文化公司；从经营内容的角度来看，涉及对文化产业资源、文化产业人力资源、文化产业资本以及文化产业实体组织经营的商业模式。不同所有者，不同经营内容，商业模式自然不同，需要依据具体的环境决定适宜的发展模式。

二、文化产业的经营特点

（一）企业集团化

随着全球竞争日益激烈，世界范围文化产业集团化、行业垄断的趋势日益明显。集团化成为文化企业实施 “赶超型”战略的核心举措，从而逐步使企业由小到大，从单一企业向集团化发展，从某一行业向跨行业、跨区域性的集团发展。

为了推进中国文化体制改革和文化产业发展，近年来，中国进行了文化产业集团化改革，各地纷纷成立出版、报业、影视等文化产业集团，力图通过资源整合、结构优化来增强文化产业集团的竞争力，改变行业间盲目竞争与无序竞争的局面，形成专业化、规模化、集约化的文化产业良性发展格局。比如，华谊兄弟有电影、电视、文化主题公园、网络游戏，还有像上海文广、盛大、华侨城、华强集团，一些大的跨领域集团开始形成雏形。这种雏形很像欧美模式。欧美的巨型文化企业都是跨媒体跨领域的，像迪士尼、默多克集团。这样可以形成产业联动效益，业务的扩张性更强。

当然，对于文化产业而言，集团化并不等于简单的合并。如果只是追求经济总量的扩张，缺乏有效的内部资源整合，那就只能是“拼舢板”，而谈不上“造航母”。集团化必须考虑到资源共享和优势互补，以增强对外扩张的动力，真正发挥规模经济的作用。

（二）资本股份化

文化产业与资本结合，能突破制约发展的资金瓶颈，使文化企业快速地扩大规模，赢得发展时机，做强做大。文化产业资本股份化就是一条能够推动文化企业做大做强的重要途径。例如，艺术品股票就是将艺术品金融化，投资者可以像炒股票那样投资艺术品。操作模式就是与股市类似的“艺术品份额交易模式”——将份额标的物等额拆分，拆分后按份额享有的所有权公开上市交易，可以称之为艺术品份额类证券化交易——把艺术品产权拆分为一定份额，在文化产权交易所平台上进行的公开上市交易。

（三）产业集群化

产业集群是文化产业走向成熟的标志。产业集群内的文化企业竞相追求文化创意的独特性和差异化，促进了创意氛围的形成。不仅如此，产业集群为企业提供正式和非正式的网络联系，有助于建立企业伙伴关系，有利于增强企业间彼此协作与竞争，有利于优化资源配置，有利于形成优势品牌，从而增强整个集群及集群内的各个企业的竞争力。从近几年的实践看，文化产业集群在集聚生产要素、优化资源配置、降低交易成本、提高经济效率、加快制度创新、延伸产业链条等方面的作用越来越显著。未来文化产业的竞争必然是区域与区域间的竞争、集群与集群间的竞争。走集群化发展的道路对实现区域文化产业的一体化、规模化、集约化有着十分积极的意义。

（四）经营国际化

经营国际化是文化经济全球化背景下文化企业寻求发展空间和机遇的重要战略指向，其推动着国际文化贸易的快速发展。资料显示，美国凭借优势，特别是在多媒体、互联网、卫星电视等方面的强大势力，以贸易自由化为借口，积极打入他国文化市场，既渗透文化，又获取实利。美国的近邻加拿大首当其冲，其 95% 的电影、93% 的电视剧、75% 的英语电视节目和 80% 的书刊市场主要为美国文化产品所控制。文化产业经营国际化已经成为文化经济全球化浪潮的体现。

2021 年是中国加入世界贸易组织二十周年，也是“十四五”规划开局之年，中国文化走出去，从跨入国际舞台、呈现亮点，到形成规模、有所影响，现在应该进入打造品牌、讲求效益、进行长远规划的新阶段。近年来，我国文化贸易快速增长：一是文化产品的进出口总额稳步扩大，二是文化贸易伙伴呈现多元化格局。2019 年，美国、中国香港、荷兰、英国和日本为我国文化产品出口前五大市场，合计占

59.6%。我国对"一带一路"沿线国家和地区的文化产品出口为162.8亿美元，而2008年仅为55.4亿美元。

专栏 4-1

中国自由贸易试验区与文化产业发展

中国自由贸易试验区是指在国境内关外设立的，以优惠税收和海关特殊监管政策为主要手段，以贸易自由化便利化为主要目的的多功能经济性特区。原则上是指在没有海关"干预"的情况下允许货物进口、制造、再出口。中国自由贸易试验区核心是营造一个符合国际惯例的，对内外资的投资都要具有国际竞争力的国际商业环境。截至2021年9月，我国已建成上海、广东、天津、福建、辽宁、浙江、河南、湖北、重庆、四川、陕西、海南、山东、江苏、广西、河北、云南、黑龙江、北京、湖南、安徽共21个自由贸易实验区。

文化产业与我国的自贸试验区发展形成了良性互动、协同发展，自贸试验区与文化产业协同发展在形式上包括，自贸试验区政府、研究机构和文化企业，三方相互之间进行横向协同合作，以及文化产业借助自贸试验区的制度优势进行产业链的纵向协同合作，并且文化产业与自贸试验区的合作涉及资本、人才、技术、项目等要素。自贸试验区的优惠政策吸引了大批高层次人才在区内汇集，为文化产业的发展提供人才上的支持。在自贸试验区便利化、自由化的营商环境中，以及优惠的税收政策下，文化产业可以借助自贸试验区的平台进行投融资业务，促进自身产业链的完善。文化产业还通过利用自贸试验区先进的管理技术与自贸试验区进行项目上的合作与创新，并将这些先进的技术运用在文化产业的发展中。

自贸试验区与文化产业相关的合作还有非常广阔的发展空间，足以开辟文化产业发展的诸多新领域。例如：

（1）文化产品仓储服务。利用自贸区所拥有的保税仓储物流、离岸保税功能，文化产品提供专业精良的仓储服务，降低运输、展示和交易成本。

（2）文化设备租赁服务。利用自贸区所拥有的保税租赁优势，为自贸区乃至全国高端进口文化设备提供租赁服务。

（3）文化产品展示服务。利用我国现有的各类知名国际电影节、电视、艺术、音乐节、博览会、沙龙、展览会等国际会展，在自贸区内拓展国际文化产品展示服务，深化其国际文化贸易功能。

（4）文化服务中介机构。吸引国内外著名文化服务中介机构入驻，引导其加强与海外、境外和国内文化企业的对接合作，形成以自贸区为中心的贸易代理、金融服务、推介宣传、法律服务等各类国际文化贸易中介服务机构群，提升自贸区面向国际国内文化企业的贸易配套服务能力。

（5）文化服务外包服务。文化服务外包是国内文化企业“走出去”的重要形式之一。在中国文化产业发展水平相对较低的状态下，国内的文化企业通过文化服务外包提高创意能力和制作水平是必由之路。

（6）文化衍生后期服务。立足自贸试验区，大力发展文化衍生产业，提升后期制作服务功能，可以作为我国文化服务扩大开放的优先发展途径。

（7）加大文化企业“走出去”扶持力度，可依托自贸区进行政策突破和试点。

三、文化产业经营中产业链与价值链的构建

产业链理论的来源最早可以追溯到西方古典经济学家亚当·斯密提出的分工思想。马克思和恩格斯在亚当·斯密的基础上对分工思想进行了进一步研究；赫希曼1958年在《经济发展战略》一书中从产业前后向联系的角度论述了产业链的概念；迈克尔 · 波特1985年在《竞争优势》一书中首次提出价值链的概念。产业链是产业经济学中的一个概念，是一个包含价值链、企业链、供需链和空间链4个维度的概念，这4个维度在相互对接的均衡过程中形成了产业链。

产业链是由主导产业与其相关产业共同组成的一个产业系统。主导产业与相关产业的地位是动态变化的。价值链则是企业进行的设计、制造、销售、流通以及其他为产品配套服务的活动。一系列价值链共同组成了价值系统。简而言之，价值链生成价值，而产业链则扩展了价值。

在文化产业经营中，推动产业链和价值链的构建可以进一步拓展文化企业的业务范围，提升其经营能力和市场竞争力，同时也能够最大化文化产品和服务的价值，增强企业的盈利能力。在数字经济蓬勃发展和新科技广泛应用的背景下，文化产业链的构建、完善和提升迎来了新的机遇。文化产业链是由主导文化产业及其相关文化产业所构成的，是各文化产业部门之间基于一定的技术经济关联，并依据特定的时空布局和客观逻辑关系形成的链条式关联关系形态。这一新型产业链的上游，是“内容为王”的文化资源，下游是消费类信息技术产品的普及和数字化文化产品的大规模市场推广，以及大众流行文化艺术符号在传统产业上的普遍应用，由于文化产业的产业特

质，加上数字化技术和文化产业的融合，使得文化产业增值能力倍增，也使得文化产业链不再仅仅表现为垂直型，而是表现为垂直和水平相混合的复合型结构。

在当下世界文化产业链的格局中，以欧美发达国家为代表的先发国家凭借其所累积的先发优势，在全球文化产业链中控制了高技术和高附加值的创意设计、高端研发、品牌和营销环节，并设置较高的进入壁垒，以保持其在全球文化产业价值链中的主导地位。相比之下，许多发展中国家由于受诸多因素的制约，则往往只能通过进入外包代工、贴牌加工、版权引进等低附加值的劳动密集型生产而嵌入全球文化产业价值链，获得的利润较低。先发国家把获得的高收益又投入技术创新、产品创意研发中，从而维持其竞争优势，而发展中国家由于获取的是较低的经济利益，在全球产业链中被长期锁定在产业链的低端。所以中国文化产业必须打造产业链，这样才能产生规模效应和互动效应。一个较为完善的文化产业链应遵循以下标准：

（1）构筑完整的主体产业链，依托优势文化产业，塑造文化品牌。大卫·李嘉图提出的比较优势原理认为，只有集中资源，发展若干优势文化产业，才能形成文化竞争力，品牌化经营是企业可持续发展之道，也是企业由弱渐强的关键策略。

（2）适当积聚，发挥聚集效应，依托完备的支撑产业链，保障文化产业健康发展。文化产业的发展不仅要求该产业本身产业链完整，还要求支撑产业链的完备，形成一定的规模效益。

（3）产业链水平扩展，借助良好的带动产业链，带动处于主体产业链周边的文化消费产业（如演出、电影、娱乐等）、零售商业、餐饮业、交通业等行业的发展，优化文化产业的发展环境。

（4）积极拓展衍生产业链，以主体文化产业链的成果为核心开发出来的新产品，从文化产业发展考虑，这是最经济最有效的增值途径，是文化产业机构和经营者应当努力追求的目标。

四、文化产业跨国经营：国际文化贸易

文化企业经营活动超越了一国主权范围，形成了文化产业的跨国经营。常见的跨国经营形式包括直接进出口、对外直接投资等。就文化产业而言，随着全球文化经济的蓬勃发展，文化贸易成为继货物贸易、服务贸易之后极为引人关注的贸易部门。

（一）构建中国对外文化贸易产业基础的影响因素

以文化贸易与产业发展关系视之，推进中国文化贸易发展，当需重视其产业基础

的构建与发展。在国内相关产业实力不断增强的条件下，中国文化贸易才可能具备可持续的自我发展能力和不断提升的竞争力。因而考察构建中国文化贸易产业基础的影响因素，对于深化文化贸易与产业发展关系的认识，探讨构建文化贸易产业基础的实施路径尤为必要。

1. 文化消费与需求的不断扩大和增强是文化贸易产业基础形成的原动力

社会经济的进步不仅体现在消费结构的变迁提升上，而且也为人们创造了更多的闲暇时间和消费选择空间。当大众消费时代的来临伴随着生存向发展需要的过渡，并且激发起人们前所未有的消费欲望，在消费能力和闲暇时间的支撑和保障下，文化消费与需求自然成为其中一道亮丽的风景线。

以服务经济全球化的眼光看，文化经济的繁荣与发展是其必然。以经济的手段促进文化的传播、发展，并进而由此取得更多、更广泛的包括经济利益、政治利益、国家利益在内的各种利益，是当下发展阶段和生产方式的历史选择。因而这种体现人类发展、人类文明和人类创新的消费与需求则成为经济产业发生、发展的原动力。

在中国公布的《文化产品和服务出口指导目录》中，新闻出版类、广播影视类、文化艺术类以及综合类四大类所涉及的各个行业，目前均有成为转变经济发展方式、建设创新型国家、实现可持续发展所鼓励和支持的产业部门，而它们也恰是创造和提供群众日益增长的物质文化需求的各种产品和服务的部门。因此正是文化消费与需求的不断扩大和增强，为相关文化产业和贸易打下了坚实的市场基础。

2. 科技创新与体制改革是文化贸易产业基础实力和竞争力提升的关键

科技创新对于生产力、经济实力和竞争力而言无疑至关重要。而构建文化贸易产业基础，必须而且更要重视创新的力度、广度以及在实践中的应用。创新带来生产效率的提升，社会财富的增进以及休闲时间的增加，使文化产品、服务的生产、传播与现代科技最大限度地完美结合，从而更好、更多地满足大众的文化需求。毕竟对于行业、产品特征复杂的文化经济部门，在某种程度上引领着生产以及消费革新的潮流，面临应对多样化贸易模式的境况。大量的文化产品和文化服务的生产、消费、出口需要、也离不开高新技术的支持、辅助。

除了科技创新、管理变革，具体而言，体制改革也同样是文化贸易产业基础实力和竞争力提升的关键。2006 年曾被诸多学者视为中国文化体制改革的“破冰之年”，重点要在文化市场主体、文化市场体系、宏观管理、政府职能转变等关键环节上有新突破，从而解放和发展中国的文化生产力。事实证明，在文化体制变革和文化进步的过程中，中国的新型工业化道路正愈益向可持续、集约式发展。近几年，虽然在文化贸易上依然存在较大逆差，然而文化生产与消费却正成为新的经济亮点和增长点。

3. 产业组织和中介机构的壮大是文化贸易产业基础构建的中心

文化企业当属文化产业和贸易发展的主力军。而处于一定市场结构中的文化企业，深谙自身行业特点，依赖其产业组织的性质，处理好企业、行业、市场之间的关系，从而保持在市场中及产业内的竞争压力，充分利用规模经济以改善经营、降低成本是其成长壮大的必由之路。以美国为例，美国经济学家认为，美国最大的出口部门既不是农业，也不是美国的航空业，而是美国的娱乐业，其原因不仅在于巨大的市场规模优势，而且娱乐公司在好莱坞大量集中，带来了明显的外部经济，由此造就了世界瞩目的“好莱坞经济学”。诸如此类的还有印度的“宝莱坞”等。

除此之外，我们还必须重视文化中介机构的发展，它们不仅完善了文化产业链，更重要的是已成为“文化走出去”和跨国文化经济繁荣的桥梁和推动器。当前中国文化贸易逆差，其原因除了本身的实力和竞争力处于劣势外，很重要的一个方面就是缺乏大量规模、实力较强的文化中介服务机构，因而不能有效地沟通国内外市场，无法密切、及时跟踪国际文化经济发展步伐。可见，要想构建中国文化贸易产业基础，相关产业组织和中介机构的壮大是其中心问题。

4. 文化资源的挖掘和产业融合是文化贸易产业基础发展与提升的重点

发展一国文化经济，促进文化产业和文化贸易的进步，必须重视文化资源的挖掘和利用。从资源禀赋和特定要素对产业及贸易发展的意义来看，一国或地区的文化资源禀赋和特色，无论文化自然资源还是社会资源，是其形成比较优势乃至垄断优势的基础，并且这些优势将随着文化资源的累积性、传承性、广泛的渗透性而逐步扩大，对社会经济的发展起到凝聚、推动和提升的作用。而产业的融合已成为势不可当的趋势，即文化经济不仅局限于文化产业和文化贸易上，而且在服务经济全球化的浪潮中，一方面伴随着社会分工的深化出现越来越多的新生部门，另一面则以前所未有的发展势头向其他产业部门渗透。因此，充分挖掘和利用各种文化资源，顺应文化经济发展趋势，促进产业融合，发挥文化要素在经济发展中的独特功能，成为发展和提升中国文化贸易产业基础的重点。

5. 政府的资金政策支持和国际化合作是文化贸易产业基础增强的重要推动力

政府的资金政策支持对于一国文化经济的发展，特别是处于成长阶段的文化企业和各种机构组织而言是必要的。以文化产业和贸易强国的美国为例，其充分发挥市场竞争机制，采取“市场调节型”管理模式来发展文化经济，却依然离不开政府的政策支持和提供的良好的市场环境。而日本和韩国则采取典型的“政府主导型”管理模式，提出“文化立国”，将文化产业视作战略性支柱产业，在资金、政策、法律、法规等各个方面给予倾斜和全力支持，目前已收到良好成效。

而在经济全球化的大背景下，发展文化贸易，增强其产业基础，还必须推进各国、地区之间的文化交流和合作。重视文化多样性与差异性以及文化例外与文化安全性是各国应该考虑的问题，然而破除文化贸易中存在的各种贸易保护主义的壁垒对于促进各国文化经济的发展同样是重要的。政府对内的资金政策支持以及对外的交流合作是增强其文化贸易产业基础的重要推动力。

（二）中国对外文化贸易发展现状

作为发展中大国，中国对外文化贸易正迎来高质量发展的新阶段。同时我们也需要正视中国对外文化贸易与世界发达国家的差距，这些差距也并非简单地表现在贸易逆差上。以下我们将集中在对外文化贸易结构和部门、对外文化贸易地理方向以及对外文化贸易进出口区域发展状况三方面来探讨中国对外文化贸易的发展现状。

1. 对外文化贸易结构和部门

发达国家在创意产品出口方面占有较大优势，在创意服务出口上的优势更加突出。而与发达国家相比，虽然近年来发展中国家创意产品在世界市场上的份额不断提高，但是仍然总体处于劣势地位。需要特别指出的是，中国文化产品生产和贸易显著增长，是世界文化产品的出口大国（见表4–3）。进一步以中美对比为例（见表4–4），不难发现美国对华贸易逆差在于货物贸易而非服务贸易，由此不难推知，所谓中国成为世界主要的创意产品出口国也主要意指文化产品贸易，而非文化服务贸易。事实上，在对外文化贸易中具有至关重要地位的文化服务贸易是服务经济、文化经济背景下体现一国文化贸易竞争力的核心内容，中国对外文化贸易总体形势向好，但是在核心竞争力上尚有差距。如何推进核心文化服务贸易发展，扭转文化贸易逆差，提升中国对外文化贸易整体竞争力成为当前推进文化贸易发展的一项艰巨任务。

表 4–3 2019 年中国文化产品进出口状况

单位：亿美元

	出口	进口	贸易差额
出版物	37.2	16.5	20.7
工艺美术品及收藏品	317.3	36.8	280.5
文化用品	523	23.9	499.1
文化专用设备	121.4	38.4	83.0

资料来源：国家统计局。

表 4-4　2019 年中美国际贸易发展状况

单位：亿美元

		出口	进口
货物贸易	美国	16530.50	25190.30
	中国	24994.82	20784.09
服务贸易	美国	8467.20	5974.90
	中国	2386.00	5014.00

资料来源：　中华人民共和国商务部。

2. 对外文化贸易地理方向

在对中国对外文化贸易结构和部门进行分析的基础上，我们从对外文化贸易地理方向来研究中国的现状。高收入国家和地区是中国文化产品和服务贸易的主要伙伴国，其中尤以发达经济体排在前位。统计显示，2019 年，美国已经占到中国对外文化贸易出口额的 26.5%，这一比例较过去有所下降。而日本及欧洲三国则占到中国对外文化贸易出口额的 16.8%。就文化贸易进口而言，贸易伙伴国较为分散，但是发达经济体依然构成主体。德国以 10.45% 的份额、日本以 8.25% 的份额占据中国对外文化贸易进口地前两位，其他发达国家和地区占比也比较大。由此可见，中国的货物贸易主要伙伴国同样是其文化贸易的主要伙伴国，反映出文化贸易对既有贸易渠道和市场的依赖。这一方面进一步验证了目前中国对外文化产品贸易在文化贸易中占据一定主导和优势地位，因而推进中国对外文化贸易的发展要积极利用和拓宽已有的渠道和市场；另一方面在以发达经济体构成的文化经济利益世界中，中国将面临更加严峻的竞争，不仅仅是空间的争夺，在形成文化贸易核心竞争优势的文化服务贸易部门，中国必须依据贸易标的特征，在对外文化贸易的空间分布和地域结构上有更大的开拓创新，从而重构未来中国对外文化贸易的利益空间。

3. 对外文化贸易进出口区域发展状况

相对中国对外文化贸易地理方向状况，国内文化贸易进出口区域大体上也呈现空间集中、发展不平衡的态势，三大都市经济圈、东南沿海成为中国对外文化贸易的重点地区。国内发达经济区域成为目前中国对外文化贸易的主力军，它们依靠自身的经济实力，在产业结构调整、对外贸易结构升级上占据先机，而中西部地区则相对落后，由此在对外文化贸易领域有被边缘化的倾向，不平衡状况明显。事实上，就文化资源而言，中西部地区有着相当的潜力可以挖掘。为了推进中国对外文化贸易的全面繁荣和可持续、协调发展，必须对落后地区予以更多的关注和政策扶持。

专栏 4-2

国家文化出口基地蓬勃发展

国家文化出口基地是新时代我国文化产业和文化贸易聚集的核心载体平台。自 2017 年，商务部等国家部门启动“国家文化出口基地”建设工作。

2018 年 6 月 14 日，商务部、中宣部、文化和旅游部、国家广播电视总局共同认定的全国首批国家文化出口基地公布，分别是北京天竺综合保税区、上海市徐汇区、江苏省无锡市、中国（浙江）影视产业国际合作区、安徽省合肥市蜀山区、山东省淄博市博山区、湖南省长沙市、广东省广州市天河区、四川省自贡市、云南省昆明市、西藏文化旅游创意园区、西安高新技术开发区、中国（福建）自贸试验区厦门片区。

2021 年 9 月 4 日，在 2021 年服贸会上举办的首届国家文化出口基地论坛上，商务部、中宣部、文化和旅游部、国家广播电视总局联合向 16 家第二批国家文化出口基地授牌，分别是天津市中新天津生态城、上海市上海仓城影视文化产业园区、四川省成都市武侯区三国创意园、辽宁省沈阳市沈河区、江苏省苏州工业园区、浙江省浙江数字文化国际合作区、江西省景德镇市、山东省中国（山东）自贸试验区济南片区、河南省中国（河南）自贸试验区片区、湖北省武汉东湖高新技术开发区、湖南省醴陵市、广东省、海南省海口市复兴城互联网信息产业园、。

我国的文化产业出口基地按照其运营模式的不同可以分三类：

第一类，城市型基地，即整个城市都是基地建设范围，由市政府作为运营主体直接推动国家文化出口基地建设，如湖南省醴陵市、云南省昆明市、四川省自贡市等。

第二类，行政区型基地，即城市中的某一具体行政区属于基地范围，由区政府作为运营主体来推动基地建设，如北京市东城区、北京市朝阳区、广州市番禺区、安徽省合肥市蜀山区、陕西省西安市曲江新区等。

第三类，园区或功能片区型基地，即园区或某一功能片区属于基地范围，通过园区或片区管委会推动基地建设，如上海市上海仓城影视文化产业园区、四川省成都市武侯区三国创意园、中国（浙江）影视产业国际合作区等。

我国国家文化产业基地积极创新文化出口模式。

首先，上海、北京、厦门等地的国家文化产业基地借助海关特殊监管区，为国际文化贸易提供保税拍卖、保税展示等“保税+”服务，如为艺术品入境提供通关便利，为国外拍卖行提供进境预展服务，显著降低了相关企业运营成本。

其次，依托“一带一路”建设，国家文化产业基地积极创新与“一带一路”沿线国家和地方的文化贸易模式，推动文化企业“走出去”，包括图书、电影、电视剧、音乐等版权的海外贸易，还通过设立旅游推广中心、海外文化中心、中医中心，以此促进文旅医等融合发展。

再次，推动文化和旅游的深度融合。通过旅游与民俗文化、文化遗产、传统习俗等的融合，积极引进境外游客到基地进行旅游文化消费，促进文化产品和文化服务出口。

最后，发挥各类文化贸易展会平台和载体的作用。利用国际时尚周、国际动漫节、国际影视节、国际服装节、文博会、国际艺术节和艺术展、旅博会、图交会、音乐节等专业展会平台，积极推介基地内文化企业，打造龙头企业，提高基地文化整体品牌和文化企业品牌在国际上的影响。

（三）促进中国对外文化贸易产业基础的具体路径

基于对中国文化贸易产业基础构建影响因素的分析，其基础构建具体实施路径的建议如下：

第一，顺应文化经济与消费经济发展趋势，引导社会文化需求，从国际视野构建中国文化贸易的产业基础。文化经济与消费经济的融合发展已成为当下全球经济发展的趋势，由此一方面消费需求、结构、水平以及方式日益彰显出“文化内涵”和文化特色，另一方面在消费的推动下，文化产品和服务的生产、流通也在特定生产方式下以产业、贸易的形式在全球范围内迅速扩大。而作为一个经济快速增长、结构正处于变动转型之中的发展中大国，在顺应发展趋势、繁荣大众文化经济的同时，又要很好地引导需求，将大众、企业、国家对社会文化的需求统一到国家发展的战略轨道，促进各种文化产品和服务、文化产业部门以及文化贸易模式的发展，特别是从文化复兴的高度，从国际化的视野，加强国际交流、合作，形成稳定的合作交流平台和机制，以构建产业、贸易协调互动的开放文化经济系统。

第二，注重规模经济和技术创新，不断推动文化产业更深层次、更广范围的产业融合，为文化贸易的发展奠定“文化大产业”基础。

规模经济是产业和贸易发展的重要动因。就外部规模经济而言，依据产业布局及优势，重视并推进各种文化产业集聚和集群，有利于提高产业生产效率、降低成本，也有利于企业积累经验，革新生产技术，进行技术创新，从而形成动态外部经济。而就内部规模经济而言，贸易解决了规模经济和竞争性的矛盾，有利于创建大型、较强竞争力的文化企业集团，由此在夯实文化产业发展基础的同时，又促进了文化贸易的发展。

在规模经济和技术创新带来效率和效益提高的同时，要注重推进传统文化产业的升级，促进数字文化产业的发展、不同文化产业之间和文化产业向三次产业各大部门的更深层次、更广范围的渗透和融合，大力推动全球文化产业链和价值链的构建，将文化经济的“规模效应”全面体现在经济发展中，奠定文化贸易发展的“文化大产业”基础。

第三，大力培育文化中介组织，鼓励文化企业跨国投资，进一步推进“走出去”战略，建设文化贸易产业基础的涉外桥梁。要学习、借鉴国外先进经验，采取不同的形式开展国际文化中介组织的创建、合作和经营，大力培育具有本土特色和竞争力的文化中介组织，使其对内成为沟通政府、企事业单位、消费群体和市场的纽带，对外成为联系、整合国外资源的涉外桥梁。要将产业结构调整和产业振兴规划、“外贸走出去”和“文化走出去”战略结合起来，在提高货物贸易及服务贸易科技含量的同时，着力提升其文化含量，打造具有国际影响的文化品牌。要深入研究新形势下文化贸易的动因，扩大包括跨境交付、境外消费、商业存在和自然人流动这四种不同贸易模式下的文化产品和文化服务的贸易规模，改善其贸易结构，并鼓励条件成熟、具备实力的文化企业进行跨国投资，推进文化贸易的FDI模式。

第四，充分挖掘和利用各种文化资源，培养一流的文化经济人才，不断鼓励文化创造和文化创新，提升中国文化贸易产业基础的实力和竞争力。文化资源的挖掘和利用要有开放思维、国际视野，古今中外，自然的、社会的，物质的、精神的，现实的、虚构的，在一定条件下，都可以成为开发的对象，如作为世界文化经济强国的美国对于中国历史故事——花木兰的挖掘就值得借鉴，而像韩国对东方文化的诠释和传播同样值得学习，关键要有一大批从事文化经济的人才，涉及创意策划、设计，文化经纪代理，文化企事业管理等各方面。要在建设创新型国家的过程中，通过各种活动鼓励全社会参与文化创造和创新，由此不断提升中国文化贸易产业基础的实力和竞争力。

第五，抓好体制创新，给予政策引导和支持，将文化事业与文化产业结合起来，在构建文化贸易产业基础良好制度环境的同时，努力实现文化贸易社会效益与经济效益的最大化。文化产业最初是以被批判的姿态提出的，因为对于与工业相对的文化，已经沦为大众买卖的商品。然而不可否认的是，产业化的文化已经成为大众生活、消费难以分割的一部分，重要的问题在于如何在一定生产方式下，进一步解放文化生产力，使大众享有更多的文化利益。由此一方面需要从体制改革、创新上下功夫，理顺政府、企业的关系，激发文化产业化的内在活力和动力；另一方面又要保障群众的基本文化精神需求，处理好文化事业和文化产业的关系，给予正确的政策引导和支持，为文化产业和贸易的发展创造包括政策、法制在内的良好的制度环境，努力实现文化贸易社会效益和经济效益的最大化。

第四节　国外文化产业经营经验

一、美国——文化扎根市场

美国是最大的文化输出国。首先，美国文化产业得以迅猛发展很大程度上得益于投资主体多样化。联邦政府主要通过国家艺术基金会、国家人文基金会和博物馆学会对文化艺术业给予资助，地方州、市镇政府以及联邦政府某些部门在文化方面也提供资助。在资本支持方面，美国文化产业依赖于金融市场的全球紧密流动。其次，注重加大科技投入也让美国文化产业始终处于领先地位，《阿凡达》能成为电影文化的引领者也与此有关。再次，大量高质量顶尖人才不仅为美国文化产业打下坚实的基础，还使其保持了领跑优势。最后，美国政府在文化产业的输出上也是不遗余力，一直以来，美国都在积极推动包括文化商品在内的所谓贸易和投资领域自由化，为其文化商品输出提供保障。在美国的商品出口中，视听业紧随航空业和食品业之后，每年为美国提供 1700 多万个就业岗位。美国文化产业的突出特点有以下两点：

（一）依靠商业运作，限制过度竞争

美国文化产业坚持在市场竞争机制下，依靠商业运作，让最好的文化产品流行于市场，为媒体等社会潮流的引领者认知和接受，继而影响大多数民众。不过，美国对这种市场竞争模式也加以限制和约束。例如，要求文化观念的自由表述不能侵害种族、宗教等社会结构，以免引发社会动乱。

美国文化体制以市场为主导，好处在于可为民众提供更多样的选择，同时减轻政府的财政负担。但美国政府也要在这方面有所作为。比如，出资办公共广播电视，避免民众被迫收看纯商业节目。不过，在美国的公共广播媒体中，私营成分也占有相当比重，美国公共广播电视业的资金就主要来自当地的私人捐赠或企业赞助，因而公共广播电视公司也必须在资金和创意方面参与竞争，这就迫使公共广播电视台必须迎合社会需求。

1965 年成立的“国家艺术基金会”和 1967 年成立的“公共广播公司”，是美国两个主要的国家级文化机构。这两家机构都由美国国会直接拨款，负责支持艺术和非商业广播电视的发展。它们对文化行为和观念都没有“管理权”，其影响力仅在于调配手中有限的资金给那些值得支持的项目。

（二）媒体监督企业，法律监管媒体

对美国媒体有“行政管理权”的国家机构，是联邦通信委员会（FCC）。这是唯一有权给广播电视台颁发执照的机构。美国媒体在监督社会各利益集团的竞争过程中起了关键作用。美国媒体一直在有效地监督、制衡一些大企业不顾社会责任而过度追求利润的行为，诸如财务违规、做假账、造假产品、经营管理不善以及腐败行为，等等。此外，美国媒体在引导文化观念、树立社会公德和加强民族凝聚力等方面也起了很大作用。但美国媒体也存在滥用权力等问题，如有的媒体不负责任地制造轰动新闻或假新闻，为追求自身的商业利益夸大事实等。而美国社会对媒体的监管主要是靠各类法律、法规，如《诽谤法》。民众可依法起诉媒体，政府则通过立法来监控媒体。

美国文化产业的经营总额高达数千亿美元，其中，好莱坞的巨制电影、三大电视网的娱乐节目、时代华纳的流行音乐更是占据营业额的大头。在纽约，唯一能与华尔街的经济效益抗衡的就是文化产业。

二、英国——经典服务大众

英国的剧院演出市场之活跃在世界上是有名的。从精美高雅的古典音乐，到充满实验创新的前卫戏剧，在英国可谓应有尽有。

剧团是剧院演出市场的灵魂。在众多优秀剧团中，英国皇家莎士比亚剧团就是一家成功的古典剧团，年营业额达到 3200 万英镑。它不仅是莎士比亚经典戏剧艺术的代表和传播者，而且它面向大众，通过普及性演出，搞活演出市场。

（一）依靠国家财政支持

英国皇家莎士比亚剧团是英格兰艺术委员会给予财政支持的六大国家艺术团体之一。英国在英格兰、苏格兰、威尔士和北爱尔兰分别设有独立的艺术委员会，其资金来源主要是国家彩票基金收入。政府每年用于支持国家大型艺术团体、扶持小型巡回剧团和试验性表演团体的资金有数十亿英镑。2001—2002 年，皇家莎士比亚剧团从英格兰艺术委员会得到的财政资助为 1200 万英镑，翌年这笔资助增加到了 1280 万英镑。此外，艺术委员会还通过每年定期组织国内外演出，对剧团做市场推介，并且积极鼓励商业公司与剧团合作，英国商业公司每年对艺术的投入超过了 1 亿英镑。

（二）追求经典艺术特色

如果说政府的财政支持是良好的外部环境，那么植根于莎士比亚文化的沃土，不断开发进取，奉献给社会高质量的优秀剧目，则是其成功的最大内在力量。该剧团主要表演莎士比亚、文艺复兴时期其他戏剧家和当代剧作家的经典作品。即使面对流行艺术的挑战，剧团也没有随波逐流，而是坚持追求经典艺术的特色。自 1960 年建团以来，五代艺术总监都是著名导演艺术家，剧团中还涌现了一大批优秀的莎剧演员。

（三）植根莎翁文化沃土

英国皇家莎士比亚剧团虽是世界最著名的戏剧演出团体之一，但从来不把自己局限在大城市豪华剧院的象牙塔内。它在英国有三大演出基地，分别为伦敦、纽卡斯尔和斯特拉特福，大本营则一直坚守在莎士比亚的出生地斯特拉特福。这是英格兰中部的一座小城镇，当地的第一座永久性剧院是在 1879 年靠镇上一名啤酒商募捐而建成的。

（四）帮助观众解读表演

观众是剧团的生命，也是对剧团的最大挑战。尽管莎士比亚戏剧是英国文学的骄傲，但他的生活年代毕竟已距今 400 多年。因此，剧团把保持现代观众与莎士比亚时代的接触、帮助观众理解莎士比亚作品及其时代特点作为主要任务，并将此视作剧团的责任和通往成功的必经之路。

从剧作家、导演、演员，到出品人、管理者和技术人员，剧团致力于发挥每个人的特长，共同参与到丰富多彩的观众活动之中。譬如最受欢迎的“舞台示范”，就是由导演、演员和舞台设计师等直接向观众示范走台、发声等表演技巧；“教师课程”则是专门向教师们介绍如何利用莎士比亚的课文进行表演；为 9~13 岁少年设计的“家庭日”在日场演出前举办，小观众在大人陪伴下可以登上舞台，演员凭借布景和音乐的烘托，身临其境地向他们讲解剧中的语言和故事；有志于体验表演艺术的观众，可参加剧团一段时期的作品创作，随后做一次创作演出。在“剧场行动”活动中，艺术家们拿出他们创作的各种道具，向观众展示如何依靠假发、化妆、服装、小道具和特技的帮助，使莎士比亚戏剧中不同世界的人和事神奇般地复活。再比如“小小道具箱”，先是由剧团化妆师给你画上烧伤、刺伤的疤痕等，然后，观众和家人可任选一套服装，装扮成莎士比亚戏剧中的人物，拍一张漂亮的剧照。

（五）阳春白雪，和者不寡

剧团每年都举行多场基层巡回演出。为满足特殊观众的需要，艺术家们带着古典戏剧，深入社区、学校、休闲中心等场所表演。在演出结束后，他们还把自制的道具和服装向公众出租。剧团每年 8 月为业余戏剧爱好者组织的夏季学校，已经开办了 59 年。

正是这些群众普及活动，拉近了观众同演员的距离，也把莎士比亚戏剧带入人们的日常生活。在过去的 5 年里，该剧团已成功吸引 15 万人第一次走进剧院。而且，25 岁以下的年轻观众占 1/4。英国皇家莎士比亚剧团多年来的努力和实践证明：阳春白雪也可以和者不寡。

三、法国——高雅但不高价

法国的形象同其文化密不可分，文化产业在法国的发展状况，可以概括为：（1）国家推动，全民参与，企业助力，协会热情，角色互补；（2）有完整的法律制度体系，保障文化事业世代相传和文化传统与创新的有机结合；（3）与经济发展水平相适应，既服从多数人的利益，也不忘少数人的特殊性；（4）管理形式多样化，并确保在组织和程序上落实到位；（5）注重兼容并蓄，广泛汲取世界各民族文化的精华，丰富本土文化。

（一）把文化发展作为基本国策之一

法国政府在积极推动文化产业发展方面有两大特点：一是有悠久的传统，二是保持历史的连续性。法国始终把发展文化产业作为基本国策的一项重要内容，并为此建立了一套完整的法律保障体系。

（二）企业和专业协会发挥重要作用

在发展文化产业方面，近年来企业的作用越来越显著，已成为推动法国文化事业与时俱进的重要力量。在一系列大型古文物的修复和重大国际性文化交流活动中，都能见到法国企业的身影。在法国，无论大企业还是中小企业，都能依法参与文化赞助活动，而作为补偿，企业可获得减免税收或享有冠名权等各种不同的回报。

在积极参与文化产业发展的各类角色中，除了政府和代表投资者利益的企业外，还有一些代表少数特殊群体利益的组织，即各类专业协会。这些协会的法律地位各不相同，但多数是以非营利为目的的，一般是因情趣相投而聚合在一起的文化活动爱好者，如音乐协会、话剧协会、舞蹈协会，等等，还有一些准文化类或者说广义上的文化协会等。这些组织的活动经费大部分来自会员缴纳的会费或募捐和赞助，少部分来自地方政府补贴。协会以非营利为目的，其资金来源和用途都要受到财务和税务的严格审计，特别是享受政府补贴的协会更是如此。每当全国或地方举办公共文化活动时，这些协会都会应邀参加，负责组织和服务方面的工作，协会在号召志愿者参与的过程中发挥了不可忽视的作用。

（三）以合理票价鼓励观众走进剧院

法国人全身心都渗透着对文化的热情。在抚育孩子的过程中，法国家长大多把培养音乐、舞蹈等方面的文化素质作为一项必不可少的学习内容，这种热情近年来有增无减。作为一个经济发达国家，法国在文化事业和文化教育方面的前进步伐，始终能保持与经济发展的同步和协调，进而保证了全民对文化事业的热情，促进了文化产业的可持续发展。

在法国参加一项文化活动，特别是高雅文化活动，并不是一种奢侈。一般来说，剧院对票价的定位都比较合理，相对于法国人的工资收入而言，一张歌剧票或舞剧票的价格并不贵。票价之所以便宜并非是因国家补贴，恐怕还是价值规律在起作用：文化产品丰富，价格自然就低。

对于文化市场上激烈的国际竞争，法国一直持积极应对的姿态。法国一贯主张文化多元性，提倡在自由竞争的同时，吸取其他民族文化的长处，并保护弱势文化。综观法国近现代文化艺术的发展，可以发现其中融进了许多其他民族文化特别是非洲文化的元素。至今，法国在收藏和展现世界各民族优秀文化作品方面都走在世界的前列。作为首都的巴黎，更以拥有一支庞大的各国艺术家队伍为荣。面对近年来英语文化的逼人态势，法国在力求维护法语地位的同时，也向英语文化的优势项目如好莱坞电影、因特网等打开了大门。

四、韩国——影视产业冲出国门

20世纪60年代到90年代初，韩国本土文化在日美以及中国香港、中国台湾文化的强势冲击下几乎被淹没。当时，美国“大片”等外国产品在韩国影视市场上几乎占60%的份额。1997年亚洲金融危机爆发，为克服金融危机的重创，韩国国民掀起自发的“献金运动”，他们把家里珍藏的金条、金首饰等捐献给国家，为韩国战胜金融危机做出了贡献。当时执政的金大中政府，在金融危机中看到了“献金运动”背后展现出的巨大精神力量，决心振兴韩国文化，将文化产业确定为21世纪国家发展的战略性支柱产业。

在“文化立国”战略中，影视业被视为“重中之重”。为此，韩国政府采取了一系列行之有效的措施，如大力支持影视业按市场经济规律办事，设立文艺振兴基金等专项基金，财政支持在国家预算中也提高到了1%以上，等等。

（一）导入市场竞争机制

随着政策的放开，韩国影视业积极导入市场竞争机制，把作品的市场性、收视率、艺术性和伦理道德作为衡量标准，极大地调动了广大影视从业人员的创造性和竞争意识。其中，韩剧成功主要靠“四大要素”。

（1）按市场经济规律办事，提升竞争力。韩国人非常爱看电影与电视剧，其品评尺度，重在趣味性和有益性，两者缺一不可。作品的优劣，不是某个人说了算，归根结底要看收视率，观众的评价是最终的评价。

（2）韩国影视作品大都以家庭故事为主线。这在东方文化中具有普遍性，体现了中华文化圈的显著特点，易为亚洲观众接受。随着时代的发展，在家庭观念愈趋淡薄和大家庭日渐解体的趋势下，推出家庭的故事，有助于重塑东方文化的理念和亚洲的崛起。

（3）作品中贯穿儒教思想所倡导的人性和文化精髓。通过对主人公的塑造与刻画，韩剧对这种文化传统和同源性，有血有肉地进行了诠释和演绎，也就是说通过艺术的再现打动了观众。

（4）剧情内容体现了东方文明和东方人的喜怒哀乐，能让观众产生对生活和爱情的憧憬。韩国儒教专家徐乎升说：“儒教已成为韩国人的无价之宝。”韩国文化产业发展的轨道，始终贯穿着一条主线，即儒教文化。

（二）形成产业互动共赢链

韩国影视产品走出国门的突出特点之一是，影视产业与其他产业形成了共栖、融合和衍生的互动关系，其连带和波及效益是无法用销售额来估价的。

由韩国最知名影视剧制作公司MBC制作的《冬季恋歌》《大长今》《蓝色生死恋》等电视连续剧，就是在发挥“影星效应”的同时，充分吸收和演绎“时装、美容、美食”等文化元素，从而推动了文化及相关行业在海外的发展，形成了韩国“时装热”“美容热”以及“美食热”。

五、日本——企业主打，政府支持

从“军事立国”到“经济立国”，最终落实在“文化立国”，这既是日本国家发展战略的调整，也是为应对经济发展问题而进行的经济增长方式的调整。日本文化产业主要包括电影业、电视业、动画业、音乐业、游戏业、出版业等。

官民结合、互相协作，是日本内容产业发展的一个重要特征。企业是日本文化产业发展壮大的主要投资及融资来源，而且所占比例越来越大。在日本，大型文化活动的举办多依赖于企业、公司的投资和资金赞助。几乎所有的日本一流大型企业都以各种不同形式支持、参与文化活动，它们将此视为改善企业形象的重要举措。凡是捐款赞助振兴文化艺术事业的企业或个人，国家将减少其应交纳的所得税或是将捐款算入企业开支，在经国家指定的文化遗产建筑物或占地内建造建筑物者，将对其免税。

【本章小结】

在全球文化经济迅猛发展的背景下，文化产业日益成为市场投融资的热点领域。从投融资主体来看，政府、企业及有关金融机构积极发挥各自的作用，以前所未有的热情共同参与到推动文化产业成长的实践中来；从投融资方式来看，政府拨款、银行贷款、二级市场融资和债券融资等不断创新壮大，以适应文化产业投融资区别于其他产业部门的诸多特殊性。在开放经济条件下，对外文化贸易与文化产业投融资国际化有着密切联系，应该给予高度重视。

文化产业经营是文化企业创造经济价值的经营活动，其商业模式不一而足，不同的文化企业需要依据具体的环境状况采取适宜的发展模式。在全球文化产业发展如火如荼的背景下，文化产业经营表现出企业集团化、资本股份化、产业集群化、经营国际化等特点。在文化产业跨国经营过程中，中国对外文化贸易持续发展，为文化产业的国际化开辟了成长空间。

【复习思考】

1.试述文化产业投融资的主体、方式和特点。

2.文化贸易与产业发展存在怎样的联系?

3.查阅资料，试述中国文化产业投融资发展的状况。

4.搜集案例，总结提炼文化产业经营的商业模式。

5.文化产业经营的特点是什么?

6.进一步搜集资料，试述中国对外文化贸易现状。

7.中国应如何借鉴国外的文化产业经营经验?

【案例讨论】

各国文化融资必读手册①

一、美国：金融机构操作文化

基金投资电影在美国并不是一个严格的划分，因为在美国很多金融机构都是全业务经营的，它既可以经营商业银行的业务，可以经营投资担保的业务，也可以做PE，因此在考虑用基金方式投资电影时通常把它等同于金融机构投资电影。而金融机构投资电影有多种形式，有前期股权性投资，有版权抵押贷款性投资以及另外一些模式和形式。综合来看，好莱坞有一半以上的投资来源于金融机构。在中国，商业银行投资电影还不多，仅是一些小的尝试，没有构成一个产业形态，金融机构和制片公司之间还没有一个绝对的界限。比如说一家电影投资公司、一家电影制片公司和一家电影基金，它们三个在投资同一部电影的时候，职责没有明确，分工也没有合理配置。“在国内，基金关注更多的还是电影的制片过程。这完全不同于美国，金融机构重点关注资金的升值和一个风险的监控，就像银行为一家企业做信贷一样。”中国电影投资管理有限公司总裁王国伟表示。

①代小杰.各国文化融资必读手册.北京商报，2011-02-21（A6）.

美国是世界范围内娱乐产业最为领先的国家，从银行体系到创业投资机构乃至个人投资者都对投资内容产业表现出异常的热情。尤其是近年来动画电影的发展，使得一些硅谷高科技厂商向好莱坞进军，以此带动新的投资动力。

目前，美国电影产业已经形成了一套内容产业鉴价、融资、完工保证的发展模式。美国电影产业的投融资方式有：（1）通过完工保证向银行贷款：完工保证是电影公司向银行融资贷款的关键，并设有专门的完工保险公司承保，以此保证电影制片公司在仅取得发行合约但未取得资金前可以获得银行贷款。完工保险公司在整个担保顺利完成后，可以获得电影监制单位负责总制作费 2%~6% 的佣金，但如果电影未能如期拍摄，完工保险公司需要承担预算增加额。（2）融资担保制作的完善以获得 VC/PE 等融资：通过民间公司自行遵循市场机制建立的融资保证机制以保证内容产业获得投资银行、创投乃至个人投资者等投资机构或个人的投资。如美国 IFG 公司的 335 部影片获得 70 亿美元以上的完工保证。

二、日本："特许权证券化"最典型

尽管日本电影近年来发展放缓，但是仍连续多年居世界电影票房营收第二位。日本电影产业自 1989 年日本新力公司收购美国哥伦比亚影视公司以来就开始了国际化进程。日本电影产业的融资政策受美国影响较大，属在完善法律保证下市场化运作的模式。

日本电影产业的投融资方式：（1）特许权证券化：日本电影产业投融资方式中最为代表性的是"特许权证券化"，通过这项制度，内容作品可独立上市成为财产，公开交易。（2）成立"智能财产权投资协议会"，制定各种形式的募资拍片，如网络募资等。（3）成立电影基金公司，负责办理各种大型的电影投资、融资案件，如日本电影基金公司、松竹基金等。

三、韩国：政府出面担当大角色

近年来，韩国影视娱乐产业发展较快，在亚洲甚至世界范围内掀起"韩潮"。尽管韩国并未出现真正意义上的大制作影片，但是中小制作的影片在业内取得了良好口碑。其中，韩国政府对韩国国产影片的重视与支持是值得众多国家参照学习的。

韩国电影产业的投融资方式：（1）国家政策税收扶持，设立基金会模式并投资电影：韩国政府文化观光部下属的韩国电影振兴委员会是韩国电影发展的重要推动力量。一方面，作为韩国非官方性质的最高电影主管机构，其设立的基金会模式对电影产业进行实质性的投资，资金主要来自电影票税收及政府预算。此外，通过减免税收的形式吸引投资机构关注电影产业。另一方面，韩国政府建立融资辅导机制，分为抵押无息贷款、低利率电影创业基金。此外，电影创业基金也提供低利率的融资贷款。通过系列措施，韩国电影产业已经形成畅通的融资管道，目前，韩国具有信保基金、技术信用保证基金对风险实业提供融资信用保证，从而降低金融机构或政府基金的投融资风险。（2）釜山国际电影节：通过举办世界级的电影节，将韩国电影推向世界，为各国投资商建立与韩国电影产业参与者接触与交流的机会，打通融资通道。

问题：结合本章文化产业投融资国际经验，分析美、日、韩的文化产业投融资体制有何优势和可取之处。

第五章　文化产业竞争力

【主要内容】

本章阐释了产业竞争力、文化竞争力及文化产业竞争力等概念，重点分析了文化产业竞争力的评价原则、模型、方法及评价指标体系的设计，此外，还对中国文化产业竞争力做了介绍。通过学习，学习者要立足我国国情，增强发展自信，对新时代我国文化产业竞争力有正确的认识。

【学习要求】

1. 掌握产业竞争力、文化竞争力及文化产业竞争力的概念。
2. 掌握文化产业竞争力的影响因素。
3. 理解文化产业竞争力的评价模型和方法。
4. 理解文化产业竞争力评价指标体系的设计。
5. 了解中国文化产业竞争力现状。

【案例导引】

巴黎：全球时尚风向标①

作为享有国际盛名的浪漫之都与文化之都，巴黎在每个人的心目中都有很多标签，这些标签或时尚，或华丽，或深沉，或激情，共同串联起整个城市的独特脉动。巴黎也积极依托这些特色优势，发动带有国际范儿的“魅力攻势”，巩固自身在全球消费者心中的“朝圣地”形象。

从软实力而言，巴黎高度重视自身在时尚、文化与旅游等领域的软实力，并将此打造为推动消费升级的“爆点”与“增长点”。在文化领域，巴黎将分布在城市各处的名目繁多的博物馆、艺术馆、古迹等作为推动文化消费的重要名片，积极拓展以

①李鸿涛．巴黎：全球时尚风向标．经济日报，2021-08-16（4）．

艺术、文化、历史为轴的商业集群，带给消费者一种徜徉在历史与文化之海中的消费体验。同时，巴黎还以艺术节、文化展、贸易展会及打折季等积极吸引消费者，为传统的消费活动拓展更多增长节点。据统计，巴黎每年举办400多场贸易展览会、1200场大会，各类活动数不胜数。在时尚领域，巴黎深耕自身悠久的时尚传统，创新市场思维，并积极利用新型传媒途径、多样化宣传方式，积极扩大在高定时装、奢侈品等领域的影响力，牢牢把握引领全球时尚风向标的主动权，并以此作为推动消费的“王牌”。在旅游领域，巴黎已成为生活艺术、文化、美食与历史的代名词，并将电影、戏剧、音乐会、餐饮、住宿、体育等各领域纳入旅游链条，为消费者提供“沉浸式”的消费体验与全方位的消费服务，并在具体推广中大力展示环境保护、生物多样性及节能减排等绿色理念，为打造国际消费中心城市注入更多活力。

第一节 文化产业竞争力概述

一、产业竞争力与文化竞争力

（一）产业竞争力

产业竞争力，亦称产业国际竞争力，指某国或某一地区的某个特定产业相对于他国或地区同一产业在生产效率、满足市场需求、持续获利等方面所体现的竞争能力。竞争力实质上是一个比较的概念。产业竞争力不是单个企业的竞争力，它比较的范围是国家或地区，因而也是一个区域的概念。它反映了一个国家或区域在国际贸易、国际生产体系乃至全球经济体系中的地位与作用。

（二）文化竞争力

所谓文化竞争力，是指各种文化因素在推进经济社会和人的全面发展中所产生的凝聚力、导向力、鼓舞力和推动力。文化竞争力体现在文化创新能力、文化产业的科技含量和高素质的人才等方面。

文化竞争力的大小，直接影响国家的国际环境和国际竞争力，影响文化现代化的成败。提高文化竞争力是所有国家都面临的重大挑战。文化竞争力的影响因素很多，国家的文化资源、文化制度、文化观念、文化人才、文化素质、文化市场、文化产业和文化贸易等都是影响因素。在众多因素素，文化人才、文化素质、文化创造力、文化产业和文化贸易竞争力等具有不可替代的作用。提高文化人才竞争力、文化产业竞争力和文化贸易竞争力，是提升文化竞争力的三个重点。

二、文化产业竞争力

（一）文化产业竞争力的内涵

文化产业竞争力概念与产业竞争力及文化竞争力有着密切联系。文化产业竞争力，亦称文化产业国际竞争力，是指一国或一地区通过生产和销售文化产品，提供各种文化服务、提高生产效率、占有市场和持续获利的能力。

文化产业竞争力表现形式多种多样。文化产业竞争力是文化竞争力的重要内容，也是国家竞争力的有机组成部分，从不同角度分析具有不同的表现形式。从投入产出来看，文化产业竞争力表现为以最小的投入获得最大的收益；从市场占有度来看，文化产业竞争力表现为在国内和国际市场上占据越来越大的份额；从文化产业的内部结构来看，文化产业竞争力表现为文化产业各种生产要素的合理有效组合；从文化产业所具有的精神性来看，文化产业竞争力表现为，为公众提供越来越丰富的文化产品，满足公众的精神需求，激发国民的想象力和创造力。

（二）文化产业竞争力的影响因素

1. 文化资源

文化资源是人们从事文化生活和生产所必需的前提。文化资源的丰富程度和质量高低直接影响着文化产业竞争力的强弱，对当地文化经济的发展产生作用。更重要的是，文化资源的独特性、不可复制性将造就一国或地区拥有特殊文化市场的垄断地位，从而获得竞争优势和超额利润。而文化资源中最具活力因素的人力资源，更是形成文化产业竞争力的首要因素。因此文化人才资源的强弱决定了文化产业竞争力的长久增长。当然，并非所有的文化资源都会构成文化产业竞争力。崇尚开拓进取、鼓励创新的文化精神有利于文化产业竞争力的培育和发展。

2. 科技水平

科技革命浪潮为文化产业的繁荣发展提供了条件和可能。现代科技广泛运用于各类文化艺术活动之中，不仅为文化产业的产生、发展、升级提供技术支持，同时导致文化产品和文化消费方式的全球性。传统文化形态得以更新，不断涌现的新兴文化业态则顺应产业融合趋势，科技与文化产业的彼此结合日益深入。以美国为例，从好莱坞电影到流行音乐，从媒介巨头到迪斯尼乐园，美国文化产业正是在科技的助力下，才会在国际上具备如此强大的影响力、渗透力和竞争力。

3. 经济实力

经济发展水平对文化产业竞争优势的形成和提升具有重要影响。一国的经济发展水平越高，产业结构越优化，文化市场就越繁荣，文化产业的产值及就业比重就越高。不仅如此，经济水平高的国家或地区大多市场机制完善，要素流动性强，产业融合程度好，为文化产业竞争力的提升奠定了基础。在开放的经济条件下，经济实力强弱同样影响着文化贸易竞争力的高低。目前世界文化经济强国不仅经济实力超群，而且文化产品和服务进出口规模和竞争力也名列前茅。

4. 文化品牌

文化产业的竞争，核心是文化品牌的竞争。文化品牌是文化的经济价值与精神价值的双重凝聚，是经过市场检验，为消费者所信赖和接受的文化产品和服务。它体现了有形资产与无形资产的统一，是衡量一个国家文化产业发展水平的重要标准。文化品牌的基础是做精内容，以内容为王，以此铸造品牌的核心价值。成功的文化品牌意味着市场及消费者对文化商品的认可，文化品牌越多、越深入人心，文化产业竞争力就越强。

5. 文化产业基础设施

文化产业基础设施是文化生产、传承、展示、积累、服务与创新的硬件基础，是发展文化事业和文化产业的重要保障和平台，也是塑造国家或地区形象、提升其品位、增强文化软实力的重要手段，其数量的多寡、质量的高低直接反映一个国家或地区的文化产业市场竞争力。以深圳为例，从 20 世纪 80 年代起，兴建了“八大文化设施”：图书馆、博物馆、科技馆、体育馆、大剧院、电视台、深圳大学、新闻大厦。20 世纪 90 年代又兴建了“新八大文化设施”：关山月美术馆、深圳画院、深圳书城、深圳特区报业大厦、深圳商报大厦、有线电视台、华夏艺术中心、何香凝美术馆。这些现代化、高起点的文化设施为深圳的文化产业发展打下了坚实的基础。而在科技变革的推动下，新基建丰富了文化产业基础设施的内涵。新基建是以新发展为理念，以技术创新为驱动，以信息网络为基础，面向高质量发展需要，提供数字转型、智能升级、融合创新等服务的基础设施体系，主要包括 5G 基站建设、特高压、城际高速铁路和城市轨道交通、新能源汽车充电桩、大数据中心、人工智能、工业互联网等领域。

专栏 5-1

关于文化软实力

软实力概念最早是由美国学者约瑟夫·奈明确提出的，1990 年，他分别在《政治学季刊》和《外交政策》杂志上发表《变化中的世界力量的本质》和《软实力》等一系列论文，并在此基础上出版了《美国定能领导世界吗》一书，提出了"软实力"的概念。2004 年，约瑟夫·奈出版了《软实力：世界政坛成功之道》，对其以往的研究成果进行了总结。书中明确提出了软实力的三个来源：文化、政治价值观及外交政策。

文化软实力是一个国家综合国力和国际竞争力的重要组成部分，是与领土、军备、武力、科技进步、经济发展、地域扩张、军事打击等有形的硬实力相对的文化、价值观、影响力、道德准则、文化感召力等无形的实力，是一国为维护统治阶级利益，通过引发思想共鸣、争取文化认同、激发创造活力、凝聚精神信念，并同该国经济基础和上层建筑进行有机结合从而增强国家综合国力的能力。

第二节　文化产业竞争力的评价

一、文化产业竞争力的评价原则

（一）贯彻新发展理念和双效统一

新发展理念是一个整体。文化产业竞争力评价要坚持创新、协调、绿色、开放、共享的新发展理念的指导，同时要将社会效益与经济效益统一起来，将文化产业与文化事业结合起来，找到二者最佳的平衡点，从而不断夯实城市文化经济发展的基础，增强其影响力和发展潜力。

（二）体现经济结构的优化升级

文化产业的作用和意义非常重要的一点体现在推动经济结构的优化升级。因而对结构的分析评价应该在竞争力中占有重要地位，包括反映文化产品、文化服务所占比重的结构性指标，反映文化产业市场开拓和结构优化的指标，等等，从而能够全面反映文化商品、服务结构。

（三）反映国家或地区文化的历史性、个体性和特殊性

文化产业不同于其他产业，文化产品和文化服务在品质、内容上较一般产品和服务具有更大的差异。特别是对特定国家或地区，其文化的历史积淀，文化的个体性、特殊性对产业结构、竞争力将产生极大影响。因此，指标的选取需要充分考虑文化资源历史、现状，反映文化产业的个性和特殊性。

（四）遵循综合性、层次性、可比性、实用性等具体编制原则

指标的选取，直至指标体系的建立，要在不同层次上把握文化产业竞争力，从而形成系统、多级、完整的竞争力评价体系，该评价体系既应包括定量指标（硬指标），也包括定性指标（软指标）。指标之间要在纵向及横向上具有可比性，即同一对象这个时期与另一个时期可以作比，不同对象之间比较，可以找出共同点。此外，所选择的指标简单易行，数据可得，如此才能保证评价的可行性、有效性。

二、文化产业竞争力的评价模型

在各种文化产业竞争力评价模型中，钻石模型与层次模型较具有代表性。

（一）钻石模型

哈佛商学院的迈克尔·波特提出决定国家或区域竞争力的“钻石体系”。该体系由生产要素，需求条件，相关与辅助产业，企业战略、结构和竞争力构成，它们构成一个菱形，如图 5–1 所示。波特菱形（又称钻石模型）同时还是一个互相促进增强的系统，任何一方面作用的发挥程度取决于其他方面的状况。

国内研究者对波特理论加以修改，提出了评价文化产业竞争力的理论模型，建立了由三大模块（核心竞争力、基础竞争力、环境竞争力）、五大要素（以企业战略为核心，还包括生产要素、消费需求、政府调控、产业集群）、17 个竞争面、67 个竞争力评价指标构成的全面反映一个国家文化产业竞争力的综合评价指标体系。

也有在钻石模型的基础上，结合文化产业的具体特征和研究目的，提出文化需求、生产要素、相关产业发展情况、企业战略与竞争状况、生产竞争力、创新能力六个因素，建立起文化产业竞争力的分析模型，即：文化产业竞争力 = 文化需求、生产要素、相关产业发展情况、企业战略与竞争状况、生产竞争力、创新能力。

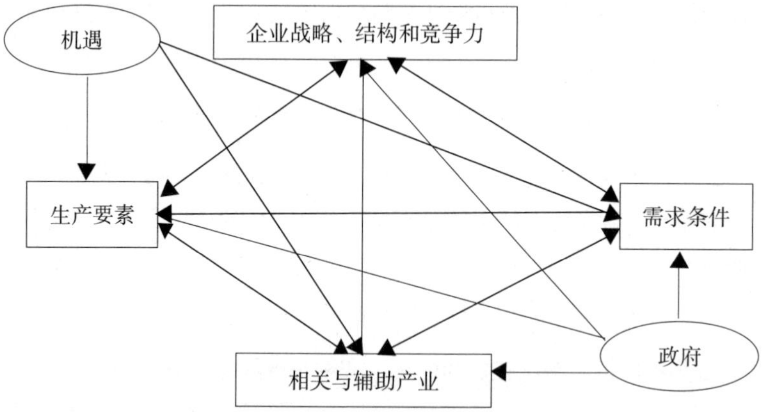

图 5-1　波特的钻石模型

资料来源：迈克尔·波特．国家竞争优势．北京：华夏出版社，2002.

（二）层次模型

国内有关研究将竞争力分为微观竞争力、中观竞争力和宏观竞争力三大层次，文化产业作为从中观层次理解的产业竞争力，不仅表现为市场竞争中现实的生产力，还表现为可预见的未来的发展潜力，并在此基础上提出了以文化产业四大核心能力为一级指标、以七大竞争力板块为二级指标、涵盖 30 个具体指标的文化产业竞争力综合指标体系，如图 5-2 所示。

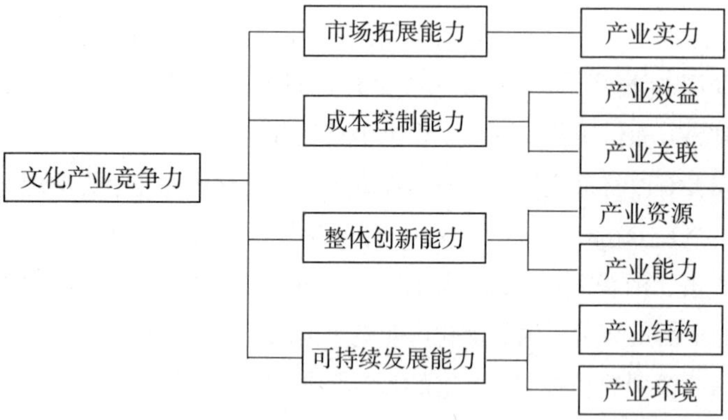

图 5-2　文化产业竞争力指标体系块

资料来源：花建．文化产业竞争力．广州：广东人民出版社，2005.

在四大能力中，市场拓展能力是指文化产业不断拓展市场空间的能力，不但包括在已有的市场中占据更多的份额，而且包括率先去开拓新的市场，打开新的文化消费空间；成本控制能力是指文化产业内部通过组织的合理化，促进有效竞争及有效配置资源，从而不断降低成本，充分获得和利用规模经济效益的能力；整体创新能力是指文化产业在产品内容、产品形式、科技手段和组织结构等方面的整体创新能力；可持续发展能力是指文化产业与社会、人文、生态环境和资源等相协调，从而获得可持续发展的能力。

在七大板块中，产业实力是市场拓展能力的基础，市场竞争首先是实力的较量；产业效益是成本控制能力的直接体现，可以选择投入产出比等指标来反映；产业关联是成本控制能力的间接体现，是在经济活动中，各产业之间存在的广泛的、复杂的和密切的技术经济联系，它也是文化产业竞争力的重要标志；产业资源是整体创新能力的基础，包括发展文化产业所需要的人力、装备、资本、技术、信息等方面的条件；产业能力是文化产业的成长性因素，包括科技创新能力、产品研发能力、资源汇聚能力等；产业结构是可持续发展能力的前提，是产业发展到一定程度的结果，产业结构的主动性调整和升级更是提升产业竞争力的重要前提；产业环境则是产业可持续发展能力的重要基础，因为产业发展必然在一定的体制和机制的背景下进行，文化体制和机制是文化产业得以运行的法律性、制度性整体框架，是培育和发展文化生产力的规则性平台。

三、文化产业竞争力的评价方法

文化产业竞争力评价方法主要包括定性和定量两大类方法。定量分析方法中一类是对产业竞争力进行直接评价，即以显示性的客观指标为对象，用相关国家特定产业产品的国际市场占有率和盈利率等产业国际竞争力最终的实现指标来评价产业竞争力；另一类是对产业竞争力进行间接评价，即以产业竞争力的决定因素为评价对象，通过对这些因素的综合评价来间接评价一个产业的竞争力强弱，主要包括聚类分析法、层次分析法和正态标准化法。

（一）聚类分析法

聚类分析法又称群分析法，是将研究对象分为相对同质的群组（clusters）的统计分析技术。该方法是根据同类事物应具有相近特性，而不同事物在这些特性上差异较大的假定，将所研究的事物进行分类的研究方法。

（二）层次分析法

层次分析法（the analytic hierarchy process）简称 AHP，在 20 世纪 70 年代中期由美国运筹学家托马斯·塞蒂（T. L. Saaty）正式提出。它是一种定性和定量相结合、系统化、层次化的分析方法，是将一个复杂的多目标决策问题作为一个系统，将目标分解为多个目标或准则，进而分解为多指标（或准则、约束）的若干层次，通过定性指标模糊量化方法算出层次单排序（权数）和总排序，以作为目标（多指标）、多方案优化决策的系统方法。

（三）正态标准化法

对各地区竞争力指标数据进行统计正态标准化，换算成 0 到 100 之间的标准化数值。这种测度结果，可以直观地了解各地区在竞争力指标上的客观水平。数值 80 及以上是非常优秀的竞争力，数值 20 以下是非常差的竞争力，数值 50 反映了一般的竞争力水平。具体方法是：在每一个竞争力指标内，将各地区的指标值视为一个正态分布的样本。计算出样本的均值 μ 和标准差 σ。在假定样本服从正态分布 $N(\mu, \sigma)$ 的基础上，计算出样本中每一个单元 x 的下侧累计概率值 $P(X \leq x)$，再将其乘以 100 得到最后的正态标准化数值。因为概率值在 0 和 1 之间分布，所以最后的标准化数值的范围为 0 到 100。指标设计时遵循了对称性的原则，因此在每个指标标准化数值的基础上，将要素内的指标进行等权平均即得到上一级的要素竞争力水平，再逐级汇总得到最终的整体竞争力水平。

四、文化产业竞争力指标体系设计

依据不同的评价模型，可以设计出不同的文化产业竞争力指标体系。以下将围绕钻石模型和层次模型介绍相关的指标体系。

（一）在钻石模型基础上的评价指标体系

表 5–1 是依据改造后的模型建立了评价文化产业竞争力的指标体系，分为 6 个要素体系、15 个影响因素、38 个具体指标。

该体系根据在研究过程中所选择的评价指标数据来源的不同，把文化产业竞争力评价指标分为客观指标和主观指标两类。客观指标的数据可以在国家及地方各类统计年鉴中的统计数据中查阅，主观指标的原始数据可以通过问卷调查的结果获得。

表 5–1 文化产业竞争力评价指标体系

要素体系	影响因素	具体指标	备注
需求基础	收入	人均地区生产总值 / 元	地区生产总值 / 总人口数
		城乡人均纯收入 / 元	城镇人均可支配收入 × 城镇人口比重 + 农村人均纯收入 × 农村人口比重
	消费	居民消费水平 / 元	
		城乡人均文化消费 / 元	城镇人均文化教育娱乐支出 × 城镇人口比重 + 农村人均文化教育娱乐支出 × 农村人口比重
		文化消费者的成熟度	调查
生产要素	人力资源	文化产业从业人数	
		每百人中大学毕业生比例	（大学生人数 / 从业人数）×100
		高级职称科研人员数	
	文化资源	世界文化和自然遗产项数	
		对文化资源和自然遗产的开发利用程度	调查
		文物藏品数量	
	文化基础设施	文化活动的基础设施综合指数	调查
		文化单位平均固定资产	
	资本资源	固定资产总投资	
		实际利用外资 / 美元	
		文化文物单位经费自给率	
相关产业发展情况	教育的发展水平	在校大学生占地区人口比重	在校大学生 / 总人口
		公共教育经费支出占地区生产总值的比重	公共教育经费支出 / 地区生产总值的比重
	通信产业发展水平	每千人拥有移动电话	
		通信产品年销售收入	
	信息产业发展水平	每千人拥有个人电脑	
		互联网的普及率	
		信息产品年销售收入	

续 表

要素体系	影响因素	具体指标	备注
相关产业发展情况	旅游产业发展水平	旅游到达人数	
		旅游收入	
企业战略与竞争状况	企业战略	企业运作与策略整合指数	调查
		文化产业的集中度	调查
	竞争状况	出口货物占地区生产总值的比重	
		文化产品的品牌知名度	调查
生产竞争力	产业规模	文化产业总产出	
		文化产业增加值	
		文化产业增加值占第三产业生产总值的比重	文化产业增加值 / 第三产业生产总值
	生产效率	固定资产产出率	文化产业增加值 / 固定资产折旧
		劳动报酬产出率	文化产业增加值 / 劳动者报酬
创新能力	科研能力	人均完成科研项目	完成科研项目 / 从业人员数
		高级职称科研人员比重	高级科研人员数 / 从业人员数
		研发经费占地区生产总值的比重	研发经费 / 地区生产总值
		申请专利个数	

资料来源：毕小青，王代丽．文化产业竞争力的决定要素与分析方法研究．沈阳大学学报，2009（5）．

（二）在层次模型基础上的评价指标体系

表 5–2 是在层次模型基础上的文化产业竞争力评价指标体系。

表 5–2 文化产业竞争力评估指标模型

	一级指标	二级指标	三级指标
文化产业竞争力	1. 市场拓展能力	1.1 产业实力	1.1.1 本地文化产业年均贡献值增长率（%）
			1.1.2 本地文化产业年贡献值占 GDP 总量的比重（%）
			1.1.3 本地文化产业年利税总额（万元）
			1.1.4 本地文化产品年出口总额（万元）
			1.1.5 本地文化服务年出口总额（万元）

续 表

	一级指标	二级指标	三级指标
文化产业竞争力	2. 成本控制能力	2.1 产业效益	2.1.1 本地文化产业全员劳动生产率（万元）
			2.1.2 本地文化产业万元资产利税率（万元）
			2.1.3 本地主要文化产品的国际市场占有率（%）
			2.1.4 本地文化产业从业人员占当地就业岗位总数的比率(%)
			2.1.5 本地当年文化产业原创上映和上演的电影、电视剧和大型演出项目（部）
		2.2 产业关联	2.2.1 本地文化产业对本地相关产业增长的拉动率（%）
			2.2.2 本地人均教育文化娱乐服务支出额（万元）
			2.2.3 年海外游客人次占本地常住人口总数的比率（%）
			2.2.4 外国留学生数量占本地在校大学生和研究生总数的比重（%）
	3. 整体创新能力	3.1 产业资源	3.1.1 本地人类发展指数（HDI）
			3.1.2 本地拥有世界自然遗产和文化遗产数量（个）
			3.1.3 本地万人口中艺术家、科学家和工程师数量（人）
			3.1.4 本地文化产业研发投入（R&D）占文化产业 GDP 总量的比重（%）
		3.2 产业能力	3.2.1 本地文化产业年获得专利数量（个）
			3.2.2 本地年举办国际展览数量（个）
			3.2.3 本地文化产业年获得省市以上科技成果奖项的数量（个）
			3.2.4 本地文化产业年获得省市以上文化艺术奖项的数量（个）
	4. 可持续发展能力	4.1 产业结构	4.1.1 本地文化产业上市公司总市值占文化产业 GDP 的比重（%）
			4.1.2 本地文化产业的外贸依存度（%）
			4.1.3 高新技术类文化企业占本地文化产业企业总数的比重（%）
			4.1.4 文化产业跨国公司地区总部及业务中心在本地的数量（个）
		4.2 产业环境	4.2.1 本地颁布和实施的有关文化产业法律法规数量（个）
			4.2.2 本地当年人均创业投资额（万元）
			4.2.3 本地人均每天使用互联网时间（人 / 天 / 分钟）
			4.2.4 本地人均公共文化服务设施使用面积（平方米）

资料来源：花建，巫志南，郭洁敏，王国荣，吴文娟．文化产业竞争力．广州：广东人民出版社，2005：25-27.

根据上述文化产业竞争力指标的体系模块，可以运用一定的方法对一个国家或一个地区的文化产业进行综合评估，最后得出文化产业竞争力的评估指数。

总体来看，上述指标体系可以为文化产业竞争力评价提供一定的参考。更重要的是，要理解指标体系所涉及的具体内容，并依据形势的发展和要求进行更深入的研究、改进和完善。

第三节　中国文化产业竞争力

一、中国文化产业的竞争优势及劣势

（一）中国文化产业的竞争优势

1. 资源优势

在全球文化经济大潮中，文化资源在一国或地区发展中的地位和作用日益重要。中国以其悠久的历史和灿烂的文化傲立于世界文化之林。长期积淀的历史文化资源已经成为中国文化产业竞争力提升的坚实基础。而这些文化资源正有待于不断挖掘和发扬光大。

2. 市场优势

中国人口数量众多，生活方式、价值观念、语言使用独特，文化复杂多样，加之国外华人、华侨对中华文化的特殊需求，这种人口和差异优势对文化产业发展而言，具有其他国家无法企及的人口优势、市场规模优势和本土优势。当前中华文化在世界的影响力日益提升，由此形成了巨大的中国文化需求市场，这成为中国文化产业竞争优势的重要方面。

3. 政策优势

中国作为社会主义市场经济国家，在推动文化产业发展的过程中，不仅发挥市场的作用，同时重视政府的推动。2009 年，中国第一部文化产业专项规划——《文化产业振兴规划》由国务院常务会议审议通过。此后相关的各种支持政策相继颁布，极大地促进了文化产业的发展。目前文化产业被视作战略性新兴产业予以推动，文化体制改革正在稳步推进，中国文化产业竞争力提升拥有不断改善的政策环境。

（二）中国文化产业的竞争劣势

1. 科技运用和创新能力不足

文化产业是知识、技术密集型产业，依赖于创新、创意。相对于文化经济强国，中国文化产业在创意方面尚显不足，科技运用程度还比较低。以百老汇音乐剧为例，其生产中的科技含量之高，是许多传统表演艺术无法比拟的。而中国文化产品和服务在制作、加工、欣赏方面与发达国家还存在着差距，需要大力加强科技创新和应用力度。

2. 强势品牌不多

文化品牌是文化与经济的有机融合，是资源禀赋和市场机制的高度统一。谁拥有文化品牌，谁就拥有倡领文化消费潮流的主动权，谁就占据文化市场竞争的制高点。品牌战略是文化产业发展的重要利器，而中国目前在世界上能够叫得响的品牌尚少，虽然也有个别文化机构曾经辉煌，但大都是昙花一现，缺乏发展的长久后劲。

3. 中介营销偏弱

发达国家能够按照市场经济的规律进行文化产品的生产、推广和营销，形成一套与市场经济体制相适应的成熟的市场运作模式。其中，文化产业中介组织是文化产业发展和竞争力提升的重要力量，而发达国家有着众多知名、实力强的中介机构，如文化经纪组织，为文化产业的发展搭建了平台和桥梁。此外，在文化产品和服务的促销方面，发达国家也非常重视，并投入巨资。以美国大片为例，它们投入巨大，制作精美、影响广泛，但片商仍花费大量时间，投入巨资进行市场宣传，好莱坞在世界范围内的成功，归根到底，是市场营销的成功。相比之下，中国的文化企业在以顾客为中心、以市场为目标方面做得还很不尽人意。

二、中国文化产业竞争力评价

对中国文化产业竞争力的评价既要多维度去考察，更应看到文化产业的成长和竞争力的提升是一个过程，其发展创新的动力和潜力显得更加重要。

从产业实力来看，整体偏弱。具体表现在：第一，文化产业整体规模尚小，总量尚低；第二，文化产业呈差异分布，整体实力分散；第三，文化产业在组织上分散，集约化程度有待提高。

从竞争能力看，整体较弱。具体表现在：第一，文化企业规模小；第二，文化产业投入产出能力不高；第三，文化资源挖掘转化能力不强。

从国际竞争态势看，尚处于弱势。具体表现在：第一，核心文化产品和服务贸易竞争力不强，文化服务贸易存在较大逆差；第二，在国内市场存在外资竞争压力。

面对美、英、德、日等世界文化经济强国，中国文化产业国际竞争力整体实力存在差距，需要进一步提升，特别是在如影视、动漫、游戏、创意设计、版权交易等充分体现文化贸易核心和特色的服务行业领域的国际竞争力需要大幅提升。此外，中国文化产业与其他产业部门相比，其竞争力也有差距。但是伴随新时代社会主义文化强国的建设以及中华文化“走出去”步伐的加快，中国文化产业的创新能力在持续增强，文化产业竞争力在不断提升，未来中国文化产业前景光明。

专栏 5-2

中国城市创意指数①

中国城市创意指数（CCCI）创立于2012年，是国内首个跨城市对比的文化产业竞争力指数。中国城市创意指数可以从横向和纵向两个角度量化地方政府发展文化产业的工作绩效，为提升城市创意指数和城市治理提供参考依据。项目组以钻石模型、系统论等作为理论基础，结合已有的指数模型，构建了中国城市创意指数模型。CCCI指标体系涵盖了要素推动力、需求拉动力、发展支撑力和产业影响力4大变量、11个二级指标和28个三级指标。2020年的CCCI研究对中国50个大中型城市（含省会城市、港澳台、直辖市、副省级城市及经济较发达的城市）进行了评估，同时还连续两年针对粤港澳大湾区的11个城市进行单独评估，形成了粤港澳大湾区城市创意指数报告。指标原始数据均来源于城市统计年鉴、统计公报及相关政府公开数据等来源，保证了真实性、客观性与权威性。

2020年中国城市创意指数报告以及2020粤港澳大湾区城市创意指数报告成果集中体现在以下几个方面：

（1）我国城市创意指数稳步提升，且各城市间你追我赶，发展氛围良好。在评估的50个中国大中城市中，除拉萨外，其他城市的CCCI都有不同幅度的提升。此外，近三分之二的城市排名发生变动，反映排名竞争激烈程度之大。

（2）榜单前十强比学赶超、稳中有变。十强城市分别为北京、上海、深圳、广州、香港、杭州、苏州、重庆、成都、南京。其中，粤港澳大湾区的3座城市（深

①资料来源：摘自《2020中国城市创意指数》报告。

圳、广州、香港）位列前五，且深圳和广州的CCCI增幅及增长率都排名前三位，说明强者恒强，且大湾区凝聚发展合力的优势日益凸显。

（3）CCCI依然是城市GDP的风向标。CCCI与GDP的相关系数高达0.934，说明GDP的发展与文化产业的发展紧密相连，这为新常态下经济提质增效提供了源头活水。

（4）我国文化产业发展仍呈现严重的区域发展不均衡。根据CCCI聚类中心值，所有城市可被划分为三个梯队。深圳首次跻身第一梯队，紧随北京和上海，其CCCI均值接近90分（89.71分）；处于第二梯队的城市共有8个；处于第三梯队的城市有39个。从CCCI指数来看，各梯队各城市之间差距甚大，且文化产业处于中低发展水平的城市占比大，一方面体现了可挖掘的资源尚属丰富，另一方面也反映了发展攻坚的难度之大。

（5）文化产业领域的投入力度与城市发展水平成正相关。

（6）粤港澳大湾区城市创意指数表现高于榜单所有城市的平均水平。其中，粤港澳大湾区城市的需求拉动力与发展支撑力远远高于榜单所有城市的平均水平，这说明粤港澳大湾区城市消费需求旺盛，并拥有良好的基础设施、政府政策、发展机会等支撑城市的文化产业发展，未来的发展势头强劲。

【本章小结】

文化产业竞争力是文化竞争力的重要内容，也是国家竞争力的有机组成部分。影响文化产业竞争力的因素涉及文化资源、科技水平、经济实力、文化品牌、文化产业基础设施等。对文化产业竞争力的认识，不仅要从定性着眼，而且要同时关注定量判断。在各种文化产业竞争力评价模型中，钻石模型和层次模型较有代表性。而针对文化产业竞争力评价方法，聚类、层次及正态标准化三种方法是间接定量评价的主要方法。中国虽拥有丰富的文化资源，但尚未形成优秀的文化品牌，相比发达国家成熟的文化产业在竞争力方面还有很大差距。然而种种迹象表明，中国文化产业竞争力正在提升，未来中国文化产业前景光明。因此要增强提升我国文化产业竞争力的自信心，投身于文化产业蓬勃发展的时代大潮中，使新时代我国文化产业在国际舞台上占据应有的位置。

【复习思考】

1. 什么是产业竞争力、文化竞争力和文化产业竞争力?

2. 试述文化产业竞争力的评价模型。

3. 评价文化产业竞争力的方法有哪些?

4. 尝试运用文化产业竞争力的评价模型和方法对中国或某一地区文化产业竞争力做出评价。

5. 试述中国应如何提高文化产业竞争力。

【案例讨论】

文创产业,增添城市发展新活力①

联合国教科文组织与世界银行日前发布《城市、文化和创造力》行动框架,提供了法国昂古莱姆、韩国首尔、刚果(布)布拉柴维尔等城市在文化创意产业方面的发展经验,鼓励各国将文化创意产业融入城市恢复和发展计划,利用自身文化创造力,达到更好的经济社会效果。

一、法国昂古莱姆——动漫产业打造城市名片

从巴黎乘火车南下,两个多小时可抵达昂古莱姆。一下火车,人们便被车站内外妙趣横生的动漫元素深深吸引:候车区摆放着侦探犬雕塑,台阶上印着蓝精灵与格格巫,墙壁上是法国家喻户晓的动漫形象阿斯泰利克斯,火车站门前一座方尖碑上刻满了动漫经典台词……昂古莱姆因一年一度的国际漫画节而闻名于世,也依靠动漫产业带动了城市发展。

昂古莱姆自1974年开始举办国际漫画节,每年吸引近20万世界各地的动漫迷。昂古莱姆城市旅游局助理主任让·西费特介绍说:"昂古莱姆将创意和文化产业置于城市发展计划核心,推动以动漫文化为基础的创意经济,形成了以学校和企业为主的文创生态系统,'国际动漫之都'这张城市名片正衍生出更多经济效益和文化价值。"

马格里斯影像中心是昂古莱姆影像产业发展的集中地,汇聚了100多家专业公司、200多名漫画作者、30多个动漫工作室以及12所专业学校,成为法国领先的动漫影

①刘玲玲,马菲,闫韫明,龚鸣.文创产业,增添城市发展新活力.人民日报,2021-07-27(17).

视基地。西费特说："经过20多年的发展，马格里斯影像中心如今活力满满，在漫画、动画电影、视频游戏、虚拟现实和工业领域形成了影响力。"

漫步这座小城，人们不时能遇见色彩缤纷的漫画元素。凭借国际漫画节的声誉，拥有4万多名居民的昂古莱姆在旅游业方面也开拓了新市场。城市专门设计了一条漫画墙旅行线路，集中展现市内20多面彩绘墙上的漫画故事。集博物馆、图书馆、展览空间于一体的国际动漫城成为不可错过的旅游景点。西费特介绍，2023年昂古莱姆将建成一个以漫画为主题的游乐园，预计每年能接待游客50万人次，创造数百个工作岗位。

昂古莱姆专门成立了"第九艺术"基金会，开展动漫教育，支持研究和创新。为适应数字革命带来的变化，昂古莱姆市及所在地区委员会已新增投资，用于扩建影像中心、新建文化配套设施、增加虚拟现实和数字图像相关培训课程。西费特说："数字科技将加速动漫和其他产业的融合，我们正在探索'动漫＋科技'发展模式，为城市经济发展创造新机遇。"

二、韩国首尔——数字文创实现有机融合

在韩国首尔市麻浦区上岩洞，数字媒体城是网红打卡地。这里曾是一片垃圾填埋场，如今成为占地约57万平方米的数字媒体娱乐中心。走进其中，人们立刻能感受到高科技与文化创意相融合的浓厚氛围。在数码阁，人们可以参观IT企业的新产品和技术，亲身体验和探究技术原理；在电影博物馆，100余年的电影发展历史引人遐思；韩国知名电视台和娱乐公司还在此设立了星光大道、电视节目体验区、录影棚等各类娱乐体验空间，观众可现场观看节目录制……

流行音乐、电影、电视剧、游戏等打造了韩国的文化产业品牌，政府将文化和创意产业视为新的经济增长点，希望借助其推动经济增长模式从以制造业为中心向多元化经济转型。仅在首尔市就聚集了3.4万余家文化创意公司，约占全国的1/3，创造了超过34万个工作岗位。

随着数字技术的发展，首尔市政府推行了一系列措施以进一步扶持创意产业发展，融合最新信息技术与文化创意资本，拓宽经济增长和城市发展空间。建设数字媒体城、打造面向未来的数字媒体娱乐集群社区，就是其中的一项重要举措。数字媒体城自2015年建成以来，汇集了韩国广播、游戏、电影、动漫、娱乐、音乐和网上教育等文化产业。截至2019年底，共吸引550余家公司入驻，入驻率达到94.2%。数字

媒体城还成为相关行业的技能培训基地，可为创业者提供行业最新技术、营销和人才培养等方面的专业培训。

韩国政府通过设立专项基金支持创意产业发展，利用信贷优惠、税费减免补贴及奖励等经济手段，支持中小创意企业发展。比如对于入驻数字媒体城的企业，首尔市政府会给予相关技术支持、税收减免等优惠措施。政府还成立首尔城市再生支援中心，支持当地创意项目，吸引大量年轻的创业者和艺术家。2017 年至 2019 年，该中心共支持 71 个项目，目前已有 30 多家小微企业和艺术家工作室入驻其中。

三、刚果（布）布拉柴维尔——音乐产业凝聚发展梦想

夜幕降临时，街边酒吧露台上，布拉柴维尔市民三三两两聚在一起，和着管弦乐队现场演奏的乐曲尽情舞动……

每隔两年，由刚果（布）政府主办的泛非音乐节吸引来自 10 余国的约 3000 名音乐人参加，让首都布拉柴维尔成为非洲音乐人的聚焦点。布拉柴维尔每年还举办“布拉柴之焰”艺术节、国际爵士音乐节等活动。目前有 250 个音乐团体、2500 多位音乐家和舞蹈艺术家活跃在这座城市，国际音乐委员会区域分支机构——非洲音乐委员会总部也设在这里。“整个非洲一直随着刚果（布）的节奏起舞。”联合国教科文组织如此评价。

音乐根植于布拉柴维尔的文化传统，也是其重要的收入来源。刚果（布）政府发布的数据显示，音乐产业每年为布拉柴维尔市创收约 38 亿中非法郎（1 元人民币约合 86 中非法郎），其中大部分来自举办大型音乐节。

刚果（布）政府为布拉柴维尔音乐产业发展提供了支持。2012 年起，布拉柴维尔推出以音乐为主的文化产业发展政策。2013 年，布拉柴维尔作为音乐城市入选联合国教科文组织“创意城市网络”。以此为契机，当地政府发起了一项名为“音乐、地方发展与社会融合”的计划，出台了包括基础设施建设、教育培训、资金支持等在内的一系列政策。例如，修建音乐博物馆、剧场剧院等，加大音乐培训和传播领域投入，为艺术家和文化经营者提供减税等政策支持，资助本国艺术家参与国际音乐节，设立刚果伦巴旅游线路等。音乐产业在刺激本地经济、促进文化旅游、提升城市形象等方面产生了一举多得的效果。

自 2014 年起，布拉柴维尔还提供一处配有全套乐器、排练室和工作人员的场所，帮助弱势群体实现音乐梦想。一个由三位视障艺术家组成的音乐团体在此驻留创

作，并发表多个专辑，极大鼓舞了音乐爱好者。疫情防控期间，许多布拉柴维尔音乐人创作歌曲，呼吁民众团结一致应对疫情。正如刚果（布）裔法国作家阿兰·马班库说："音乐塑造我们的身份，讲述我们的故事，承载我们的希望。它让我们走到一起。"

问题：结合国际案例，谈谈中国如何提升文化产业竞争力。

第六章　文化产业政策

【主要内容】

本章主要介绍文化产业政策的相关概念，文化产业政策制定的基本原则等，接着介绍国外的文化产业政策，随后在回顾中国文化产业政策演变历程的基础上提出文化产业政策的应对措施。在教学过程中，要深化对我国文化产业政策的理解，加强对人民群众文化需要和中国特色社会主义文化发展道路的认识；增强对中华民族文化资源抢救、保护、开发和利用的紧迫感和责任感，树立为我国文化产业繁荣发展做出贡献的理想和信念。

【学习要求】

1. 了解文化产业政策的相关概念和制定原则。
2. 了解国外文化产业政策的相关情况。
3. 了解中国文化产业政策演变的基本历程及应对措施。

【案例导引】

文化产业如何发展？文旅部这样规划①

近日，文化和旅游部发布《“十四五”文化产业发展规划》（以下简称《规划》）。《规划》明确了“十四五”文化产业发展的总体要求、重点任务、保障措施，系统部署指导文化和旅游系统文化产业工作，描绘文化产业发展蓝图。

《规划》提出，推进文化产业创新发展。坚持以创新驱动文化产业发展，落实文化产业数字化战略，促进文化产业“上云用数赋智”，推进线上线下融合，推动文化产业全面转型升级，提高质量效益和核心竞争力。

①刘佳．“十四五”文化产业如何发展？文旅部这样规划．人民网，2021-06-08.

《规划》指出，促进供需两端结构优化升级。在文化和旅游消费中心城市建设方面，国家级示范城市达到30个左右，建设60个左右区域性中心城市。在夜间文化和旅游消费集聚区建设方面，建设200个以上国家级夜间文化和旅游消费集聚区。

《规划》显示，优化文化产业空间布局。推动区域文化产业协调发展，促进文化产业融入新型城镇化建设，发展乡村特色文化产业。

《规划》提出，推动文化产业融合发展。坚持以文塑旅、以旅彰文，积极寻找产业链条各环节的对接点，以文化提升旅游的内涵品质，以旅游促进文化的传播消费，实现文化产业和旅游产业双向融合、相互促进。

《规划》指出，激发文化市场主体发展活力。突出企业在文化产业发展中的主体地位，加强分类指导，促进协同创新，优化文化企业发展环境，推动市场主体规模持续扩大、整体实力进一步增强、发展质量不断提升。发展壮大各类文化市场主体，构建完善文化企业服务体系，规范发展文化产业园区基地。

《规划》显示，培育文化产业国际合作竞争新优势。立足国内大循环，发挥比较优势，协同推进国内文化产业发展和国际合作，以国内大循环吸引全球文化资源要素，充分利用国内国际两个市场两种资源，以讲好中国故事为着力点，坚持经贸往来和人文交流协同推进、高水平走出去和高质量引进来并重，构筑互利共赢的文化产业合作体系，培育新形势下文化产业参与国际合作和竞争新优势。

《规划》提出，深化文化与金融合作。推动文化与金融合作不断深化，鼓励和引导金融资本、社会资本与文化资源相结合，健全多层次、多渠道、多元化的文化产业投融资体系，切实提高文化企业金融服务的覆盖面、可得性和便利性。

第一节　文化产业政策概述

一、产业政策与文化产业政策

（一）产业政策

“产业政策”一词最早出现于1970年日本通产省代表在经济合作与发展组织（OECD）大会上所做的题为《日本产业政策》的演讲。关于什么是产业政策，目前国际上尚无统一定义。由于研究角度和学术背景的不同，人们对产业政策所做的解释也是多种多样的。

概括来讲，产业政策是一个国家的中央或地区政府为了其全局和长远利益而主动干预产业活动的各种政策的总和。它的构成要素包括政策对象、政策目标、政策手段和措施、政策实施机构，以及产业政策的决策程序和决策方式。

一个完整的产业政策体系包括产业结构政策、产业组织政策、产业地区政策、产业技术政策、本国产业与国际产业关系政策。各类产业政策之间相互联系、相互交叉，形成一个有机的政策体系。

各国政府通过产业政策对产业结构变动进行干预，以优化结构、改进经济的供给潜力等途径来推动经济增长，由此弥补市场失灵的缺陷，有效配置资源，增强国家实力和产业国际竞争力。

目前，在国内外理论界有一个基本共识：在市场发育不充分的情况下，产业政策是政府替代市场发挥阶段性作用的一种方式，并且随着经济持续发展、市场不断发育完善而调整，具有整体性、动态性、开放性等特点。这不仅阐释了政府在产业发展中特定的重要作用，而且揭示出产业政策是一个动态过程，在不同的历史阶段和具体的条件背景下需要运用不同的政策思路做指导，这就为产业政策的演变历程中具有某种或某些内外基本逻辑提供了一种可能性支撑。

（二）文化产业政策

所谓文化产业政策，就是为了促进本国的经济繁荣和文化的可持续发展，综合运用经济手段、法律手段和必要的行政手段，调整文化产业关系，规范文化产业活动而制定的政策。它是国家宏观经济政策在文化产业领域的具体体现，是政府间接管理文化产业、促进其健康发展的重要手段。

文化产业政策作为国家政策体系的一部分，同其他产业的国家政策相比有共同之处，但它又具有自身的主客体范畴和明显的特征。文化产业政策的主体就是文化产业政策制定、执行、评估和监控的行为承担者，而文化产业政策的客体则是文化产业政策服务的对象，包括产业关系、产业运行和产业发展。作为指导文化产业发展的经济政策之一，它既具有产业政策的一般特征，如时代性、民族性、政治性、供给指向性和市场功能弥补性，又具有文化的教化功能和娱乐功能。

二、文化产业政策制定的基本原则

政府在文化产业政策的制定过程中，应当遵循一定的原则。

（一）促进竞争的原则

政府实施产业政策的目的就是促进运作良好的市场机制的形成，只有充分发挥竞争机制，才能保证文化市场的帕累托效率。因此产业政策导向应该以市场为导向，促进市场竞争机制的充分发挥，由此最大限度地提升文化资源的配置效率。

（二）符合公共利益的原则

公共利益原则就是要求政府在制定政策的过程中，必须充分考虑社会利益和公共利益，而不能仅仅考虑某一部分人的利益。在社会主义市场经济体制下，文化产业政策制定应该坚持以社会效益为主，社会效益与经济效益相结合；既要坚持更好地为人民服务、为社会主义服务，又要提高经济效益。

（三）有理有据的原则

产业政策的制定应该建立在有关法律基础之上，政策体系必须拥有充分的法律依据，符合法定的程序，制定者及政策执行者也要接受法律的约束和社会的监督。

（四）透明度与公共参与的原则

透明度原则是保证政策有效实施的必然要求。具体来说，就是应该使各项文化产业政策的制定、执行与评估等都要具有较高的公开性和广泛参与性，重要的政策法规必须要在指定媒体上公布，并且要提高制定与执行政策程序的透明度。

（五）非歧视原则

所谓非歧视原则，是指政府在政策制定的过程中，破除行政性垄断，对不同所有制形式的文化企业的市场准入、价格规制等方面应一视同仁，这是文化市场自由性、竞争性、公正性的基础。

（六）统筹兼顾的原则

政府制定政策的过程是调整各种利益的过程。因此，需要处理好社会稳定、经济安全、政策协调等各种重大关系。如果不从中国文化产业的实际情况出发，操之过急，那么容易引发经济震荡和市场混乱。

第二节 国外文化产业政策概述

一、欧盟国家文化产业政策

20 世纪 80 年代以后，为适应公众不断增长的文化需求，欧盟国家对文化体制和文化政策进行了改革和调整，主要体现在以下方面：（1）在处理国际文化关系中，奉行文化多样性原则，主张各民族文化共同发展。1992 年，欧盟提出“文化例外”的主张，并确定了如何界定“文化例外”的六条标准。（2）欧盟国家政府的文化政策奉行两个原则：一是鼓励竞争原则，二是国家干预主义原则。前者主要是鼓励公平竞争，让公众自由选择各种媒体；后者是扶持弱小媒体，使之具有与实力雄厚的文化企业同等发言的机会，避免过度集中和垄断。（3）在文化产业管理体制上引入竞争机制，实行多元化。欧盟各国文化产业各领域呈现出多元化格局，不仅放开对社会资本的限制，还通过引入竞争机制，提高效率。（4）注重扶持和资助文化产业。欧盟许多国家政府十分重视对文化企业给予扶持，对各类文化产业给予各种形式的直接或间接资助。

（一）欧盟文化产业政策的基本目标和政策取向

欧盟文化产业政策有两个基本目标：文化目标与经济目标。文化目标是保护欧洲的文化遗产和文化多样性。文化是欧洲联合的共同基础，是欧洲一体化向前发展和巩固的一个重要因素。文化的多样性是欧洲社会的基本特征，也是欧洲一体化的动力与活力所在。尽管欧盟文化产业分属于各个国家和区域，但它们都是欧洲共同文化遗产的一部分，是欧洲文化多样性的具体体现和欧洲文化认同的载体。经济目标是通过保护和发展欧盟的文化产业，尤其是视听业的发展，促进欧盟的经济增长和就业。欧洲具有丰厚的文化资源，文化产业已成为欧盟收入和就业的重要来源。大力发展文化产业，提高文化产业的国际竞争力，已成为欧盟社会经济发展战略和政策的重要组成部分。

从欧盟文化产业政策的取向来看，并非只有推向市场的文化活动和文化部门才可以被称为文化产业，才应该大力扶持。在实践中，欧盟及其成员国始终把弘扬民族优秀文化、保护环境资源和文化遗产、促进民族融合和认同、鼓励社会平等、改善居民整体利益和基本福利状况作为文化产业的一部分。

（二）欧盟文化产业政策资助和扶持的重点领域

从欧盟文化产业政策的规定和措施可以看出，影视业一直是欧盟资助和扶持的重点。因为电影和电视是一个国家文化产业的入口，具有很强的文化敏感性。在人类诸多的文化艺术形式中，电视和电影的影响力是最大的。通过发展影视业传播欧洲的独特文化，让世界更多地了解欧洲和欧洲人的理念，扩大欧洲的影响力，是欧盟的一个重要目标。

欧洲的电影业历史悠久，是欧盟一个相当重要的视听部门。电视则是当今欧洲社会最重要的信息和娱乐来源。98%的欧洲家庭拥有电视，欧洲人每天平均看电视的时间超200分钟。数字电视的迅速发展，使电视成为整个视听领域乃至文化领域中传播领域最广、影响力最大、经济规模最大的传播渠道。因此，可以说视听产业是欧洲文化及社会价值最重要的建构力量，也是欧盟一体化进程的重要支柱。

影视业对欧洲的重要性不言而喻。但它们面临来自美国影视业的巨大挑战。美国拥有全球“文化巨无霸企业”的半数以上，控制了全球75%的电视节目的生产和制作；美国影片只占全球电影产量的6.7%，却占据了全球总放映时间的一半以上。欧盟保护和促进文化产业发展的规定有助于提高成员国在影视创作方面的竞争力，鼓励成员国的影视作品占领欧盟市场，进而开拓海外市场，与美国的“单边文化战略”相抗衡。

二、法国文化产业政策

如果说美国对文化产业的管理代表了文化产业政策的一个极端，即极端强调文化产业的商业属性和市场对于文化发展的自动调节作用，那么法国的文化产业政策则代表了另一个极端：对于文化产业中“文化”属性的极端强调。

法国政府对文化的发展和管理的重视在欧洲国家中应该说是最为突出的。自17世纪末以来，波旁王朝对文化艺术的管理和资助模式就成为它的传统，直至今日，法国依旧基本采用皇家赞助的模式。

法国官方发布的文化政策很少出现“文化产业”一词，其文化政策继承从王政时代以来对于文化艺术的扶持策略，尤为注重对内扶持高雅艺术，对外展示法兰西文化的辉煌。法国一向鄙视并激烈反对美国式的娱乐化的“文化”，包括好莱坞电影、肥皂剧和迪斯尼乐园等。它注重传统的、精英化的“文化”，每年有巨额的政府支出用于保护文化产业发展。法国政府认为，文化产业关系到国民素质、民族传统和凝聚力、国家形象与国家安全等，因此是与其他产业有着巨大区别的特殊领域。

在国内文化产业的管理方面，法国政府不仅出台了系统的文化政策和规划，每年还有庞大的政府支出用于电影、音乐等文化产业领域的发展。在国际文化贸易方面，法国是美国自由贸易政策的坚决反对者。法国以“文化例外”为由，坚决反对文化市场的自由贸易。在世界贸易组织的谈判中，法国进一步将“文化例外”演变为“文化多元化”原则，提出文化产业不同于一般产业，指责美国低俗化的文化产品和文化发展方面的商业倾销对本文化构成了毁灭性的威胁，全球的“美国化”趋势令人担忧。法国的“文化例外”模式将文化与一般商品生产区别开来，有力地阻止了文化的商业化、低俗化，并对本国文化产业的发展起到了一定的保护作用，但与此同时也带来了文化发展缺乏活力等问题。

三、英国文化产业政策

英国政府在第二次世界大战以前，对文化艺术的参与度并不积极。直到 1945 年，英国通过法律条款，允许地方政府通过税收资助文化活动，才开始逐步直接参与到国家文化的管理和支持中。1946 年，英国成立国家艺术局，同年，苏格兰和威尔士艺术局成立。自此，英国政府通过国家艺术局进行财政拨款，直接资助各项文化活动。1994 年，英国开始执行国家奖券基金，由文化、传播及体育局负责管理，奖券收益除支付运作开支外，平均分配给以下文化领域，即艺术、体育、文化遗产保护、慈善、健康和教育、环境保护等。仅艺术一项每年可以从奖券基金获得 2 亿英镑的款项。除中央政府外，地方政府也是文化事业的主要资助者。

1998 年出台的《英国创意工业路径文件》中更明确地提出了“创意产业”的概念。要求政府“为支持文化创意产业而在从业人员的技能培训、企业财政扶持、知识产权保护、文化产品出口等方面”做出积极努力。英国政府采取的主要措施包括，在组织管理、人才培养、资金支持、生产经营等有关方面逐步加强机制建设，对文化产品的研发、制作、经销、出口，实施系统性扶持。在面临国内创业环境中关键的金融及投资问题时，英国文化、媒体和体育部出版了专门手册，指导相关企业或个人如何从金融机构或政府部门获得投资援助。英国政府逐步推动完整的创意产业财务支持系统，包括以奖励投资、成立风险基金、提供贷款及区域财务论坛等作为对文化创意产业的财务支持。英国政府的创意工业政策，是目前国际上产业架构最完整的文化产业政策。

四、德国文化产业政策

与英美等国家实行分权式的文化管理不同，德国实行的是集权式的文化管理。德国的文化管理权主要集中在各级政府及所属行政部门，其文化体制是由政府机构和以自我管理权为基础的具体文化组织这两级组成。1998年，联邦政府为了扩大自己的文化管理权限，成立了文化事务与媒体委员会，联邦文化基金会也由政府直接管理，同时联邦议会也成立了文化事务委员会，以加强对文化工作的领导。这种高度集权式的文化管理模式，有利于国家文化发展战略的顺利实施，克服由于文化产品的过度市场化和商品化所带来的弊端。

应该指出的是，德国集权式文化管理体制的主要特点是，其文化管理权主要集中于政府，这里“集权”的意思是相对于非官方或半官方组织如艺术理事会而言的。实际上，作为一个联邦制国家，德国主要由地方政府而不是联邦中央政府进行文化管理。德国从未有过类似巴黎之于法国和伦敦之于英国这样的文化中心，各州自己的文化生活使大大小小、各具特征的文化中心得以产生，甚至在小城市和乡镇中，文化和科学生活也很丰富。国家重要的文化机构和文化设施也都分散在各地，比如，整个德意志图书馆由位于法兰克福、莱比锡和柏林的三所图书馆构成。联邦档案馆的中央馆址在科布伦次，分馆设在柏林、波茨坦、布莱斯高的弗赖堡和拜罗伊特。汉堡是新闻媒介最集中的地方，科隆、杜塞尔多夫和卡塞尔是当代艺术生活的三个中心。柏林的剧院数量居于首位。最有价值的博物馆分布在柏林、希尔德斯海姆、莱茵河畔法兰克福、慕尼黑、纽伦堡、科隆和斯图加特。两所最重要的文学档案馆在马尔巴赫和魏玛。德国的大多数文化设施由城市和乡镇维护。

五、日本文化产业政策

20世纪末，日本提出了“文化立国”的战略构想，为贯彻“文化立国”的国策，日本调动了独特的“行政指导体制”。“行政指导”是日本政府为实现特定目的，不直接运用法律手段，仅以相关法令为依据，通过向产业部门的行政主管机构提出劝告、建议、指导、指示、期望、要求、建议、警告、命令等行政裁决方式，促使企业接受政府的意图并付诸实现，从而控制特定对象的行为。

文化产业等新兴产业是日本“行政指导”的重点。日本政界人士认为，要避免采用生硬的法律约束，使政府和产业界建立相互信任的关系，从而在目标一致的基础上谋求积极而广泛的合作。

首先，制定文化产业规划是其“行政指导”的形式之一。日本政府依据国内外文化产业发展特点指导文化产业的发展计划，力求既符合国家的发展战略，实现其社会效益，又协助产业界确定其具体发展形式、规模和方向，使之避免盲目性和无政府状态。政府通过提供各种信息，制定各种扶持和刺激性的政策，来指导和协助企业走向既定目标，但不是强制性的，企业仍然拥有自己的主动权和自主性。政府通过指引、中介、扶植和宏观调控的作用，扮演企业的领航员和保护人的角色，给文化产业注入了巨大的活力。

其次，大力扶持“创意产业”是其“行政指导”的具体举措。长期以来，日本实行的是政府主导型经济，政府的“行政指导”通过制定良好的产业政策和实施优惠措施来一步步诱导企业前进。日本政府在创意开发的“行政指导”方面，对“创意企业”实行较多的政策倾斜，即政府通过信贷、财政补贴、税收优惠等经济手段，促进“创意企业”的建立和发展，这给日本的文化产业创造了良好的发展空间。

最后，努力促进创业投资，是政府对文化产业进行“行政指导”的有力手段。文化产业属于新兴产业，它的成长与发展首先需要投资资金的保证。在日本，文化产业的投资受到政府的多方重视。一方面，它作为新兴产业，能够享有“研究投资和科学技术投资”；另一方面，作为对国民投资，它又享有“文化投资”的经费。此外，日本政府在促进文化产业创业投资方面，还积极鼓励文化投资同信息产业投资的深度结合。在这一“行政指导”之下，日本许多企业将自己的未来聚焦在娱乐、信息和通信业的交汇点，从而使传播信息、知识和提供娱乐的文化产业兴旺起来。这给日本带来了巨大的利润，也是日本文化产业的取胜之道。

与此同时，日本政府建立和完善配套服务，逐步建立起一套比较完备的知识产权保护系统，严厉打击各种盗版行为，使作为文化创意产业（如动漫）得到充分的保护。

通过立法保证，到稳步施政以及完善配套服务，日本文化产业在其“文化立国战略”的推动下，通过政府的大力扶持，已经具备了较强的国际竞争力，成为其国民经济收入的重要产业，人们还期待它能成为带动日本经济快速发展的支柱产业。

日本政府在文化产业方面实行的行政指导的规制模式，不仅有效地促进了竞争性文化市场的产生，又很好地架构了文化市场结构，避免资源的浪费。更重要的是，政府扮演的角色使得以动漫为代表的文化产业发展瞩目于全球，成为日本经济新的增长点，具备了较强的国际竞争力。

六、韩国文化产业政策

1994年，韩国政府在文化观光部（MCT）内设文化产业局，韩国文化产业振兴政策正式开始推行。1995—2005年，韩国政府在法规和制度上的变化大体上分为两大部分。第一，《文化产业振兴基本法》的出台。这部基本法为之后相关的文化产业机构、文化振兴基金等的建立和有关税收优惠提供了最根本的法律保障和行为准则，是一部带有振兴、扶持性质的法律，具有宏观调控的作用。第二，针对文化产业制定的相关法律。如制定了《唱片、录像带及游戏产品相关的法令》《放送法》，修订了《电影振兴法》《演出法》《与出版社及印刷所登记相关的法律》《期刊登记相关法律》。这些法律法规强化了法律的民主性、公正性，撤销了一些干涉和限制性的规定。基于此，文化产业的相关法律法规有70%得到了修改、被废除。

韩国文化产业局成立十年后，产业振兴政策实施后的效果显现出来。随着韩国政府文化全球化发展目标的布局步步深化，韩国文化产业每年以30%~40%的速度高速增长，在亚洲以外的区域也开拓了一定的市场空间。在电影、电视节目、音乐产品、游戏产品等产业出口比例增大，而进口比例减少。韩国政府已经立志成为世界文化五大强国之一，游戏产业跻身世界三强。

韩国文化产业在世界范围内取得的成功，其根本动因是政府推行的文化产业振兴政策，建立了一系列文化产业振兴机制。全球娱乐产业的市场份额之争和国内民间机构自发的、有创意的经营活动促使韩国政府改变了对本国文化产品不自信的消极、被动态度，转而积极地、有计划地推行了一系列文化产业振兴的扶持政策。

这一系列文化产业政策的颁布，使得政府在文化产业政府规制方面有法可依，政府在文化产业中的主导作用也更加突出，其实施规制的范围主要包含文化产业管理机构、文化产业人才的培养以及文化产业的投资等方面。韩国政府完善的规制体制和民间的大力配合，韩国的文化产业健康迅猛发展，其电影旅游产业、游戏产业的影响力不断提高，在世界范围内享有较好的声誉。

七、美国文化产业政策

联合国教科文组织在摩纳哥举行第十五届文化产业政策会议时，美国在其研究报告中开宗明义地提出：无论于公于私，美国都没有政府的文化立场。美国的确没有明确的官方立场，联邦政府也没有设立文化部或相关行政主管机关，因为美国在法律上认为文化艺术是地方、私人团体和个人的初始特权，政府无权干预，但这并不意味着美国政府就没有自己的文化立场和文化产业政策。

美国联邦政府在文化产业发展方面将自己定位为协助和鼓励的角色，通过以激励、奖助为主要内容的管理法规与审查制度，为文化艺术工作者提供自由、自主和自律的发展空间。比如，为促进人文艺术的发展，联邦政府设立以奖助为主要业务的国家人文基金会（National Endowment for the Humanities）和国家艺术基金会（National Endowment for the Arts），协助各州发展文化艺术活动，鼓励与协助各州通过州立法，成立各州艺术委员会和人文委员会，而各市镇也多依照此模式成立地方性艺术人文委员会。

美国国家艺术基金会成立于1965年，是美国联邦政府的独立机构，其成立宗旨在于支持艺术家、促进美国艺术的发展，通过补助计划和激励措施完成任务。艺术基金会的各项政策、计划、程序、评审等事务受国家艺术委员会（National Council on the Arts）的督导，该委员会的成员包括国家艺术基金会主席以及26位由国会同意并经总统任命的艺术界知名人士，其任期为四年，他们分别是音乐评论总监、州议员、爵士音乐家、博物馆馆长、歌剧团经理、舞蹈团负责人、表演艺术中心负责人、州的艺术委员会主席、艺术赞助人、教育家、编舞者、民俗音乐家等。基金会主席地位很高，他只需向总统负责，提出工作报告。美国联邦政府以激励、资助来代替有形的文化产业政策，完全开放艺术创作空间，这主要是因为美国建国初即建立民主、自由的国家制度，在文化产业政策上也采用开放自由的方针。但这种制度是否适用于每个州、乡、镇等地方政府，以及适用于每个民间团体或个人，仍有待商榷。同时，这种完全放任、自由发展的文化产业政策，是否一定能发展出良性、正面的文化艺术，也值得探讨。

美国是典型的市场主导型国家，自由竞争的价值观是国家治理模式的基本出发点。政府主要依靠社会力量办文化，通过各种文化组织、协会的活动调节文化与公众的关系。在遵循文化产业自身发展规律、考虑文化产业特点的基础上，联邦政府给予放开、优惠的扶植政策。政府的职责是使每个地区都有文化生活，用于资助文化事业的经费由政府核定，议会审查批准。同时要保证这些活动符合法律的规定，凡是背离法律规定的，政府有权予以取缔，政府和议会间发生冲突时由法院予以裁决。各类文化单位多为私人所有，自主经营，自行管理。

美国至今也没有一个正式的官方文化政策文件，学者认为联邦机构“一向因循”的文化政策就是“无为而治”。美国没有文化部，这几乎是每一个不同的人可以给出全然不同解释的象征性现实。一种说法是，这意味着美国没有文化；而另一些人则认为，这恰恰意味着美国人最先领悟，如何使一个文化资源小国变成文化产业大国，并使文化服务于其全球战略的真谛。

美国政府没有管理文化事务的专门机构，大部分文化产业，如电影、报纸、杂志等，均没有政府的管制。电视产业稍微有点限制，主要是非美国公民的持股不能超过一定比例；另外，有一个不带广告的非商业电视台有少量政府资金，这是美国政府唯一能“有话事权”的重要媒体平台。向非营利性文化单位提供资助的是国家艺术拨款委员会，该机构主要通过拨款资助、发挥领导作用以及开展影响立法的活动等来鼓励和支持文化的发展。

美国政府用于文化的资金，大多数花在表演艺术和展览艺术领域。这些资金大多是通过类似国家艺术基金会那样的组织审核发放的，而且基本上不会超过一个团体预算的20%。因此，政府的钱对于这些团体有“垫底”作用，但并不干扰行业的自由竞争。政府的支持一方面“激发了国家的、州的和地方的基础设施建设”，另一方面也“引起了私人部门对本国的艺术和文化事业的鼎力支持”。许多城市和州的政府、私人基金会或企业对剧院、音乐厅、博物馆、历史遗迹和公园的建设和维修提供资助，甚至给艺术家提供工作室和公寓补助。它有助于保存国家的文化传统，并激发了艺术和学术工作者的创造性。也许，最重要的结果是政府的支持向美国公众表明了一种态度，即文化艺术是值得去努力的。跟欧洲相比，美国的古典音乐团体更大程度地依靠观众，因此也就更具有市场活力。市场化和赞助资金的有机搭配，使得美国的高雅艺术避免了“空中楼阁”的命运。

对营利性的文化企业，政府进行市场调节和指导。一方面，这些文化企业通过文化运作来证明自己的存在价值。例如美国的电影业，其法律地位为商业性自主企业，各类电影机构，无论财力雄厚的好莱坞电影制片公司，还是各类电影协会、学会，均为民间性质。政府对电影也没有政策限制，即便电影审查，也由电影业系统内自行组织的美国电影制片人和发行人协会负责进行。其他如娱乐业、出版业、营利性艺术演出团体等，也都要通过文化市场自己求生存发展。另一方面，文化市场也向这些文化产业提供了种种机会促使其繁荣和发展。为了生存和发展，许多文化企业千方百计谋求社会资助，而政府也通过减免税收等立法，鼓励基金会、大公司和个人投资，引导一部分社会财富用于文化产业发展，这也是政府资助文化的税收政策的一部分。

政府对文化的调控手段，除了上述经济政策以外，还通过立法来保护文化发展，所以专门制定了各种文化法规，如《新闻法》《版权法》《图书馆法》《保护志愿人员法》等，通过这些具体的法令法规规范和促进文化发展。

第三节　中国文化产业政策发展

一、中国文化产业政策演变的基本历程

新中国成立以来的文化产业政策主要经历了改革开放前及开放后两大时期。改革开放前主要是在计划经济体制下对文化经济政策进行初步探索，为以后市场化、产业化阶段的政策制定积累了经验。1978 年十一届三中全会召开之后，中国文化产业政策伴随经济体制改革和国家文化建设进入了全新发展时期，大致可以划分为五个阶段。

第一阶段：文化市场酝酿期（1978—1987 年）。在这十年中，改革开放虽然使文化事业出现了复苏和空前繁荣，但文化的市场化步伐还未大幅迈开，文化的经济属性和产业属性虽初步显现，但文化单位中计划经济色彩仍旧浓厚，国家仅出台少数政策放松了对文化外围行业的限制，政策的基本取向体现为计划和管制。

第二阶段：文化市场全面推进期（1988—1998 年）。这一阶段见证了文化“市场化”的整体蜕变过程，政策制定着重凸显文化的经济属性，从确立“文化市场”、推进文化产业化发展到加速发展服务业、完善文化经济政策，中国文化产业进入初步觉醒期，政策的基本取向体现为引导和培育。

从产业政策角度分析，这一阶段的政策措施主要体现在强化文化体制改革，出台众多经济政策。一方面，以总体性政策为主，谋篇布局，推进文化市场化进程，规划构建文化市场、文化经济发展的格局和体系；另一方面，从金融、投资、财税等领域，制定并细化文化产业各个行业发展的优惠政策。

第三阶段：文化产业合法性建构时期（1998—2002 年）。这一阶段是文化的产业属性急剧迸发、在有一定“市场化”的基础上进行“产业化”的过程，部分文化行业开始走向产业集群，形成了文化“市场化”和“产业化”同时推动、相互促进的局面。1998 年 8 月，文化部文化产业司成立并制定工作规则，这是政府部门第一次设立文化产业专门管理机构。这一时期，中国越来越注重建构文化产业的合法性，文化产业政策的基本取向体现为建构和规范。文化产业终于由依附于国家文化体制改革和脱离文化事业而完全浮出水面，文化产业的合法性建构取得实质性突破。

第四阶段：文化产业合法化发展时期（2003—2008 年）。加入世界贸易组织和中共十六大开启了文化产业合法化发展的新时期，在文化产业独特而不可替代的战略地位正式确立和文化体制改革深入推进、文化生产力进一步释放、文化建设活力显著增强的大背景下，中国文化产业发展进入了由“相对封闭”向“逐渐开放”转变的快车道，并在国家文化软实力建设和国际化竞争中扮演越来越重要的角色。这一阶段国家在文化产业政策上更加开拓创新，以深化文化体制改革为重心，结合文化产业结构调整，积极利用有利时机全力助推“走出去”战略，内外统筹推动中国文化产业发展繁荣。政策的基本取向体现为鼓励和扶持。

第五阶段：文化产业纵深发展时期（2009 年至今）。在国际金融危机背景下，2009 年 7 月，国务院出台《文化产业振兴规划》，文化产业第一次被正式纳入国务院的产业规划体系，这标志着中国文化产业战略地位得到进一步提高，成为助推社会转型、促进国家经济结构调整的新动力。特别是党的十八大以来，全面深化改革取得历史性成就，文化领域加强顶层设计，确立文化体制改革总体框架，积极适应经济发展新常态，深化文化领域供给侧结构性改革，构建现代文化市场体系和文化产业体系，文化产业呈现快速健康发展态势。尤其是与文化产业相关的政策密集出台，为中国文化产业迎接新时代发展机遇提供了坚强的政策保障。

专栏 6-1

《中华人民共和国国民经济和社会发展第十四个五年规划和 2035 年远景目标纲要》关于文化产业章节的节选

第三十六章 健全现代文化产业体系

坚持把社会效益放在首位、社会效益和经济效益相统一，健全现代文化产业体系和市场体系。

第一节 扩大优质文化产品供给

实施文化产业数字化战略，加快发展新型文化企业、文化业态、文化消费模式，壮大数字创意、网络视听、数字出版、数字娱乐、线上演播等产业。加快提升超高清电视节目制播能力，推进电视频道高清化改造，推进沉浸式视频、云转播等应用。实施文化品牌战略，打造一批有影响力、代表性的文化品牌。培育骨干文化企业，规范发展文化产业园区，推动区域文化产业带建设。积极发展对外文化贸易，开拓海外文化市场，鼓励优秀传统文化产品和影视剧、游戏等数字文化产品“走出去”，加强国家文化出口基地建设。

第二节 推动文化和旅游融合发展

坚持以文塑旅、以旅彰文，打造独具魅力的中华文化旅游体验。深入发展大众旅游、智慧旅游，创新旅游产品体系，改善旅游消费体验。加强区域旅游品牌和服务整合，建设一批富有文化底蕴的世界级旅游景区和度假区，打造一批文化特色鲜明的国家级旅游休闲城市和街区。推进红色旅游、文化遗产旅游、旅游演艺等创新发展，提升度假休闲、乡村旅游等服务品质，完善邮轮游艇、低空旅游等发展政策。健全旅游基础设施和集散体系，推进旅游厕所革命，强化智慧景区建设。建立旅游服务质量评价体系，规范在线旅游经营服务。

第三节 深化文化体制改革

完善文化管理体制和生产经营机制，提升文化治理效能。完善国有文化资产管理体制机制，深化公益性文化事业单位改革，推进公共文化机构法人治理结构改革。深化国有文化企业分类改革，推进国有文艺院团改革和院线制改革。完善文化市场综合执法体制，制定未成年人网络保护、信息网络传播视听等领域法律法规。

产业政策的演变是诸多因素共同、动态作用的结果，它不仅受到国际产业发展趋势、经济体制、政府发展战略、经济环境、政府行为能力等宏观因素的影响，也受到产业发展阶段、产业结构、相关产业及产业集群等微观因素的影响。中国文化产业政策的演变历程是有序的，因为这种政策演变逻辑符合中国改革开放事业和各项体制改革的推动进程，符合中国文化产业发展规模变化、执政党建设思路演变、民意诉求变迁和世界文化产业发展的趋势。

二、中国文化产业政策的应对措施

实现中国文化产业跨越式发展，必须在“以人民为中心”的发展思想和新发展理念的指引下，进一步建立健全政策体系，为文化产业繁荣发展提供良好的政策环境和有力的政策支撑。

第一，加强政策的战略规划、顶层设计和实施路径。在全面深化改革的背景下，文化产业政策的设计和实施应该更加注重全局性、系统性和前瞻性，避免政策方向不明、局部发力、重复低效。要在国家发展重大战略的指引下，做好文化产业政策的战略规划和顶层设计，形成阶段性目标，明确相关路径，最大程度上调动各方资源、理顺多元关系。在具体实践中，要立足新发展阶段，贯彻新发展理念，构建新发展格局，坚定文化自信，坚持守正创新，坚持以社会主义核心价值观为引领，以推动文化产业高质量发展为主题，以深化供给侧结构性改革为主线，以文化创意、科技创新、产业融合催生新发展动能，提升产业链现代化水平和创新链效能，不断健全现代文化产业体系和市场体系，促进满足人民文化需求和增强人民精神力量相统一，为社会主义文化强国建设奠定坚实基础。

第二，加强政策利益相关者协调、协同和合力形成。文化产业政策的制定和实施要充分调动各方利益相关者的积极性，打破部门分割、行业垄断和地区封锁，拓宽投资渠道，动员社会各方面力量积极参与文化产业建设。政府要遵循市场规律，优化和配置文化市场资源，打造新型文化投融资体制，建立以资产和业务为纽带、以市场为基础的投融资主体，发挥市场在国家宏观调控下对文化资源和要素的配置中发挥基础性作用，运用市场机制，通过重组等方式，调整利益关系，促进地区、部门、行业间的合作，加强政策实施的合力。要建立各级政府部门文化企业信息资源协同共享机制，提高服务精准化、专业化、便利化水平。

第三，加强政策工具、手段的多元化和效果的强化。文化产业所涉行业部门多、差异性大、环节复杂，在促进产业发展的过程中，要不断拓展政策工具，综合运用金融、财税、人才、科技等手段，强化政策实施监管和效果跟踪与评价。建立健全重大决策合法性审查、公平竞争审查、风险评估等工作制度。加强互联网文化管理及文化新业态法规制度建设探索，健全综合执法制度机制、文化产业安全监管机制，守好意识形态、文化安全和社会稳定底线，完善和落实安全生产责任制，使各项政策措施有效落地实施。

第四，加强政策、法律的共同治理以及对外政策合作。文化产业领域要强化法制建设，坚持立法先行，加快推进文化产业促进法立法工作进程，推动文化产业相关法律、法规、规章等的立改废工作，全面推进依法行政，健全促进社会效益和经济效益有机统一的制度规范，强化政策、法律的共同治理成效。同时积极参与制定文化产业发展国际规则，协同推进国内文化产业发展和国际合作，坚持经贸往来和人文交流协同推进、高水平走出去和高质量引进来并重，构筑互利共赢的文化产业合作体系。此外，依托多边经济治理机制，推动形成更多跨区域、跨国界、跨领域的文化产业合作多边机制。

【本章小结】

文化产业政策是国家政策体系的组成部分。国外文化经济强国在推进文化产业发展方面拥有较为成熟且适合本国国情及文化市场发展的政策体系与相关规定，从而确保了文化产业拥有健康、稳定的政策法制环境。改革开放后的中国文化产业政策经历了文化市场酝酿期、全面推进期、合法性建构期、合法化发展期及纵深发展期五个政策制定阶段，实现了从自发到自觉、从由“政府主导型”向 “政府与市场二元推动型”的发展转变。推进中国文化产业跨越式发展，必须进一步建立健全主导政策和配套措施，提供良好的政策环境和有力的政策支撑。

【复习思考】

1. 什么是文化产业政策？其制定的基本原则有哪些？

2. 试将国外文化产业政策和中国文化产业政策做对比，分析各自的优缺点。

3. 中国文化产业政策在哪些方面可以汲取一些他国的经验？

4. 如何在中国文化产业政策制定和实施过程中贯彻好“以人民为中心”的发展思想和新发展理念？

【案例讨论】

德国：针对性政策为文化创意产业护航①

一直以来，化工业、制造业都是德国这个老牌工业国家的产业支柱，随着文化生活水平的提高和经济结构的升级，近年来，文化创意产业在德国经济中的地位日益突显，并保持着良好的发展势头。德国文化创意产业的迅猛发展，离不开该国政府推出的各项政策，其多层次、多元化、具有针对性的支持政策值得借鉴。

一、政策咨询机构服务文化企业

2007 年 10 月，德国联邦政府公布“文化创意产业倡议”，提出增强公众对文化产业重要性的认识、挖掘文化产业增长和就业潜力、提高文化产业竞争力和国际影响力的三点倡议。由联邦经济与技术部（2013 年更名为联邦经济与能源部）、联邦文

①联文．德国：针对性政策为文化创意产业护航．中国文化报，2016-07-18（3）．

化与媒体事务专员共同牵头制定文化产业发展支持政策，外交部、司法部、财政部、劳动部和教研部共同参与，协调解决文化创意产业发展中所涉及的税收、知识产权、社会保障、对外文化交流、职业培训等问题。“文化创意产业倡议”成为德国文化产业支持政策的总纲领。此后，德国在此框架下制定了一系列具体的文化产业支持政策。

2009年11月，德国政府成立文化创意产业事务中心，总部设在黑森州的埃施博尔思。中心由熟悉文化创意产业、拥有丰富商业管理经验和商务知识的专业团队构成。文化创意产业事务中心除了为文化创意公司、初创公司、自由职业者提供关于设立新公司、公司经营、市场行情等方面的政策咨询服务外，还定期邀请文化企业高管、政府官员、专家学者参加论坛和研讨会，搭建文化企业经营者之间及文化经营者与学界、政府之间沟通交流的平台。2010年，文化创意产业事务中心在全国设立了8个地区性办事处，以便于更好地为各地区的文化企业提供服务。

二、制定支持优势产业特殊政策

德国一直重视电影产业的发展，在支持电影产业发展方面，德国联邦电影基金发挥了重要作用。该基金建立于2007年，截至2013年底，基金总计发放3.56亿欧元电影支持资金，资助了642部德国影片的制作和放映。

2015年12月，德国发布了“德国电影基金指南”，详细规定了基金设立目的、资助对象、申请者条件、资助金额等内容。电影基金设立的主要目的包括促进德国电影基础设施的维护和建设、提高电影基础设施的使用率等。符合基金资助的电影公司需要满足的条件有申请者须为与国际电影公司合作拍摄电影的德国电影公司、拍摄的影片长度需与剧情片长度相当等。对于单部影片和系列影片有不同的资助额度规定。一般来说，单部影片的资助比例不超过制作总成本的10%。对于系列影片而言，资助额的上限为影片制作成本的20%，资助总额上限为250万欧元。德国除了在联邦层面对电影产业予以支持外，各州还建立了电影基金和电影促进机构，以扶植本地区电影产业的发展。

为了引导电脑游戏产业的健康发展，德国政府采取了一些规范和促进电子游戏市场发展的措施。2007年，德国联邦议会通过了题为“促进电脑游戏市场健康发展、提高游戏文化价值”的决议，呼吁联邦政府加强对游戏市场的引导，对那些文化价值高、教育意义强的电脑游戏开发公司和产品给予奖励，并设立相应奖项。按照上述标准，2009年，德国首次颁发了“德国电脑游戏奖”这一专门针对电脑游戏的全国性奖项，以引导电脑游戏的开发和需求方向。

在德国图书市场上，图书的增值税税率（7%）不仅低于其他产品税率（19%），而且还实行固定书价，不能任意打折。2002年，德国法律正式确定了图书市场固定价格政策。图书固定价格政策有效保证了图书市场的价格稳定、图书出版的质量和图书出版的多样化，有效保证了图书作者的版权收入，激发了作者的热情，此外，还保证了各类图书经销均可获得稳定利润，避免图书市场的价格竞争，保证了一些小书店和特色书店的生存。

三、构建多层次的艺术支持政策

各层次和领域的艺术家是文化创意产品最重要的创作者和供给者。为支持艺术家从事艺术创作，德国对艺术家采取了多层次的支持政策。

建立艺术家社会保险制度。申请参加艺术家社会保险的人员需要出示由艺术家协会提供的会员证明和两家以上画廊的签约合同或其他职业艺术家身份证明材料，参保人自付保费的一半，其余部分由艺术家雇主（30%）和联邦政府（20%）承担。

建立多种文化基金，资助艺术家的艺术创作。联邦政府建立了视觉艺术基金、德国文学基金、社会文化基金、联邦表演艺术基金、德国翻译基金等各种形式的基金，通过举行艺术展、收购艺术作品、颁发艺术奖项、资助艺术家出国采风等多种形式，支持艺术家的艺术创作。各个州和地方政府也设立了不同形式的艺术基金用于支持本地区艺术家的艺术创作。

设立各类文化奖项和为艺术家提供奖学金是德国支持艺术家发展的另一重要政策工具。“德国文化奖项手册”对历年德国艺术家获得奖项和奖学金的数量进行统计，1978年德国艺术家获得奖项和奖学金的项数是776项，1994年增加到2000项，2016年奖项数则增加至3000项。

四、提升民众文化消费力

德国文化产业政策还注重从需求层面提升民众的文化消费力。为了提高低收入人群、年轻人和儿童的文化消费参与程度，德国各州均采取了各种措施。

建立地方公益性社会组织——文化共济会，以帮助低收入文化艺术爱好者免费参加文化活动。德国第一家文化共济会于2009年在马尔堡建立，为低收入者提供免费欣赏文化演出和参与文化活动的机会。马尔堡文化共济会的做法很快被柏林、汉堡、德累斯顿、哥廷根、吉森等大城市效仿，甚至一些农村地区也效仿这种做法来支持低收入者参与文化活动。“文化背包”倡议帮助儿童获得演出和文化机构的低价或免费门票。该倡议由北威州于2011年12月提出，北威州政府每年为该倡议拨款300万欧元用于支持10～14岁儿童参与文化消费活动。从2009年开始，萨克森州16岁以下的年轻人可免费参观公共博物馆。

此外，德国政府提升文化消费力的一个重要杠杆就是税收政策。德国对大多数的文化产品实行7%的增值税率，对书籍、报刊、文化活动门票、电影等征收较低税率，以求减轻文化消费者的负担。

问题：结合案例和本章相关内容，尝试对德国文化产业政策做出评价，并进一步讨论我国有哪些可以借鉴的经验。

第七章　国际协定与文化产业

【主要内容】

本章主要介绍国际协定中关于文化产业的规定，文化例外与文化多样性，并在此基础上引出对文化安全与国家利益的探讨。第一节主要介绍了相关国际组织关于文化产业的一般规定以及国际公约和国际法中的文化产业政策。第二节介绍了文化例外和文化多样。第三节介绍了文化安全的概念，提出从国家利益出发制定文化政策，保障文化安全。通过学习，学习者要加深对国际文化秩序和格局变化的认识，增强中华文化“走出去”以及百年未有之大变局下的使命和担当；加强文化安全意识，强化知识产权保护、保密、诚信、忠诚意识。

【学习要求】

1. 了解国际协定中关于文化产业的相关规定。

2. 了解文化例外与文化多样性提出的背景、概念及相关国际公约。

3. 了解文化安全与国家利益的相关概念，理解从国家利益出发制定文化产业政策、保障文化安全的重要性。

【案例导引】

世界贸易组织纠纷败诉　文化产业需内外兼修①

中美出版品贸易纠纷再起争端。

2009 年 8 月 12 日，世界贸易组织（以下简称 WTO）争端解决机构正式向其成员散发超过四百页的中美出版物市场准入案专家组报告。

美方四项申诉：首先，美国要求磋商的限制进出口权的措施涉及以下四类产品，即影院放映的电影、出版物、家庭视听娱乐产品和录音产品。其次，美国认为在出版物、

---

①时代周报．网易财经，http：//money.163.com/09/0819/23/5H4881DH00253B0H.html.

家庭娱乐视听产品和录音产品的分销服务方面，中国采取的管理措施构成市场准入限制和歧视待遇。再次，针对影院放映的电影，美国认为中国对进口电影和国产电影的放映实行双重发行体制，进口电影放映的机会不及国产电影优惠。最后，中国对物理介质形式进口的音乐发行前的内容审查制度造成进口音乐享受的待遇不及国产音乐优惠。

WTO专家组认为，中国政府对四类产品的进口限制违反了《中国加入WTO议定书》的相关规定。中国对四类产品在本国市场实施了歧视性措施，违反了《1994年关贸总协定》（GATT1994）。中国对出版物、DVD、音乐制品的外资经销商的限制措施，违反了WTO《服务贸易总协定》（GATS）。

不过，WTO结论并未支持美方的所有指控。针对美国提出的中国对进口读物订阅和对电子出版物进口的限制，WTO认为它们不属于WTO规则之内，所以没有做出裁决。对美国宣称的“中国审查制度对互联网音乐专辑销售，相比于传统CD销售构成了歧视”，WTO认为其所掌握的证据不足以支持这一判断。美国所称“中国对进口出版物销售的‘烦琐’审批要求和‘冗长’程序，对外资销售商不利”的观点，也不在WTO规则框架之内。

第一节 国际协定及相关公约关于文化产业的规定

一、世界贸易组织关于文化产业的一般规定

世界贸易组织比关税及贸易总协定（GATT，简称关贸总协定）有着更广泛的调整范围，它不仅包括原关贸总协定所涵盖的货物贸易，还延伸到了服务贸易、知识产权、投资等领域。其中，《服务贸易总协定》（GATS）、《与贸易有关的知识产权协定》（TRIPS）以及GATT的第四条款《有关电影片的特殊规定》与文化产业具有密切联系。

《服务贸易总协定》的宗旨是实现全球服务贸易自由化，它不仅要求各缔约方对外国的服务和服务提供者给予最惠国待遇和国民待遇，还要求他们具体承诺开放服务业市场。GATS将服务业划分为12个大类，其中三个大类与文化产业有关，基本涵盖了文化产业的大部分领域。第一大类“商业性服务”中的“其他服务”中包括了出版、印刷服务和广告、咨询服务；第二大类“通信服务”中的“视听服务”包括电视、广播、

电影服务；第十大类“文化娱乐及体育服务”包括除视听服务外的一切文化、娱乐、新闻、图书馆、博物馆、档案馆、体育服务等。

在诸多条款中，GATS 第十四条规定各成员在特定情况下可采取与 GATS 不一致的措施，特定情况是指“出于维护、公共卫生、环境、文化资源等”和“为了维护国内法律和制止欺诈行为等”。因为服务业往往涉及国家安全、意识形态等敏感问题，所以本条款意义重大。此外，GATS 中允许成员在服务的大量进口对国内产业形成严重威胁时，可采取紧急保障措施，限制服务的大量进口。

《与贸易有关的知识产权协定》对于保护知识产权做出了明确规定，文化产业的大量产品包括报纸刊物、出版物、广播电视节目、音像制品、计算机软件、光盘、广告设计等都属于知识产权领域。TRIPS 在国际贸易中，对各类版权、商标、专利、工业设计、外观设计等知识产权实行充分有效的保护；对于侵犯知识产权的行为包括盗版、伪造、侵权、假冒等采取了极为严厉的措施，要求各缔约方的国内立法与行政程序同协定保持一致，规定司法当局有权命令当事方停止对知识产权的侵犯行为，特别是禁止那些对知识产权构成侵权行为的进口产品加入商业渠道。规定司法当局有权采取及时、有效的临时措施，以使知识产权得到充分的保护。

具体到备受关注的电影片，GATT 及 WTO 对其有特殊规定。GATT 的第四条特别规定，缔约方在不短于一年的指定时间里，国产电影的放映可以在各国商业片的放映总时间中占一定的比例，除此之外，不得正式或实际上依照电影片的实际来源分配它们的放映时间。依此条款，中国在 1999 年 11 月 15 日与美国签订的双边协议中承诺，加入 WTO 后三年内，电影行业允许外国服务提供者在与中国相关电影管理条例相一致的情况下，对影院进行投资改造，允许合资、参与经营，但控股比例不得超过 49%；允许以分账形式进口 20 部外国影片，用于影院放映。放映总量是国产影片占 2/3、进口影片占 1/3。

二、《伯尔尼公约》

（一）《伯尔尼公约》的签订

《伯尔尼公约》全称为《保护文学艺术作品的伯尔尼公约》，是世界上第一个保护文学、艺术和科学作品的国际公约，所有缔约国组成伯尔尼联盟。

1858 年，文学与艺术作品作家的代表会议在布鲁塞尔举行，会议就保护著作权进行了讨论。之后又召开了安特卫普会议（1861 年和 1877 年）和巴黎会议（1878 年）。

从1883年起，此项工作持续在伯尔尼进行，举行了三次外交代表会议后，于1886年签订了一项关于保护文学艺术作品的国际公约，公约于1887年12月5日正式生效。这是《伯尔尼公约》的最初文本，最初文本中确定了两项基本原则：国民待遇原则和版权独立保护原则。在保护范围上，该文本遵循了地域原则和国籍原则。

最初文本对这些内容的规定和所确立的保护制度已经构成版权国际保护的基本框架。随着社会的发展，《伯尔尼公约》也在不断地修订和完善，先后经过1896年巴黎会议、1908年柏林会议、1914年伯尔尼补充议定书、1928年罗马会议、1948年布鲁塞尔会议、1967年斯德哥尔摩会议的数次修改，现行的文本是1971年的巴黎文本。

《伯尔尼公约》是生产进步和经济发展的产物。这个公约的签订对于促进各国之间的文化交流，统一各国不同的版权制度，从而避免因各国在处理国际文化交流中产生纠纷的不同做法而带来的诸多困难，具有十分现实的意义。不仅如此，它还确立了版权保护的各种原则和一些重要规则，这些原则和规则正在被越来越多的国家所认可，并在国内法中予以体现。

《伯尔尼公约》是世界上最大的保护版权的国际公约，也是参加国家最多的国际公约。截至2002年7月15日，共有149个国家批准或承认这个公约的不同文本。中国于1992年10月加入《伯尔尼公约》。中国的著作权法体系就是在其影响下建立起来的，其对中国著作权法体系和一些基本观念的建立都产生了深远的影响。

（二）《伯尔尼公约》的基本原则

1. 国民待遇原则

该原则要求各国在著作权保护方面给予公约其他成员国国民的待遇不低于本国国民的待遇，国民待遇原则还应适用于作品首先在成员国发表的非成员国国民，以及在成员国有惯常居所的人。这一原则在一定程度上排除了国际版权法中的法律冲突问题。但必须说明的是，国民待遇并不是说本国作品在外国得到的保护与其在本国得到的保护是相同的，而是说本国作品在外国得到的保护与该国给予其本国作品的保护是相同的。

2. 自动保护原则

公约成员国的国民和在成员国有居所的人在作品完成时就自动享有著作权，无须履行任何手续；在成员国无居所的非成员国国民的作品首先在成员国出版的，也自动享有著作权。

3. 版权独立保护原则

享有国民待遇的作者在任何成员国受到的保护不因其作品来源而不同，对作者权利的保护、行政或司法救济方式等，均按提供保护的国家的法律。版权独立保护原则要求对外国作者的著作权保护不能低于规定的限度，但在规定的限度之上，各国有权依本国的具体情况制定相应的国内法的版权制度。

4. 最低保护限度原则

此项原则系指各成员国为享有国民待遇的外国国民提供的著作权保护不能低于公约所规定的专门保护。这些内容可在成员国直接生效适用，不允许附加任何条件。公约规定保护的权利有经济权利和精神权利。经济权利亦称“版权财产权利”，是指版权权利中具有财产性质或可以带来经济收益的权利，一般包括禁止或授予他人以复制权、出版权、公演权、广播权、朗诵权、展览权、发行权、翻译权、改编权、汇编权、制片权等方式使用自己作品的权利，以及因许可他人以上述方式使用作品而获得经济报酬的权利。精神权利亦称“版权人身权利”，即版权权利中与人身不可分割的或非财产性质的权利，一般包括作者身份权、发表权、署名权、作品完整性权、作品修改权和收回作品权等。精神权利永远依附于作者，不能继承和转让；作者去世后，由继承人或有关机构保护其不受侵犯。一般作品的保护期不得少于作者生前加死后 50 年，电影作品不少于公开放映后 50 年，匿名作品不少于作品发表后 50 年，摄影和实用美术作品不少于完成后 25 年。

此外，还有一些原则，如地域性原则和国籍原则等。地域性原则指只要作品在参加国的领土范围内首次出版，就受该公约保护。版权具有地域性特征，实际意义上的国际版权并不存在。国籍原则即承认凡是公约成员国的公民，不论其作品在哪国首次发表，都受公约保护。

（三）《伯尔尼公约》的主要内容

《伯尔尼公约》保护的作品范围是缔约国国民或在缔约国内首次发表的文学、科学和艺术领域内的一切成果，不论其表现形式或方式如何，如文学艺术作品、演绎作品、实用艺术作品以及工业品外观设计，均应受到公约的保护。“文学艺术作品”包括文学、科学和艺术领域内的一切作品，如图书、讲课、演讲、讲道、戏剧、舞蹈、乐曲、电影作品、图画、建筑、雕塑、摄影作品等。它还包括“演绎作品”，即改编、翻译、注释、整理的作品，是作者在已有作品的基础上经过创造性的劳动而产生的作品，只要不损害原作的著作权，这种改造就应得到与原作同等的保护。

《伯尔尼公约》（以下简称《公约》）列出了出版的概念，并确定其含义是“必须以制作大量复制本并用公众可以获得的方式进行传播”，指出仅有“间接传播方式”的复制属于出版，展览、演出等“直接传播方式”不属于出版。《公约》将作者列为第一保护主体，保护包括精神权利和财产权利在内的专有权利。规定了作者享有以下几种财产权利：翻译权、复制权、公开表演权、广播权、公开朗诵权、改编权、延续权等。

《公约》承认作者的精神权利，规定这些精神权利即使在作品的财产权转让时依然归作者所有，并且强调了精神权利也应适用于版权保护的独立性原则，保护作者不依赖其财产权利而独立存在的精神权利，就是即使作者把自己某部作品的版权（即财产权利部分）全部转让给了出版者或广播组织，后者也无权将作者的名字从作品上删去，或篡改他的作品。

《公约》确定了著作权保护期为 50 年。但是该条不带强制性质，允许各国法律规定不同的著作权保护期，但该期限不应超过作品来源国所规定的期限。

《公约》规定了关于在计算合著作品的著作权保护期时，承认作品的完整性和不可分割性的原则，并赋予公约条款以回溯力。

《公约》还允许缔约国对不是本国公民、也不在其领土上居住的作家权利加以限制，前提是这些作家的所属国不是该公约的缔约国，而且对公约缔约国的作家也未提供足够保护。发展中国家争取到了很多优惠的权利，主要体现在保护期、翻译权、传播权等方面。

三、《世界版权公约》

《世界版权公约》是关于作品保护的国际性公约，于 1952 年 9 月在联合国教科文组织的主持下在日内瓦签订，1955 年 9 月 16 日生效。1971 年 7 月修订，修订后的公约于 1974 年 7 月 10 日生效。公约不允许缔约国对某些条款予以保留。该公约由联合国教科文组织管理，成员国不必交纳会费。1992 年 10 月 30 日，中国成为该公约成员国，1995 年加入该公约的政府间委员会。

该公约保护的作品版权主要包括文学、艺术和学术三个方面。公约目的在于给予文学、科学和艺术作品以版权保护，保证对个人权利的尊重，并鼓励文学、艺术和科学的发展，促进人类精神产品更加广泛地传播和增进各国的相互了解。

该公约由 7 条实体条文与 14 条行政条文组成。对要求版权保护须履行一定手续的国家，公约规定，只要在作品上标有“C”（英文“copyright”一词的第一个字母）符号并注明版权所有者姓名、初版年份，即认为履行了手续。一个缔约国对其他缔约国的作品，只要符合这一规定，即承认其著作权。

《世界版权公约》的主要内容可以归结为六点：

（1）双国籍国民待遇原则，即兼顾作者国籍与作品国籍，成员国国民的已出版作品，不论在何地出版，均在各成员国内享有该国国民已出版作品的同等保护权利；凡在成员国中首次出版第一版的作品，不论作者是否系成员国国民，均享有各成员国给予本国国民已出版的作品同样的保护；成员国国民的未出版的作品，在每个成员中均享有该国给予本国国民未出版的作品同样的保护。这里指的“国民”，也可以包括居住在成员国的外籍居民。《世界版权公约》对国民待遇的规定比《伯尔尼公约》要简单得多。

（2）非自动保护原则，即有条件的自动保护原则，是指必须在出版的作品上加注“版权保留”的版权标志才给予保护。

（3）受保护作品范围。《世界版权公约》提出对文学、科学和艺术作品给予充分、有效的保护，各缔约国自行决定保护范围。

（4）经济权利。《世界版权公约》要求成员国必须予以保护的只有四项经济权利：复制权、公演权、广播权以及翻译权。此外，为了与美国等一些国家不保护精神权利的国内法规定相适应，《世界版权公约》也没有要求成员国保护作者的精神权利。

（5）保护期。对作品的保护期限定为作者生前加死后25年，或作品首次发表之后25年。

（6）无追溯力规定。未明示保护作者的身份权，不具有追溯力，且不允许缔约国对某些条款予以保留。

《世界版权公约》同样适用独立保护原则和最低保护限度原则，但公约并不对作者的精神权利（或称“人身权”）提供一般保护，只是在其中“对发展中国家的优惠条款”内，含有禁止篡改他人作品以及作者有权收回已进入市场的作品等相当于保护精神权利的规定。

《世界版权公约》和《伯尔尼公约》是两个相互独立的公约。两者相比，《伯尔尼公约》规定比较具体、详细，规定作品享有版权不依赖于任何手续（如注册登记、缴纳样本等）；规定的保护期也较长，并有追溯效力。《世界版权公约》则容许有手续，规定的保护期较短，没有追溯效力。《伯尔尼公约》以西欧国家为主，《世界版权公约》则具有较大的普遍性。

四、《保护工业产权巴黎公约》

《保护工业产权巴黎公约》（*Paris Convention on the Protection of Industrial Property*）简称《巴黎公约》，于1883年3月20日在巴黎签订，1884年7月7日生效。《巴黎公约》的调整对象即保护范围是工业产权，包括发明专利权、实用新型、工业品外观设计、商标权、服务标记、厂商名称、产地标志或原产地名称以及制止不正当竞争等。《巴黎公约》的基本目的是保证一成员国的工业产权在所有其他成员国都得到保护。由于各成员国间的利益矛盾和立法差别，《巴黎公约》没能制定统一的工业产权法，而是以各成员国内立法为基础进行保护，因此它没有排除专利权效力的地域性。1985年3月19日，中国成为该公约成员国，中国政府在加入书中声明：中华人民共和国不受公约第28条第1款的约束。

《巴黎公约》自1883年签订以来，已做过多次修订，现行的是1980年2月在日内瓦修订的文本。它共有30条，分为3组，第1～12条为实质性条款，第13～17条为行政性条款，第18～30条是关于成员国的加入、批准、退出及接纳新成员国等内容，称为“最后条款”。

公约在尊重各成员的国内立法的同时，规定了各成员国必须共同遵守的几个基本原则，以协调各成员国的立法，使之与公约的规定相一致。相关基本原则和重要条款包括：（1）国民待遇原则；（2）优先权原则；（3）独立性原则；（4）强制许可专利原则；（5）商标的使用；（6）驰名商标的保护；（7）商标权的转让；（8）展览产品的临时保护。

公约其他内容还有建立管理工业产权的主管机关；发明人有权在专利书上署名；各成员国不准以国内法规定不同为理由，拒绝给某些够批准条件的发明授予专利权或宣布专利权无效，以及对未经商标权人同意而注册的商标等问题做出规定。这些是公约对成员国的最低要求。

五、《罗马公约》

《保护表演者、音像制品制作者和广播组织罗马公约》简称《罗马公约》。1961年，国际劳工组织与世界知识产权组织及联合国教科文组织共同发起，在罗马缔结了该公约，该公约并于1964年生效。

《罗马公约》的基本内容包括：

（1）国民待遇原则，即任何一个成员国均应依照本国法律，给予其他成员国的表演者、录音制品录制者及广播组织以相当于本国同类自然人及法人的待遇。

（2）在录音制品录制者或表演者就录音制品享有专有权方面，实行非自动保护原则。

（3）规定了专有权的内容——表演者权、录音制品录制者权、广播组织权。

（4）保护期。三种不同邻接权的保护期是以20年为最低限，按三者的情况分别规定。

（5）对邻接权的权利限制。公约中规定了使用邻接权所保护的演出、录音制品及广播节目时，可以不经权利所有人同意、也无须付酬的四种特殊情况。

（6）管理机关。公约由联合国的教科文组织、国际劳工组织及世界知识产权组织共同管理，日常事务由该公约的政府间委员会及其秘书处办理。

（7）闭合式公约。版权领域的闭合式公约以参加《伯尔尼公约》或《世界版权公约》为前提条件。《罗马公约》第22条与第24条规定，只有参加了上述两个版权基本公约中的一个，才允许参加《罗马公约》。

六、《佛罗伦萨协议》及《内罗毕草案》

联合国教科文组织倡议通过了《佛罗伦萨协议》。这是一个关于教育、科学和文化物资进口的法律文件，本着自由流通的原则，旨在促进国际的相互理解和国际文化对话。

到2000年，有94个国家通过了这一国际性法律文件。按照这一文件，协议同意废除如下进口商品的关税：图书、艺术品、教育、科研和文化所需的视听材料；科研设备、盲人用品及其原料。这一文件还声明应当为公共图书馆购买图书发放可兑换货币与进口许可证。

《佛罗伦萨协议》最初于1950年订立，1976年采纳《内罗毕草案》加以修订。《内罗毕草案》把自由流通的原则扩展到了其他类别的文化产品，特别是当时采用新技术开发出来的产品，如视听材料。虽然《佛罗伦萨协议》及《内罗毕草案》明确支持文化商品市场的自由开放，但该协议和草案都有保留条款，允许各国不进口那些可能对本国文化产业发展构成损害的文化商品。

专栏 7–1

国际公约和国际法中的文化产业政策

1982年,联合国教科文组织(UNESCO)在墨西哥城召开"世界文化政策大会"。会议明确把人文—文化发展纳入全球经济、政治和社会的发展进程，并把推动文化发展当作各国政府面临新世纪所应做出的承诺。15 年后的 1997 年，联合国教科文组织又出台《世界文化发展 10 年（1988—1997 年）》，明确提出要提高对全球人类共同体的人文—文化关怀，进一步促进经济、政治、文化的融合。1998 年 3 月，联合国文化与发展委员会在斯德哥尔摩举行题为"促进发展的文化政策"（Cultural Policy for Development）的政府间会议，并同时出版两年一度的《世界文化发展报告》。斯德哥尔摩会议的行动方案敦促世界各国"设计和出台文化政策或更新已有的文化政策，将它们当作可持续发展中的一项重要内容"。

始于 1998 年 6 月的国际文化政策论坛则是探讨文化政策和事务的政府间部长级非正式国际论坛。20 世纪 90 年代以来，随着科学技术的发展和经济全球化的日益加深，许多国家认识到民族文化的多样性和丰富性正受到严重威胁，由各国文化部长参加的国际会议相继召开，以讨论和呼吁加强对各民族传统文化的保护。1998 年 3 月，联合国教科文组织在瑞典斯德哥尔摩召开了主题为"文化政策促进发展"的政府间国际会议。会议起草了《文化政策促进发展行动计划》，呼吁建立一个文化间相互交流和相互理解的世界，强调文化商品和服务有别于其他商品和服务的理念，以迎接全球化和技术变革对传统文化带来的挑战。作为斯德哥尔摩会议的后续，1998 年 6 月，国际文化政策部长会议在加拿大渥太华召开，20 个国家负责文化事务的部长出席。会议讨论经济全球化过程中保护地方和民族文化的重要性，认为政府应致力于将文化政策视为可持续发展政策的重要组成部分，并与社会其他领域的政策相协调。会议决定成立国际文化政策论坛，并决每年举行一次部长级会议。目的在于建立一个非正式国际场所，使各国负责文化事务的部长们可以探讨新出现的文化政策问题，并在全球化日益加深的形势下考虑维护和发展文化多样性的整体思路。中国自 2002 年起参加部长年会，2004 年中国上海成功主办了"国际文化政策论坛"第七届部长年会，会议积极推动了《保护文化内容和艺术表现形式多样性公约》的制定工作。

而文化立法工作则开始得更早一些，在国外文化立法中，最早进行保护的是文学艺术方面。《安妮法》（*The Statute of Anne*），亦称《安妮女王法令》，是世界上第一部现代意义上的版权法。英国资产阶级革命后，原先由王室发放专印许可证的封建版权制度解体，图书盗印活动泛滥，印刷出版商向国会寻求保护，1709年国会下院以保护作者和鼓励学术为目的，提出并通过一项版权保护法案，1710年以英国女王安妮的名义颁布生效，法案规定：对已出版的图书，作者享有印制权21年；对未出版的书稿，作者享有印制权14年，期满作者未亡，则续展14年。此外还规定了登记注册、缴纳样本和侵权惩罚的内容。该法在世界上首次确认作者为版权的受益人，使版权不再是统治者赐予的特权，而成为受法律保护的公民权利，为现代版权法奠定了基础。它不仅结束了少数出版商垄断印刷出版业的历史，而且使新的封建垄断不可能再产生。在版权理论和版权立法实践方面，对其他国家产生了深远的影响。但该法也有其局限性，如没有规定作者的精神权利，经济权利也仅限于图书的印制权，规定凡买下书稿的书商或其他人也可作为权利主体等。

承认和保护外国作者的权利始于19世纪下半叶。这一时期，产生了进步的、有效的复制文学和艺术作品的方法，大学、图书馆的建立、图书贸易的发展、对外国语的学习，为出版业创造了有利的发展条件，智力劳动的产品开始符合商品的特征。随着国际经济、文化联系的发展，翻译书籍的数量不断增加，越来越多的作品在国外出版或出口到国外，而国外非法的廉价图书又被运回国，这给国内的出版业带来了很大的打击，而一国法律已不足以有效地保障利益相关各方的权利，建立版权国际公约的要求日益被提上日程。可以说，最早要求建立国际统一的著作权规则的人正是各国的出版商和书商。加之各国法律中关于著作权的规定差异甚大，这为版权跨国纠纷的解决又增添了许许多多新的麻烦。正是在这种背景下，各国达成共识，希望建立一项国际公约，来解决这一问题，于是《伯尔尼公约》便应运而生。

第二节　文化例外与文化多样性

一、文化例外

“文化例外”（culture exception）这个词最早源于20世纪90年代初关于关贸总

协定的谈判中。文化例外，是指文化产业在经济全球化过程中，拥有受保护的特殊性。

在全球多边贸易谈判中，文化产品是否与普通商品相同这一问题是美国、法国和加拿大等国争执的一个焦点。1993 年，在关贸总协定（世界贸易组织的前身）乌拉圭回合的开放服务市场的谈判中，美国坚持把文化产品和文化服务纳入自由贸易范畴，引起法国的反对。在这场谈判中，法国首次提出了“文化例外”的主张。其论点是：文化产品不是普通商品，它既有商品的属性，又有精神层面和价值观层面的内涵。文化不能屈从于商业，贸易自由化原则不适用于文化产品和文化服务。所以，应该将它们从贸易自由化的谈判中排除。这一命题得到了欧盟其他国家和加拿大等国的支持，在理论上成为它们保护本国文化市场的一种强有力的武器。

法国认为文化领域不能适用于 WTO 贸易自由原则，国民待遇、最惠国待遇等 GATT 原则如不加区别地运用在版权保护的物品上以维护商业利益，便会损害其本身的文化特征和独特的地位。经过激烈争论，最终将影视产品与服务排除在 GATT 适用于一般商品的规定之外。从此，这一默契就作为“文化例外”被熟知，其基础即文化产品与服务传达思想、价值的超越商业价值的特殊性，能够反映国家的多种特性和国内创作的多样性。随后欧洲其他国家和加拿大等国纷纷响应，支持这一主张，以保护本国文化不遭受别国文化的冲击。

乌拉圭回合谈判结束后，“文化例外”也已经被较为广泛地接受。所谓“文化例外”原则，是指 WTO 成员有权根据本国、本民族的实际情况和历来传统，在文化领域和明显涉及文化层面的产业领域采取一定的保护性措施，以使本国、本民族文化免受外来文化的冲击，而在世界格局的需求下保护人类文化的多样性。

作为一种主张，“文化例外”没有任何法律地位，也就是说，它没有被写进任何协议或条约。“文化例外”的主张只是基于这样一种原则：文化不同于其他任何产品，因为它的价值超过了商业价值；文化产品和服务传达着观念、价值和生活方式，这些反映了一个国家的多重身份及其公民创新的多样性。

实质上，“文化例外”是一种为了保护本国的文化不被其他文化侵袭而制定的一种政策。在市场准入和国民待遇原则以及最惠国待遇原则中，“文化例外”主张得到了反映。WTO 的这一例外规章允许各成员尤其是发展中成员对其进行一定的贸易保护，并不强求对等和一律。

然而，WTO 协定文本中并没有关于“文化例外”的具体规定，“文化例外”在 WTO 体制中没有明确的法律地位，目前它只是作为一种说法在 WTO 规则中有所反映，主要体现在以下几个方面：

（1）GATT1994 第 4 条有关影片的特殊规定，涉及电影上映限额，即要求当地制作的影片上映时间不少于全部影片上映时间的指定最小比率，以保护本国影视业。

（2）GATT1994 的第 20 条（f）项将保护具有学术历史和考古价值的国家财产规定为一般例外。

（3）GATS 包含一份最惠国豁免单，其中有五项属于视听领域。另外，最惠国待遇的豁免还允许欧盟制定公共政策来支持视听产业，如传播（电视和广播）限额、资金援助和地域性的生产合作协议等。

（4）GATS 中的市场准入与国民待遇需要成员就单个服务部门做出具体承诺，因此对于没有开放的某些文化产业而言，这两项 WTO 准则就不能适用。例如欧盟拒绝提供视听服务（电影、收音机、电视等）的开放，或与图书馆、档案文件、博物馆相关的服务。相对而言，市场准入与国民待遇多运用于出版、演出和建筑服务业已经开放的行业，只有 14 个国家在这些行业做出了特别限定。

提出“文化例外”实际上是为了一个民族的文化安全着想。乌拉圭回合谈判结束后，法国继续争取“文化例外”的合法性。1998 年 12 月，在经合组织“多边贸易协定”的谈判中，它反对投资的过度自由化和随意性。在 1999 年西雅图世贸大会上，在新的视听产品领域和服务领域，如网络服务、电子商务等，美国与法国关于开放与反开放的斗争进一步激化。

2000 年，联合国开发计划署发表的《人文发展报告》称：“当今的文化传播失去平衡，呈现从富国向穷国传播一边倒的趋势。”《人文发展报告》还指出：“必须扶持本土文化和民族文化，让它们同外国文化并驾齐驱。”

二、文化多样性

（一）文化多样性的定义

20 世纪 90 年代上半期，在保护欧洲文化的旗帜下，法国、西班牙等欧洲国家就是否把视听产品的自由流通写进《关贸总协定》与美国发生了激烈的斗争，反对某些美国作品自由入境，其结果是乌拉圭回合暂时将视听产品搁置在《关贸总协定》之外。

WTO 成员之间围绕文化商品引发的激烈争论表明，文化作为一种特殊的商品，关系到一个国家和民族的文化认同问题，受到了世界各国政府的广泛特殊关注和保护。

由于“文化例外”在推行中存在较大的困难，经过近 10 年的实践与思考，法国决定把争取“文化例外”之战提升为争取文化多样性之战；决定摆脱在世贸组织内同美国无休无止的争论，走上联合国教科文组织讲坛，到这个更适宜弘扬文化多样性原则的机构，为文化产品争一个合法的身份地位；同时，团结所有受到文化全球化威胁的国家，争取它们应有的文化生存权、传播权。文化多样性就这样成为法国多边外交的一个组成部分。2000 年起，法国每年在凡尔赛宫举办“文化多样性论坛”，邀请各国政界、文化界人士参加，想把它办成可与达沃斯经济论坛相媲美的文化论坛。

进入 21 世纪以来，法国领导人在多种高峰会议上，倡导文化多样性的原则：

（1）文化创造具有特殊性，文化产品不是一般意义的商品。

（2）所有的文化享有同等尊严，享有通过表达和传播得到表现的权利。

（3）每个国家有权自主地决定文化政策，有权通过必要的公共政策，保护和发展文化遗产和语言遗产。

（4）文化多样性既体现为保护和发展自己文化，也体现为对其他文化的尊重和开放。

2001 年 11 月 2 日，联合国教科文组织大会在第 31 届会议上集中讨论了文化多样性问题，以及现代化对文化多样性所带来的负面影响，并通过了《世界文化多样性宣言》（以下简称《宣言》）。《宣言》主张：“各国应在相互信任与理解氛围下，尊重文化多样性。宽容、对话及合作是国际和平与安全的最佳保障之一。”《宣言》认为：“文化在各不相同的时空中会有各不相同的表现形式。这种多样性的具体表现形式，便是构成各人类群体所具有的独特性和多样性。文化的多样性是交流、革新和创作的源泉，对人类来说，保护它就像与保护生物多样性进而维持生物平衡一样必不可少。从这个意义上讲，文化多样性是人类的共同遗产，应从当代人和子孙后代的利益考虑予以承认和肯定。”

2005 年 10 月，在巴黎举行的第 33 届联合国教科文组织大会上确认文化多样性是人类社会的一项基本特性，也是人类文明进步的重要动力，应当对其加以珍爱和保护。大会通过的《保护和促进文化表现形式多样性公约》，将“文化多样性”定义为各群体和社会借以表现其文化的多种不同形式。文化多样性不仅体现在人类文化遗产通过丰富多彩的文化表现形式来表达、弘扬和传承的多种方式，也体现在借助各种方式和技术进行的艺术创造、生产、传播、销售和消费的多种方式。

（二）《保护和促进文化表现形式多样化公约》

《保护和促进文化表现形式多样化公约》（以下简称《文化多样性公约》）的通

过意味着文化多样性原则被提到国际社会应该遵守的伦理道德高度，并具有国际法律文书的性质。这一公约反映了联合国教科文组织广大成员的愿望和要求，它对保护文化多样性、促进不同文明间的对话将会起到重要作用。这项由法国和加拿大倡议的公约包括35项条款，它是在联合国教科文组织2001年11月2日通过的《世界文化多样性宣言》的基础上，加以修改、细化、补充后完成的。《文化多样性公约》提出了与WTO商品贸易不同的文化产品及服务贸易的原则。它确认“文化多样性是人类的一项基本特征”，“是人类的共同遗产”，“文化多样性创造了一个多彩的世界”等一系列有关人类文化的基本概念，强调各国有权利“采取它认为合适的措施”来保护自己的文化遗产。公约为此确定了尊重人权自由、文化主权、文化平等、国际互助、经济文化互补、可持续发展、平等共享和公平平衡等原则。

《文化多样性公约》的诞生是对经济全球化逆向思考的结果。文化贸易的全球化造成了文化商品的标准化和单一化，致使一些国家的“文化基因”流失。如同物种基因单一化造成物种的退化一样，文化单一化将使人类的创造力衰竭，使文化的发展道路变得狭窄。而《文化多样性公约》的通过为不同文化的真诚交流、和谐相处提供了条件。它包括35项条款。

《文化多样性公约》第3条就适用范围做出明确规定，不同于强硬性的保护与促进观点，该条在用语上采取了较为中立的表述方式：“本公约适用于缔约方采取的有关保护和促进文化表现形式多样性的政策和措施。”起草文本的专家曾宣称，《文化多样性公约》中的“保护”一词不应被当作避开外国文化表达的借口，而应以积极的方式去解释，以确保各种不同的文化表达都能够共存。

《文化多样性公约》第4条对与之相关的几个重要概念都做了界定，包括文化多样性、文化内容、文化表达形式、文化活动、产品与服务、文化产业、文化政策和措施保护等。

《文化多样性公约》的核心即对消除文化自由贸易给文化多样性带来的消极影响提供了一系列的保护措施。第5条和第6条强调了国家在本国领土内采取保护和促进文化多样性的主权权利，包括一国政府采取规制措施的权利等。《文化多样性公约》第8条规定了缔约国的紧急保障权利，即在一国领土内文化表达方式（包括电影、音乐、杂志和其他产业）面临灭绝危险、严重威胁或其他的情况下，缔约国可采取“所有适当的措施”来保护和保留文化表达方式。

《文化多样性公约》把重点放在各国的文化政策主权以及加强国际合作保护并改善文化表现力的多样化等方面，同时还规定了应对发展中国家的艺术家和其他文化专业人员及从业人员，以及为发展中国家的文化产品和文化服务提供特别优惠待遇。最重要的是，《文化多样性公约》明确规定，该公约不附属于其他协议，即要求在履行其他国际协议的义务时，必须考虑《文化多样性公约》的相关规定。

《文化多样性公约》生效后，各国自主制定和保护文化表达方式多样性政策有了保障，在多边国际组织框架内推动文化多样性的交流与合作有了保障，为弱势文化的发展提供了极大的空间。

从 1982 年联合国教科文组织发布《墨西哥城文化政策宣言》开始，到 2001 年联合国教科文组织第 31 届会议通过《世界文化多样性宣言》，再到 2005 年联合国教科文组织第 33 届大会通过《保护和促进文化表现形式多样性公约》，国际社会形成了关于文化多样性问题的一系列重要共识，旨在保护和促进文化多样性的努力出现了“从言论到行动”的重要变化。一百多个公约缔约国积极推进旨在保护和促进文化多样性的立法和政策程序；联合国相关机构正在起草一系列重大项目，积极推动《文化多样性公约》中的各项条约的落实；著名非政府组织和国际论坛正在行动起来，以文化多样性为主题的会议和研究机构不断出现。这些情况一方面反映出在文化经济化过程中国际文化贸易将面临竞争、博弈等更加复杂的局面，另一方面也为其长久健康发展开辟了道路。

中国作为教科文组织成员国，始终支持和重视《文化多样性公约》的制定，中国参与了“保护和促进文化表现形式多样性公约”制定的全过程，并为推动《文化多样性公约》顺利通过发挥了重要作用。2007 年中国正式向联合国教科文组织递交了“保护和促进文化表现形式多样性公约”批准书，并表示愿为促进世界文化多样性做出自己的贡献。中国也以缔约国的身份积极参加保护和促进文化表现形式多样性的国际事务和活动。

第三节　文化安全和国家利益

一、文化安全

当今世界，全球化和文化多元化的两种趋势将长期并存。承认、尊重和自觉维护文明的多样性和文化的多元化是全人类的共识。对于一个民族国家尤其是中国这样具有悠久灿烂、独具特色文明的发展中国家来说，在全球化环境下统筹好文化安全和文化开放非常重要。文化的发达，不仅可以形成巨大的民族凝聚力和文化认同感，而且这种认同感和凝聚力所形成的文化屏障可以极大地提高国家的整体安全度，赢得良好的国际安全环境。

生存和发展是国家文化安全的核心，也是国家文化安全的主体构架。一个民族、一个国家要自立于民族之林，必须满足两个基本的需求：一是国家生存、安全的需求，二是经济社会发展的需求。国家、民族生存安全是第一位的，是首要的利益。只有生存安全有保障，发展才有坚实的基础。一个民族在发展的过程中，其文化是和世界其他民族相区别的重要标志，同时也是确定其人类学身份的根本依据。因此，文化对于一个民族和一个国家来说，是一种能够凝聚和整合民族和国家一切资源的根本力量，这种力量的任何形式的丧失，都将危及一个民族和国家的生存安全。正因如此，文化安全就成为能否确保一个民族和国家的生存安全的一种战略安全。维护和捍卫本民族的文化传统，进而实现社会发展的目标，是为了获得更多、更可靠的安全保障。

文化安全是整个国家安全体系的一个重要组成部分，对于确保国家政治安全、经济安全、军事安全有着重要意义。在当前全球化浪潮的背景下，发展中国家面对的文化安全问题必然更加突出。

在全球化环境下要善于统筹文化市场开放和文化安全，要着眼长远、着眼全局、着眼根本，超越短期利益、局部利益和表面利益。文化市场开放的根本目的是为了充分满足人民的精神文化需求，繁荣民族文化。民族文化和文化产业的繁荣、本土文化企业的强大是践行科学发展观的题中之意。

对中国来说，采取海纳百川、有容乃大的开放姿态主动参与世界文化交流和融合，“走出去，引进来”，谋求中西文化的和谐，是提高中华文化竞争力和活力的必然选择，孤芳自赏、封闭市场、故步自封是死路一条。任何民族和国家搞文化孤立主义或理想化的纯净民族文化，都是没有出路的。

但是，对外国文化产业也不能一味拿来、引进，必须认识到文化多元化的趋势和维护民族文化安全的极端重要性。我们有责任使中华民族文化世世代代传承和弘扬。文化产业作为21世纪对中国具有战略意义的黄金产业，蕴藏着极为巨大的商机，在开放文化市场、吸取国外优秀文化成分的同时，必须以维护国家文化安全为前提，采取有效措施维护中华民族文化的独立性、完整性。有必要在遵循WTO规则和国际惯例的前提下对尚属幼稚产业的文化产业进行保护，实行有管理的渐进开放。

专栏 7-2

在文化开放中维护国家文化安全[①]

习近平总书记指出："今天，人类交往的世界性比过去任何时候都更深入、更广泛，各国相互联系和彼此依存比过去任何时候都更频繁、更紧密。一体化的世界就在那儿，谁拒绝这个世界，这个世界也会拒绝他。"今天的世界是一个开放的世界，不同国家、民族的文化在人类普遍交往中碰撞、交融、互鉴，在此背景下，如何保护本土文化、维护人类文化多样性成为人类社会面临的重要挑战。对于一个国家和民族而言，缺乏安全屏障的文化开放，有可能丧失文化发展自主性，甚至沦为异质文化的附庸。

文化越开放，越要提高文化安全意识，筑牢文化发展的安全屏障，这是历史和现实给予我们的宝贵启示。16 世纪以后，世界历史发展方向主要是在西方国家主导下进行的，殖民地的扩张加速了西方资本主义文化的传播，这种强势文化不断销蚀着其他文化的民族自主性，消弭着人类文化生态的多样性。伴随英语成为世界性语言，基督教节日在世界范围内广为流行，以纽约、伦敦为模板的现代城市文化景观在全球蔓延，许多地方性文化消失或成为被观赏的"文化标本"。这一看上去是"自然历史过程"的文化变迁，事实上自始至终是由资本逻辑推动的，其不仅在现实中构造起一个西方化的世界景观，也在人们头脑中植入了西方价值体系，从而深刻影响着人类文化发展进程。如果说早期西方文化霸权具有某种"自发性"的话，那么，"后冷战"时代西方的文化输出却越来越表现出主动进行议程设置的特征。从亨廷顿的"文明冲突论"，到西方推动的各种"颜色革命"，我们可以管窥到西方文化霸权的顶层设计和霸权逻辑，以及文化和意识形态领域失控的灾难性后果。

殷鉴未远，警钟犹鸣。如何在现代化进程中警惕和防范西方价值观霸权，防止西方文化殖民，不仅是历史的、也是现实的世界性课题。我们在中国近代惨痛的历史教训中懂得了封闭导致落后、落后就要挨打的道理，也要在现实的他国教训中看到放弃文化安全屏障的严重后果。必须认识到，推进文化开放和维护文化安全是辩证统一的，在实现中华民族伟大复兴的历史进程中，必须把学习借鉴人

①邢云文．在文化开放中维护国家文化安全．光明日报，2019-04-12（11）．

类优秀文明成果和加强国家意识形态建设结合起来，以高度的文化自觉筑牢文化安全的底线，不断夯实国家发展的文化根基。

二、国家利益视野中的文化安全

文化安全离不开国家利益，必须从国家利益的角度出发来界定文化安全。国家利益是分析国家行动的基本概念。对于“国家利益”这一概念的界定，学者们众说纷纭，而且倾向于从各自的研究领域进行分析。美国著名政治学家亨廷顿从价值观层面来定义国家利益：国家利益是一种公共产品，它是所有公民都共同关心的问题；所谓致命的国家利益，就是人们宁愿用鲜血和财富来捍卫的东西。一方面，国家利益包括安全和物质上的考虑；另一方面，国家利益包括道德和种族考虑。

而国家利益视野中的文化安全，应该注意以下几个方面：

第一，文化安全的主体是国家，而不是其他个体或小群体，在思考文化安全问题时，不可缺少“国家”这个概念。而中国国家的文化利益，与中华民族、中华人民共和国的文化利益是合为一体的、不可分割的。

第二，有威胁才有安全，国家的文化安全不是杞人忧天，也不是凭空臆造的。从国家利益的角度出发制定文化政策，保障文化安全，就需要弄清楚什么是国家的文化利益，什么威胁了国家的文化利益，如此才能知道如何保卫我们的文化安全。

第三，并不是所有的文化利益都能够上升为文化安全问题，在文化利益中，只有那些关乎民族生死存亡、牵涉国家传承的重大文化利益，才能够最终上升为文化安全问题。

【本章小结】

文化产业国际化发展过程中不能忽视对相关国际协定及公约的学习和研究。世界贸易组织关于文化产业的一般规定，以及《伯尔尼公约》《世界版权公约》《保护工业产权巴黎公约》《罗马公约》《佛罗伦萨协议》和《内罗毕草案》等提出的种种规定是活跃于世界文化市场中的各国及地区应该了解并遵循的规则。然而，“文化例外”与文化多样性、文化安全与国家利益同样值得重视。在全球文化经济繁荣的时代背景下，要善于统筹文化市场开放和文化安全，采取海纳百川、有容乃大的开放姿态主动参与世界文化交流和融合，“走出去，引进来”，谋求中西文化的和谐，是提高中华文化竞争力和活力的必然选择。

【复习思考】

1. 世界贸易组织关于文化产业有哪些规定？还有哪些公约对文化产业做出了规定？

2. 什么是“文化例外”原则？如何认识文化多样性？

3. 如何从国家利益出发制定文化政策，保障文化安全？

【案例讨论】

维护文化安全，西方经验很重要①

文化是一个民族的精神家园，是一个国家生存和发展的重要内生力量，文化安全作为国家安全的深层内容，是一个国家社会制度、政权组织、意识形态得以建立和维护的重要基础。在经济全球化不断推进的当今世界，文化与政治经济互为表征、相互交融，在综合国力发展、国际合作与竞争中的地位和作用越发突出，文化安全与政治安全、经济安全、社会安全、生态安全的联系也越发紧密。

文化是表现为文化的经济，经济是表现为经济的文化，由文化经济派生出的文化产业是一种新的生产力形态，在经济全球化迅疾推进的当下，正在成为文化安全乃至国家安全的重要因素。

我国虽然早已成为当今世界第二大经济体，但文化资源优势尚未转化为文化产业“软实力”优势，文化产业的总体实力和综合竞争力还比较低，在世界文化产业体系中尚处于被动状态，难以与西方发达国家面对面，这要求我国必须开阔视野，广撷英华，尽快制定完善文化产业政策，为增强我国文化产业的竞争能力和抵御能力筑起坚实的屏障。

西方发达国家之所以文化产业发展势头强劲，与之不失时机地出台政策法规、不断健全文化产业政策体系密切相关。在这些国家中，美国奉行的是“无为而治”的自由市场经济政策理念，法国恪守的是政府主导的政策取向，韩国坚持的是市场和政

①刘金祥．维护文化安全，西方经验很重要．环球时报，2018-12-20（15）．

府并重的政策基准，建立在这种理念、取向和基准之上的文化产业政策是其国家历史文化演进的必然结果，也是其体制、国情、经验综合作用的逻辑产物。尽管这些国家的文化产业政策在主导思想、内在肌理和运作模式上不尽相同，但在促进本国文化产品占领世界文化市场、维护本国文化不受外来文化侵害方面异常相似，这对文化产业起步较晚、基础较弱、实力较小、经验不足的我国来说，具有很大的启发价值和借鉴意义。

当前我国文化产业发展尚处于起始阶段，市场结构呈现行政垄断和市场竞争共在并存的特征，在一定程度上制约和束缚着文化产业健康发展。另外，伴随经济全球化的迅疾演进，我国面临着日趋开放统一的世界文化市场，这就要求我们在制定文化产业政策时，必须像美、法、韩一样，将其上升到文化安全的高度加以考量和研判，确保所制定的政策举措服务服从于国家文化安全的需要；借鉴加拿大、日本、荷兰等国家的做法，从国情实际出发，对文化产业政策进行充分研究、科学论证和精心设计，扬长避短，趋利避害；汲取英国、挪威、瑞典等国经验，按照市场经济理念和逻辑来设计和规划我国文化产业政策，把改革文化体制机制、培育国内文化市场、开发国际文化市场作为重点，借助国内外市场的力量来发展壮大我国文化产业。

当然，由于目前我国文化产业身单体弱，还没有成长为保护文化安全和国家安全的主要力量，所以，我们在制定文化产业政策时，应借鉴法国的“文化例外”原则，采取灵活有效措施，争取更多时间和更大空间，加速民族文化产业强筋壮骨。

问题：我们可以从西方实践中学到哪些维护文化安全的经验?

第八章　数字文化产业

【主要内容】

本章主要介绍了数字文化产业的概念、特征和作用，分析了数字文化产业的影响因素以及促进机制，介绍了新兴科技与数字文化产业，以及世界和中国数字文化产业的发展状况等内容。在教学过程中，进一步拓展新兴科技给数字文化产业发展带来的挑战，包括商务、科技伦理困境，信息安全等，增强创新、安全等意识。

【学习要求】

1. 掌握数字文化产业的概念、特征和作用。
2. 理解数字文化产业的影响因素。
3. 理解数字文化产业的促进机制。
4. 了解新兴科技在数字文化产业中的应用。
5. 了解世界和中国数字文化产业的发展概况。

【案例导引】

数字赋能文化产业高质量发展[①]

文化产业的发展始终同科技进步紧密联系、相辅相成。习近平总书记指出：“要顺应数字产业化和产业数字化发展趋势，加快发展新型文化业态，改造提升传统文化业态，提高质量效益和核心竞争力。”当前数字技术的成熟与普及，为我国加快文化产业供给侧结构性改革，实现高质量发展开辟了巨大空间。《中华人民共和国国民经济和社会发展第十四个五年规划和 2035 年远景目标纲要》明确提出，实施文化产业数字化战略，加快发展新型文化企业、文化业态、文化消费模式，壮大数字创意、网络视听、数字出版、数字娱乐、线上演播等产业。

①徐梦周，胡青．数字赋能文化产业高质量发展．光明日报，2021-04-23（8）．

旺盛的文化消费是文化市场繁荣的集中体现，是文化产业高质量发展的重要基础。当前智能终端的广泛普及和移动支付的快速发展，使得人们能够实现基于移动终端开展的全新领域和全新场景的文化消费。云音乐会、云录制、云展览、云观影等云场景的大量涌现，让文化消费越来越多地从线下走到线上，扩大了文化产品的传播范围，形成全民消费的繁荣景象。第 47 次《中国互联网络发展状况统计报告》显示，截至 2020 年底，我国网络音乐用户达 6.58 亿，短视频用户达 8.73 亿，网络游戏用户达 5.18 亿，网络直播用户达 6.17 亿，其中游戏、真人秀、演唱会以及体育直播用户分别达 1.91 亿、2.39 亿、1.90 亿和 1.38 亿。对于广大人民群众而言，可以在任何时间、任何地点都接触到丰富多彩的文化成果，文化消费的获得感、幸福感油然而生。

第一节　数字文化产业概述

一、数字经济与数字文化产业

（一）数字经济的定义

数字经济是指以使用数字化的知识和信息作为关键生产要素、以现代信息网络作为重要载体、以信息通信技术的有效使用作为效率提升和经济结构优化的重要推动力的一系列经济活动。

数字经济是一个经济系统。在这个系统中，数字技术被广泛使用并由此带来了整个经济环境和经济活动的根本变化。数字技术不断创新升级，对世界产生全面而重要的影响，在自我革新完善的同时推动社会进步。数字经济现已成为时代发展的重要主题。

（二）数字文化产业的定义

我国对数字文化产业有明确的定义。2017 年 4 月发布的《关于推动数字文化产业创新发展的指导意见》（以下简称《意见》），对数字文化产业给出解释，即“数字文化产业以文化创意内容为核心，依托数字技术进行创作、生产、传播和服务，呈现技术更迭快、生产数字化、传播网络化、消费个性化等特点”。当前，数字文化产业已成为文化产业发展的重点领域和数字经济的重要组成部分。

《意见》对数字文化产业的定义中，重点强调了以下几个方面：第一，数字文化产业的核心是文化创意内容；第二，数字文化产业依靠数字技术来进行经济运作；第三，数字文化产业具有不同于其他产业的市场特征；第四，对数字文化产业的理解应置于文化产业和数字经济两个概念的交集中进行。

二、数字文化产业的特征

数字文化产业是文化产业与数字经济相结合的产物，因此同时具有文化产业和数字经济的特征，是经济、文化和数字科技的高度融合。综合《意见》所指出的数字文化产业的特点，数字文化产业有以下几方面突出的特征：

（一）融合性

数字文化产业的融合性体现在三个方面：第一，数字技术的广泛应用。与传统文化产业不同，数字文化产业对数字技术的应用有更高的要求，在内容创新、创意设计、营销管理、服务优化、市场分析、风险预测、统计决策等各方面、各环节都存在极大的潜在应用空间，形成数字技术＋文化的深度融合。第二，数字文化产业在强大科技的支撑下可以不断拓展产业链，并且能够创造出更为复杂的环节，使更多的部门参与到产业的各环节中，由此推动文化产业在数字技术和产业经济空间内的深度分工，由此为部门合作以及在更高水平的融合创造出新的空间。第三，文化产业行业部门众多，数字技术可以与各细分行业领域结合，如新闻、出版、广播、影视、动漫、游戏等，从而形成行业领域的广泛融合，创新出新的业态和模式。

（二）创新性

相较于一般产业，数字文化产业的创新性更加突出，主要表现在以下方面：第一，内容创新空间广。数字文化产业内容更新速度更快，同时消费者需求多样性和要求更高，因此创新的动力和动力更大。虽然数字技术使得产品的可复制性大幅提升，但对于数字文化产业而言，同质产品出现的可能性却在降低，主要源于两个原因：一是版权保护的意识和力度加强，数字化治理使得社会监管成本下降，创意窃取、技术盗用的难度都在增加；二是文化产品的创意特征与市场需求的紧密联系注定企业不能走同质化道路。因此，数字文化产品的多样性高于传统产业。第二，技术更迭更快。数字技术的变化革新周期越来越短，在数字文化产业生产、交换、分配和消费等环节的应用创新也越来越快，新业态新模式创新的频率也在加快。这进一步使数字技术的变革以及数字文化产业的创新发展加速提效。第三，信息变化更加快速。由此改善了数字文化产业创新的信息环境，有利于在内容、信息、传播等各环节的创新。第四，服务效率更高。数字文化产业主要提供的是无形的文化服务。技术等因素使服务效率提升，从而也在助力产业的创新。第五，治理更加优化。数字文化产业在治理能力、效率和水平提升的过程中更容易实现管理模式、手段等创新。

（三）联通性

因建立在数字技术基础上的数字文化产业表现出高度的联通性，这与当下时代发展的特征相契合，主要表现在以下几个方面：第一，互联网的支撑使数字文化产业生产、交易等各环节突破时空及各种壁垒的限制，因而联通性更强。第二，数字技术有利于数字文化产业链、价值链的延伸，进而使更多部门形成联通和合作。第三，数字文化产业发展过程中需要建立各种平台，以便促使要素在更广阔范围内的集聚、流动，同样增加了产业的联通性。第四，数字经济的发展大幅降低了搜索成本和跟踪成本，这使得企业更容易了解不同群体甚至每一位顾客的个人信息及偏好，从而为其提供定制化服务。由此使信息不对称程度降低，有助于彼此的沟通和联系。

（四）技术依赖性

数字文化产业对技术，特别是数字技术尤为依赖。主要表现在以下方面：第一，不同于传统文化产业，数字文化产业全部产业链条都对5G、人工智能、云计算、大数据等前沿数字技术硬件具有强烈的依赖性。网络传播，网速、带宽直接影响着相关产品的传播速度和质量，加快以5G技术为核心的新基建至关重要。因此需要加快新型基础设施建设。支持面向行业通用需求，建设数据中心、云平台等数字基础设施，完善文化产业“云、网、端”基础设施建设。第二，数字文化产业同时也依赖于技术的软件设施。所以需要支持文化企业升级信息系统，建设数据汇聚平台，推动全流程数据采集，形成完整贯通的数据链。支持上下游企业开放数据，引导和规范公共数据资源开放流动，打通传输应用堵点，提升数据流通共享商用水平。

（五）供需对接性

数字文化产业生产的标的大多为无形的服务，其生产与消费的同时性特征非常明显。特别是在大规模数字文化产业兴起、发展的背景下，供需对接性不仅显得至关重要，而且将成为数字文化产业自身的显著特征和优势，即能够更好地实现生产与消费的互动，更好地满足市场的需要。

三、数字文化产业的作用

数字文化产业具有文化产业的功能，而且在经济、文化、政治、社会发展等各方面的作用更加突出。

（一）经济方面

1. 提升利润空间

数字文化产业的发展以其高科技、高效率、强融合等特征以及突破时空限制，满足更广泛需要等优势，为企业不断提升生产效率、降低成本创造条件，因而利润提升空间更大，成为备受青睐的新兴行业。

2. 满足多样化需求

随着生产力水平的提高、数字技术的成熟与应用，人们对于高质量生活提出了进一步的要求。从市场角度来看，数字文化产业在数字科技的支持下可以在低成本、高效率的基础上满足多样化、个性化需要，从而获得了更大的产业优势。

3. 增强国际竞争力

数字技术应用有助于提高企业竞争力，在开拓国际市场时也更具有优势。同时文化产品出口将对本国文化传播、树立良好国际形象、充分融入国际环境产生正面作用。因此，大力发展数字文化产业将能提升企业竞争力、相关产业国际竞争优势和国家实力。

4. 完善国民经济体系

从宏观经济学角度看，数字文化产业作为新兴产业，可以像其他产业一样为完善国民经济体系做出贡献，包括创造新的经济增长点，提高国内生产总值水平；创造更多工作岗位，降低国家失业率，提高人民生活水平；增加国内消费品多样性，参与调节物价水平；创造出口盈利空间，参与平衡国家经常账户等。

5. 提高经济调控能力

数字文化产业的发展在促进经济发展的同时也有助于增强国家宏观经济调控能力，对经济结构的升级优化产生积极影响。

（二）文化方面

1. 有助于样式业态创新

数字文化产业的发展有助于文化样式和业态的创新。恰是在技术的支持、经济的助力下，数字文化行业才能产生并蓬勃兴起，由此丰富了文化产业的内容、文化的样式，对于文化创新发展具有重要意义。

2. 有助于文化传承发展

借助数字技术，文化资源、要素、内容以及产品和服务得以更好地保存、传播，传统优秀文化因而获得了新的生命力，这显然有利于文化的传承发展。

3. 有助于文化交流互鉴

数字文化产业的兴起有利于不同国家和地区开展形式和内涵更为丰富的文化交易和交流，有助于文明的互鉴和文化的繁荣。

（三）政治方面

1. 促进价值传播

因数字技术和互联网的作用，文化产品和服务可以在短时间内被全球互联网用户欣赏消费。而这一过程，也是文化价值观的全球传播过程。与传统文化产业相比，传播速度明显更快，但产生的影响也更加不可预期。

2. 增强精神力量

通过消费数字文化产品，民众在对其中的文化价值观产生认同感的同时，会经历思想境界的提高过程，例如在个人奋斗、社会奉献等方面产生更积极的理解。与传统文化产品相比，数字文化产品发挥作用的成本会因数字技术的应用而降低，同时提升效果也更强。因此坚守核心价值观、传播正能量、发挥正面效果是数字文化产业应该追求的目标。

3. 加强全球治理

数字文化产业的发展有助于增强国家竞争力、改善国际形象和提升国际地位，也有利于推动参与数字文化经济领域的全球治理，增强话语权。因此，发展数字文化产业可以促进一国参与相关领域的全球治理。

（四）社会发展方面

1. 提高科技创新水平

数字文化产业与其他类型的数字产业相同，都能提高全社会的科技创新水平，一是由于数字技术的进一步开发和深度应用，能创造更多的创新研发空间，为创意设计新理念的萌发铺平道路；二是数字文化产业带来的经济利润可以推动更多创新思路付诸实践。

2. 促进社会稳定

在正面积极效果发挥作用的前提下，数字文化产品和服务的快速传播有利于加速全社会的文化认同。宣扬积极的或有利于国家治理的文化价值观，将会产生明显的促进社会稳定的作用。

3. 优化社会治理

政府可以通过引导文化产品价值取向和加大文化产品与服务生产、消费的监管力度，或推广公益文化产品和服务，统一社会民众的思想，从而稳定社会治安，增强民众幸福感，促进社会治理水平的提升。当然数字文化产业的发展本身就是对社会治理的考验，对于优化社会治理也会发挥积极作用。

第二节　数字文化产业发展

一、数字文化产业的影响因素

（一）生产因素

1. 资源状况

同其他产业一样，要素资源禀赋和状况是产业发展的基础，具体包括文化资源、人力资源、土地资源等。

文化资源是影响数字文化产品内容质量的核心要素，也是决定该产品是否受欢迎、受哪些特定人群欢迎的决定因素之一。一个国家和民族的传统文化底蕴是否深厚，很大程度决定文化资源的丰富程度以及可能挖掘转化和利用的空间，但并非唯一决定性因素。以日本为例，日本动漫文化作为现代文化资源，与该民族传统文化底蕴关系较远，但是对日本数字文化产品的发展产生决定性影响。

人力资源是产业发展的持续动能，数字文化产业对人才素质要求高，交叉复合型高素质人才更能适应数字文化产业发展的要求。

土地资源是一般企业生存的必要条件之一。仅从成本角度考虑，虽然目前数字文化产业已经基本实现了线上运营、线上交易和线上服务，但受限于技术水平，线上运营的效率还不足，管理和沟通存在一定难度，实体办公环境仍然具有存在的必要价值。因此，土地资源会对数字文化企业的发展产生一定的影响。

2. 科技水平

数字技术水平决定了数字文化企业的盈利能力、运营能力和创新能力。高科技水平的国家，其企业可以大幅降低生产和管理成本，或创造更先进的设备以占据高端市场，获取更高水平的利润，进而在创新领域抢占先机。

3. 创新能力

数字文化企业的创新能力是影响企业以及数字文化产业发展的重要因素。创新能力是数字文化企业保持市场份额和巩固优势地位的必要条件，同时也是中小企业的生存要素，它对数字文化产业的重要性比传统产业更大。

（二）需求因素

1. 需求规模

近年来，数字文化产品和服务的市场需求量上升速度不断加快，拥有巨大的潜在需求空间。不仅仅是现有消费群体的引导、挖掘，而且可以创造出特定的新的需求群体。从这个意义上讲，数字文化产业需求规模难以估量。

2. 需求结构

数字文化产品的市场需求结构会对数字文化产业的发展产生影响。如从年龄、收入、产品、地理等维度划分的需求结构会影响数字文化企业生产和提供的具体产品和服务，以及服务的消费人群等，对于企业的战略也有影响。

（三）市场状况

数字文化企业面对的市场不仅广阔，而且更加多变。全球各地通过互联网紧密联系，各数字企业更容易与其他个体产生联系，因此也更可能通过企业行为使自己获得收益，或者规避风险，当然风险传递也更快。市场状况是数字文化产业发展的重要基础和条件。

（四）周边产业

对于数字文化产业而言，其周边产业包括其他数字产业，如数字化制造业、设备制造业、通信行业、信息服务业等，以及传统文化产业，如旅游业、演艺行业、版权行业、教育行业等。这些行业与数字文化产业生产相似的产品和服务，或都具有数字化性质，也可能在垂直分工上有交集。总体而言，这些行业发展的主要正面作用包括三类：一是积累人力资源，相关产业的蓬勃发展能吸引更多培训机构设立培训科目，间接填补了数字文化产业的人才缺口；二是积累运营经验和技术优势，相关数字产业的发展模式和创新模式可以提供充足的运营经验；三是政策优势，相关产业在政策方面可以对数字文化产业产生间接或正面的影响。

（五）企业状况

数字文化企业是数字文化产业的主体，企业的状况对产业发展有重要影响。从战略制定来看，由于数字技术在战略制定方面的应用，数字文化企业可以比传统企业更快速、高效地洞察市场行情，或者依靠大数据分析进行战术安排。另外，由于较容易突破地理位置的限制，数字文化企业的战略方向更倾向于以全球市场为目标，大型企业的战略尤为如此。

从企业结构看，与传统文化产业相比，数字文化产业的企业结构主要存在以下差异：细分行业份额占比存在一定差异，影视类、演艺类、电子游戏类、图书版权类、教育类行业发展明显快于其他文化行业；企业体量不同，数字文化产业里中小型企业的数量占比更多，但大型企业占据的市场份额较大。

从企业竞争看，数字文化产业的竞争压力普遍较大，导致大部分企业内卷现象较为严重。在这种情况下，虽然市场创新情况较为可观，但总体发展进程可能因企业数量多、竞争激烈难以获得利润、被迫退出市场而受阻。另外，如果缺乏严格的市场监管和有效的管理手段，资源和版权盗用现象可能会频繁发生，市场创新进程也会因此受阻。

（六）政府推动

政府在产业发展中起引导、扶持和限制作用。面对经济产业发展的战略任务以及治理能力、水平提升的要求，政府参与市场管控的力度有所增强。在数字文化产业发展的影响因素中，政府的力量不容忽视。

数字文化产业的发展对一国具有重要影响，各国政府大多能意识到这一点，由此采取一系列正面引导措施。另外，本国政府与其他国家开展经济文化交流、签订协议，也可能推动他国政府对数字文化产业持开放政策。

当贸易保护思想盛行之时，各国一般会通过限制其他国家数字文化产业在本国的发展，给予本国产业发展空间。此外，本国政府的不当引导措施也可能使数字文化产业的发展偏离正常轨道。

二、数字文化产业的促进机制

产业促进机制是指政府通过制定一系列政策来推动产业发展，使产业走向预期轨道。各国数字文化产业的促进机制都存在一定的差异，主要是因为各国国情和政策目标不同。

（一）渗透机制

数字文化产业的渗透机制包括两个方面：一是数字技术在文化产业发展中的普及应用，诱发产业改革创新，提高市场效能；二是文化在数字生产、交易、消费、管理等领域的进一步赋能，即“数字 + 文化”模式。数字文化产业本身渗透能力较强，在政府的推动下，可以加速这一过程。

促进数字文化产业、强化渗透机制，一方面可以加快新基建建设；另一方面推动技术创新和应用，加快数字化转型共性技术、关键技术的研发应用，促进优秀文化资源数字化，以数字化推动文化和旅游融合发展等。

（二）协同机制

数字文化产业的协同机制是指通过与其他产业协调发展，形成更高效、低成本、大覆盖面的资源互通和优势共享，即“+ 文化”和“文化 +”发展模式；提升中心城市与周边城市的信息流通、要素集聚、市场对接等能力，促进各城市集群协同发展，打造数字化工业中心。

强化数字文化产业协同机制，需要激发数据资源要素潜力，支持上下游企业开放数据，引导和规范公共数据资源开放流动；加强数字文化企业与互联网旅游企业对接合作，促进文化创意向旅游领域拓展，推进数字文化产业与先进制造业、消费品工业、智慧农业融合发展等。

（三）市场机制

数字文化产业的市场机制是指调节数字文化产品的市场供需，主要从四个方面进行：一是促进市场需求，通过各种方式刺激市场对数字文化产品的消费欲望；二是提高市场供给能力，通过对市场主体施加引导力量来提高供给数量和质量；三是调节市场价格，通过一系列市场手段将价格控制在合理区间内；四是优化市场环境，提高市场发展动力。

提升数字文化产业的市场机制，需要培育市场主体，培育一批具有较强核心竞争力的大型数字文化企业，扶持中小微数字文化企业成长；满足新兴消费需求，促进网络消费、定制消费、体验消费、智能消费、互动消费等新型消费发展；优化市场环境，对数字文化产业新产品新业态新模式，坚持包容审慎、鼓励创新，在严守安全底线的前提下留足发展空间等。

（四）提升机制

数字文化产业的提升机制指整体提升数字文化产业的发展能力，主要从以下两个方面进行：一是从产业链视角分析，在产品研发、交易服务、运营管理等多个层面提供帮助；二是从市场外部影响因素出发，优化数字文化市场结构。

增强数字文化产业的提升机制，需要加强内容建设，深刻把握数字文化内容属性，加强原创能力建设；构建产业标准体系，实施标准化战略，加强数字文化技术标准应用，以标准建设促进产业发展；发展平台经济，促进文化产业上线上云；提升数字文化装备实力，实现重要软件系统和重大装备自主研发和安全可控；推动产业链创新与应用；完善创新创业服务；深化国际合作等。

（五）保障机制

数字文化产业的保障机制是指通过对市场规则和市场主体施加保护手段，保证市场能够正常运行，并提高重大风险防范能力。

推动数字文化产业保障机制的落实，需要加强组织领导，各级行政部门要高度重视数字文化产业发展，结合实际研究制定促进本地区数字文化产业发展的政策措施；完善政策环境，密切跟踪产业发展，开展监测和前瞻性研究；强化要素支撑，鼓励金融机构开发创新符合数字文化产业特点的金融产品，建设数字文化产业创新和高技能人才队伍等。

三、新兴科技与数字文化产业

数字文化产业的发展离不开数字技术的支撑，对新兴数字技术的深入认知有助于政府和从业者更加清晰地认识数字技术给文化产业带来的积极影响，为产业的创新变革做好引导工作。

（一）大数据与数字文化产业

大数据（big data）是指在一定时间内无法用常规软件工具对其内容进行抓取、管理和处理的数据集合，具备数据体量巨大、数据类型多样、处理速度快、价值密度低四个基本特征。从人类社会不断发展以来，人类活动越发频繁和复杂，记录能力也越来越强，在网络空间产生的数据量也日益增多。因此，人们对大数据的处理要求也快速提高。

目前人类针对大数据已经拥有多个处理方案，主要集中在数据获取、数据导入、数据分析和数据挖掘环节，包括云计算、云处理、多语种语料库技术等，都可以对其中单个或多个子环节提供服务，为大数据处理提供便利。

大数据处理对于企业的影响在于，企业可以通过分析处理大量数据信息，通过甄别和分析复杂信息中的关键要素，对企业自身、市场环境、全球趋势等进行及时感知，并做出合理决策，从而在市场前沿制定先导性战略。

大数据在数字文化产业领域有广泛的应用，如大数据可以促进便捷交易和智能决策。

（1）便捷交易。文化企业在实现产品数字化后，对数字技术，特别是大数据的全面应用将会促进大规模线上交易市场的繁荣。除了直接交易、消费可能在网络空间同步进行外，未来供求匹配环节和售后服务环节也将更容易在线上完成。

（2）智能决策。过去文化企业的决策制定过程可能比其他企业更加艰难，因为决策者必须考虑"文化"及其相关变量，而这些难以量化的参数无法利用传统计算方法求得合理解释。随着大数据支持的数字处理能力的大幅提升，智能决策系统将有效解决这一难题，通过大量样本分析，系统可以针对现实情境给出较合理的解释，并在日后的生产活动中做出预测和提供合理解决方案。

（二）人工智能与文化产业

人工智能（artificial intelligence）是计算机科学的一个分支，是研究、开发用于模拟、延伸和扩展人的智能的理论、方法、技术及应用系统的一门新的技术科学。它企图了解智能的实质，并生产出一种新的能以人类智能相似的方式做出反应的智能机器，该领域的研究包括机器人、语言识别、图像识别、自然语言处理和专家系统等。

过去社会希望人工智能可以模仿人类行为，完成只有人类才能做出的复杂任务，以解决生产力不足的问题。随着自动化的发展和生产力的极大提高，以及社会对高质量生活资料的需求不断提升，人们对人工智能的研究方向也逐步校正。在大数据时代，比起像人类一样使用语言或做出特定肢体行为，互联网企业更希望人工智能可以拥有超越人类大脑极限的数据处理能力，以应对极其庞大的日常计算量。

目前人工智能在各产业中的应用前景较为广阔。除了直接作为产品售卖、在生活各个角落为人类提供服务外，人工智能主要充当关键性辅助作用，利用快速、精准的数据处理技术为企业运营提供商业服务，可以节约大量人力成本和时间成本，在促进商务交易方面也效果出众，是各领域创新的主要动力来源。典型的应用领域如信息共享以及全球合作等。

（1）信息共享。数字技术应用为数字文化产业带来更低的信息流动成本，推动文化企业进行更大规模的产品推广营销。这种情况下，企业在这些领域花费的成本可能不降反升。此外，文化企业的市场反馈机制也可能发生变化，由于线上反馈成本下降，企业的反馈渠道将更倾向于在线上进行，甚至可能将其加入售后服务环节，形成完整的服务链条。此时人工智能的作用就可以得到充分的发挥。

（2）全球合作。信息共享的另一个正面作用，就是推动全球文化领域合作。企业合作分工不仅包括水平分工，还将包括垂直分工，通过服务外包形式深入全球各地。数字技术将在以下三个方面促进全球合作：一是身份保护，参与沟通的企业相关信息将获得更有效的保护，推动合作交流顺利进行；二是身份认证，企业将更容易确认合作方的信息，更快速地建立信任机制；三是高效合作，人工智能可以处理大部分交流障碍问题，企业合作会遇到更小阻力。

（三）区块链与文化产业

区块链是分布式数据存储、点对点传输、共识机制、加密算法等计算机技术的新型应用模式。区块链（blockchain）是比特币的一个重要概念，它本质上是一个去中心化的数据库，同时作为比特币的底层技术，是一串使用密码学方法相关联产生的数据块，每一个数据块中包含了一批次比特币网络交易的信息，用于验证其信息的有效性（防伪）和生成下一个区块。

通俗来讲，区块链技术形成于大数据时代，是流量急速膨胀时期对这些数据进行有效处理的一种方式。它通过将数据分区处理，使用去中心化的管理方式，使不同管理区域都有权参与数据管理、数据分析、数据核对、数据保护、数据挖掘。区块链的主要应用前景包括以下七点：一是信息共享，不同平台可以及时共享信息，大幅降低了时滞性和沟通成本；二是版权保护，不同部门数据完全流通，身份验证成本大幅降低，保护措施更容易到位；三是物流链，利用区块链技术可以进行产品防伪溯源，效率和准确率极高；四是供应链金融，区块链技术降低了金融资市场匹配成本，并加强了信息保护；五是跨境支付，区块链技术降低了跨境货币流通难度，通过点对点结算的方式提供更为便捷和安全的支付通道；六是资产数字化，易于分割、流通方便，交易成本低，政府监管难度下降；七是代币，以比特币为例，合理使用将有效降低通货膨胀风险，并防止账面作假行为的发生。以下是区块链在市场追踪和版权保护领域的应用。

（1）市场追踪。数字文化产业信息流通的一个正面作用，就是推动市场追踪难度下降。企业在交易背后，更容易获得消费者或其他企业的相关信息，并利用它们进一步挖掘相关价值。文化商品消费者的个人信息可能更具有利用价值，因个人偏好不会轻易改变，企业可以通过数据推算来精准投放推荐商品。但是，信息跟踪不仅包含了一个道德层面的隐患，还可能触碰法律底线，需要社会各界严肃对待。

（2）版权保护。利用区块链技术，数字文化产业将可能有效解决最关键的生产问题——版权保护问题。不论是在版权盗用行为甄别方面，还是在版权保护申诉方面，企业都可以通过数字技术实现快速应对，能更有效地保护自身智力成果。目前区块链技术应用的主要问题在于：一是使用成本较大，中小微企业及个体文艺创作者难以负担成本；二是对于创意模仿等间接盗用的识别能力还不足。

第三节　世界及中国数字文化产业状况

一、世界数字文化产业的总体特征

（一）数字经济带动效果明显

近年来，全球数字经济发展渐入佳境，已成为带动国民经济发展的新引擎。在新冠肺炎疫情发生前，数字经济就已经展现出不俗的发展势头。2019 年，全球数字经济规模达到 31.8 万亿美元，同比增加 1.6 万亿美元；数字经济占各国 GDP 平均比重达 41.5%，同比增加 1.2 个百分点。2019 年，全球数字经济平均名义增速为 5.4%，高于同期全球 GDP 名义增速 3.1 个百分点，数字经济已成为拉动经济增长、缓解经济下行压力、带动经济复苏的关键抓手。

（二）文化影响力更为突出

数字文化产业的文化影响力更加显著，它带给全球的文化影响意义远超其促进一国的经济增长作用。数字文化产业的文化影响力主要表现在以下方面：一是内容不断优化。在数字技术的加持下，文化内容具有更强的渗透性，更容易被异国文化圈接受；文化表现形式更加多样，产品载体更加丰富。二是市场运营更具特色。经济全球化并没有掩盖各国文化的特殊性，反而在包容开放的环境中凸显了这些品质。数字文化企业在跨国经营的过程中，越来越注意表现企业文化特征，而且这些特征本身也会带上越来越多的区域特色。这些特征不一定是传统民族文化的缩影，但一定会给消费者带来强烈的地区印象，例如，Tik Tok、亚马逊、苹果、各类跨国游戏企业等。企业的特色运营表现形式丰富多样，一般可以体现在产品服务、企业精神宣传活动、经营管理、创新研发等环节。

（三）区域竞争优势各不相同

不同国家的数字文化产业在全球市场上会形成竞争局面。在这种开放竞争环境下，竞争优势的来源更加偏向于文化层面，数字技术所占的比重相对较小，因此与传统数字服务企业有较大差别。

数字技术可以降低运营成本，提高产品服务质量，但技术要求对于大部分国家的企业而言仍然较高，垄断形势较为严峻，一般国家难以凭此形成强大的竞争优势。因此很多企业从消费者的角度考虑，产品的文化内容才是吸引消费的关键部分，是市场刚性需求，最值得深挖。大多数情况下，文化内容优势甚至可以弥补技术领域的缺陷。因此，创新文化内容设计和个性化服务是目前各国数字文化企业钻研的主要方向，这也正是国家竞争优势形成的主要原因。

（四）版权保护更受重视

数字经济背景下，数据流通更加便捷，信息共享已成为时代趋势。文化产品的版权保护力度逐步加大。各国对于本土数字文化企业的保护措施陆续落实，数据保护工作也在其中。在多重因素的共同作用下，数字文化产业的版权保护更加受各国重视，政府通过不断完善现有法律体系和深入实践，增强对本土文化企业的数据保护以及加强对外国企业的数据管控，从而达到版权保护的目的。

二、中国数字文化产业的状况

（一）产业规模较为庞大

中国拥有全球第二大的数字经济规模。在数字文化产业领域，美国已经形成了较为成熟的全球传播战略体系和传播格局。中国在对外传播环节较为薄弱，但对内具有比较强劲的发展势头。2017 年，数字文化产业增加值为 1.03 万亿 ~ 1.19 万亿元，总产值为 2.85 万亿 ~ 3.26 万亿元，在 2020 年疫情期间，数字文化产业形成了强大的内需拉动力量，对经济发展做出了重要贡献。

（二）细分行业发展差异明显

中国各数字文化细分行业发展情况差异较大，影视行业、动漫行业和游戏行业发展势头较猛，市场较为成熟，具有良好的产业活力。旅游行业、会展行业等则还处于探索阶段，市场并未成型，未来发展方向也还未明确，具有较多的可能性。

（三）科技创新速度较快

过去十多年时间里，中国的数字技术和创新能力处于世界前沿水平，但一直受到美国等科技强国的打压，全面发展受到遏制。目前中国已经在主动寻求突破，在数字设备制造、数字技术研发等领域陆续打破垄断格局，形成自己的品牌优势。

（四）市场需求潜力较大

虽然目前中国数字文化产业已经具有一定水平的市场规模，但和庞大的国内市场相比，还远未饱和，需求还有进一步拉动的空间。主要表现在以下方面：一是特殊年龄段的需求潜力较大，尤其是中老年人，对演艺产品和线上旅游服务的需求还未开发；二是偏远地区的需求潜力较大，中西部地区受限于基础设施建设，数字服务不能深入普及，这部分需求还有待拉动；三是弱势行业的需求潜力较大，虽然和其他文化行业相比市场需求规模较小，但考虑到中国人口基数，实际上也有很大的挖掘空间。

专栏 8–1

我国数字文化产业国际标准的又一重要突破——我国自主原创的数字艺术显示标准正式由国际电信联盟批准成为国际标准①

当前，随着数字经济的快速发展，数字技术与文化艺术融合发展的趋势愈加明显，数字技术与文化创意、旅游要素结合，改变了传统的艺术呈现形态，带来了全新的艺术体验。数字技术使艺术的呈现形式越来越丰富，让艺术欣赏不再受到时间、空间的限制，美术馆、博物馆中的艺术品通过数字化高清细腻的显示，生动地展示在观众面前，进入千家万户，满足大众对美的需求。

文化和旅游部高度重视数字文化产业标准建设。2017 年以来，文化和旅游部

①资料来源：文化和旅游部网站。

组织京东方集团、北京邮电大学等单位开展了 H.629.1 国际标准的起草工作，并多次派出工作组参加国际电信联盟相关会议。该标准于 2018 年 7 月在国际电信联盟获得立项，经过 3 次会议讨论审议，2019 年 10 月 17 日，在瑞士日内瓦召开的国际电信联盟第 16 研究组全体会议上顺利通过审议，标准号 H.629.1。经过全球公示后，于 2019 年 11 月 28 日正式批准。

H.629.1 国际标准主要内容包括数字化艺术品显示系统的应用场景、系统框架结构、显示终端的显示性能参数及相关测试方法、元数据规范（内容提供者元数据、显示终端参数元数据、数字化艺术品元数据），为国际市场提供了一整套数字化艺术品显示的系统标准，明确了数字化艺术品显示的国际性技术规范。H.629.1 国际标准从立项到正式批准仅用时 16 个月，充分体现了我国在数字艺术显示领域的国际领先地位，展现了文化自信，不仅填补了数字艺术显示领域国际标准的空白，也将为我国数字艺术展示产业进一步创新发展打下坚实基础。

三、中国数字文化产业的发展趋势

中国数字文化产业发展取得了较大成绩，和全球大部分国家相比，已经形成了自己的发展体系，但在海外市场拓展方面仍存在明显不足。未来中国数字文化产业将呈现以下发展趋势：

（一）产业规模进一步攀升

由于国内市场还未饱和，资源利用率还未达到峰值，未来中国数字文化产业规模将会持续上升，将会有更多资本注入市场，中小微企业的数量会不断增加，其产值贡献占比也将同步上升。与此相对应，国内市场的竞争情况可能会更加激烈。

（二）全球用户数量明显提升

未来将会有越来越多的数字文化企业走出国门，瞄准国际市场，找寻潜在资源。如果外国政府不采取严格限制措施，全球用户数量将会呈现爆发式增长，中国企业的国际竞争力将全面提升。同时，中国文化的传播效果也将不断增强。

（三）创新能力全面增强

中国数字文化产业的创新进程将会提速。对于数字技术与文化产品结合较好的行业，文化内容创新速度将进一步加快，更多优质文化创意内容将登上舞台。对于还处于摸索阶段的文化行业，技术创新将占据主要地位，其文化内容将拥有更丰富的呈现形式。

（四）品牌效应愈加凸显

未来大型数字文化企业的垄断程度可能会下降，但它们的社会影响力会进一步增大，通过形成带有企业价值符号的多领域文化产品，企业品牌效应将会在全球范围内形成正面反馈，为企业带来更多收益。

（五）政策体系更加完善

在政府持续推动作用下，国内相关政策体系会进一步完善，数字文化产业领域的法制建设将进一步加强，由此为政策体系作用的发挥提供法律保障。

（六）社会效益逐步显现

在政府管制与引导、企业进一步明确自身责任与义务的情况下，数字文化产业的社会效益将逐步显现。数字文化产品在讲好中国故事、传播民族精神、增强民众幸福感、凝聚社会各界等方面将起到更重要的作用。

【本章小结】

在数字经济繁荣发展的背景下，我国数字文化产业方兴未艾。数字文化产业是新科技与文化产业融合发展的产物，既是对已有文化产业的改造和提升，从而形成不同文化行业领域为指向的数字文化产业，更是新业态新模式的创新发展，由此形成有别于传统、也非简单的文化＋科技、而是全新的文化产业形态。由此可见，数字文化产业与细分文化行业的数字化发展会形成重叠和交集，然而我们需要更加关注其独特的运行特征和规律，从内涵、外延、统计等各层面更为准确地把握数字文化产业。

【复习思考】

1. 什么是数字经济和数字文化产业？
2. 数字文化产业有哪些特征？
3. 数字文化产业的作用有哪些？
4. 试述数字文化产业的影响因素。

5. 讨论新兴科技在数字文化产业领域的应用。

6. 试述对世界以及中国数字文化产业发展状况的认识。

7. 试述中国数字文化产业未来的发展趋势。

【案例讨论】

文化产业 IP 的跨平台开发和转化渐成趋势[①]

在疫情防控常态化的大背景下，文化产业正加快数字化、网络化、智能化转型，形成发展新动能。日前发布的《新华·文化产业 IP 指数报告（2021）》（以下简称《报告》）显示，互联网原生 IP 正在超越武侠等传统文化 IP，成为新时期用户文化消费的焦点；当下文化产业 IP 的跨互联网平台开发渐成趋势，线上多平台运营成效显著，成为发展的主要特点。

《报告》同时认为，深刻把握数字文化内容属性，加强原创能力建设，创造更多既能满足人民文化需求、又能增强人民精神力量的数字文化产品，是当下文化产业高质量发展的关键命题。

一、文化产业 IP 跨平台开发和转化成趋势

IP 的本意是知识产权，2012 年前后，一些互联网公司意识到打造 IP 的重要性，开始以互联网思维和模式探索 IP 与用户之间的密切关联，如 IP 是“经市场检验过的用户需求”“市场验证过的用户情感载体”等。此后，互联网文化产业 IP 发展几经起伏，始终是文化领域不断探索的方向，《人民的名义》《庆余年》等网络文学 IP 改编成影视剧都获得了广泛关注。

我国的文化产业 IP 发展，与互联网发展、数字技术进步密切相关。《报告》指出，当下我国 IP 发展的主要特点之一，就是跨互联网平台开发渐成趋势，线上多平台运营成效显著。《报告》通过对 120 个文化产品、113 个相关 IP 的大数据分析发现，前 50 名的 IP 多在网络文学、影视、网络游戏、网络动漫等方面有多种衍生形态。

从《报告》分析结果看，“网络文学＋网络动画＋连续剧”“网络文学＋电影”“网络动漫＋网络游戏”的组合更加普遍，收效也更加显著。此外，《报告》显示，跨界联动将为 IP 带来新势能。尤其是二次元潮流已不再局限于互联网当下，一些漫画

①黄盛．文化产业 IP 的跨平台开发和转化渐成趋势．人民网，2021－06－29.

或动画IP开始由线上转为线下，加速了IP的价值转换。

为夯实数字文化产业发展基础，2020年文化和旅游部发布的《关于推动数字文化产业高质量发展的意见》强调：培育和塑造一批具有鲜明中国文化特色的原创IP，加强IP开发和转化，充分运用动漫游戏、网络文学、网络音乐、网络表演、网络视频、数字艺术、创意设计等产业形态，推动中华优秀传统文化创造性转化、创新性发展，继承革命文化，发展社会主义先进文化，打造更多具有广泛影响力的数字文化品牌。

鼓励对IP进行二次创作，积极开发衍生品类并与场景相结合，是促进IP价值衍生的重要一环。

《报告》指出，在前50名的IP中，网络文学原生IP占比最高，达到40%。同时，《报告》认为："相较于传统文学，网络文学具有门槛低、交互性强、轻量级的特点，网络文学经过动漫、影视等具备更大用户基础的文化形态改编，也进一步放大了网络文学IP的源头价值，不断实现对原生内容的反哺，推动网络文学商业模式不断升级。"

当前，网络文学平台也正在抢抓这一重要的赛道。在日前的新文创周活动上，阅文集团提出了新的发展模式框架：有声和出版为第一级推动力，能够丰富阅读场景，巩固IP；动漫、影视和游戏是第二级推动力，为IP提供视觉基础，兼具"放大器"效应；商品化和线下消费为第三级推动力，将贯穿动漫、影视、游戏各类内容业态的衍生品开发，是未来重要的IP强化探索方向。

二、综合运营平台在推动IP建设上要发挥更大作用

"新文创"，即通过文化价值与产业价值的相统一，打造具有影响力的文化符号，已成业内共识。从行业发展阶段来说，新文创显示了IP打造从"流量为王"到"内容为王"的演进，特别是强调通过文化IP连接更多的主体、场景，从而实现文化产业的高质量发展、提供更多优质内容，提升IP的影响力、号召力和用户黏合度。

对于这种更高的发展要求，《报告》指出，当下的文化产业IP发展，上下游产业链企业也表现出了较高参与度。其中，拥有综合运营开发能力的企业扮演着重要角色。从前50名IP的开发改编情况来看，《报告》认为，多数IP是产业链上下游多家企业共同参与，综合性布局的企业在IP建设上能发挥更大作用。

《报告》强调，打造优质IP，需要强化“围绕IP打造”的整合性发展理念。《报告》认为，未来，行业内依然需要头部企业的驱动力量，也需要建立更加完善共赢的协同机制，以有效规避以往随机的、零散的IP开发乱局，打造更系统长线的IP开发机制，营造健康氛围，更好地实现IP文化和商业价值的有机统一。

问题：结合IP的跨平台开发和转化，谈谈数字文化产业的未来发展趋势。

第九章　新闻出版产业

【主要内容】

本章第一节主要介绍了新闻出版产业概况，内容包括从不同业态角度的概述、主要出版强国新闻出版产业概况、我国新闻出版业发展状况。第二节重点介绍了数字出版产业，主要内容涉及数字出版的概念，数字出版的商业模式、盈利模式，主要出版强国数字出版产业概况以及我国数字出版产业的发展状况和趋势。通过采用讲授、调研和分组讨论相结合的方式，提升学习者的资料搜集、课件制作、口头表达等能力，培养诚信、团结、精益求精等品质，增强对我国新闻数字出版产业发展的自信心。

【学习要求】

1. 掌握传统出版、网络出版、数字出版的概念。
2. 了解主要出版强国新闻出版产业的发展经验。
3. 了解我国新闻出版业的发展状况。
4. 掌握数字出版的商业模式与盈利模式。
5. 了解我国数字出版产业的发展状况及趋势。

【案例导引】

iPad带来数字阅读时代：报纸的去纸化转型[①]

“数字阅读终会取代传统报刊，纸质报刊和胶卷、唱片一样会成为奢侈品。”社交杂志应用的Flipboard创始人麦克麦丘（Mike McCue）认真地说。他的眼中流露出一丝感伤，但更多的则是对数字化阅读时代的憧憬。

①郑峻．iPad带来数字阅读时代：报纸的去纸化转型．新浪网，http：//tech.sina.com.cn/i/2012-03-28/13096885610.shtml.

Flipboard 要做的就是创建一个数字阅读平台，整合《时代周刊》《卫报》《经济学人》等上百份报纸杂志以及更多的网络媒体内容。而麦克麦丘在硅谷的办公室，放满了各种报纸杂志。他对传统纸质报刊的质感留恋不舍，却又在亲手打造新数字阅读时代。

对出版行业来说，这是最坏的时代，也是最好的时代。报纸发行量持续下滑，广告收入显著萎缩，互联网的免费资讯无处不在，大批报纸先后倒闭，出版行业走到了转型的边缘。但与此同时，数字阅读也给传统出版业带来了新的机遇，谁能抓住变革先机，谁就能熬过眼下的出版寒冬，等到未来的春天。

第一节 新闻出版产业概况

一、新闻出版产业概述

新闻出版是人类社会重要的文化经济活动。据《辞海》解释，新闻是指“报社、通讯社、广播电台、电视台等新闻机构对当前政治事件或社会事件所做的报道。要求迅速及时、真实、言简意明，以事实说话。形式有消息、通讯、特写、记者通信、调查报告、图片新闻、电视新闻等”。而出版则是伴随纸和印刷术的发明而出现的。它是通过可大量进行内容复制的媒体实现信息传播的一种社会活动。随着科学技术的进步，出版正经历历史的变迁和不断变革，呈现出勃勃的发展生机。

新闻业与出版业有着天然的联系。新闻出版产业在各国文化产业分类中占据重要地位。2010 年国家新闻出版总署出台的《关于进一步推动新闻出版产业发展的指导意见》认为，新闻出版产业主要包括：图书、报刊等纸介质传统出版产业，数字出版等非纸介质战略性新兴出版产业，动漫、游戏出版产业，印刷复制产业，新闻出版流通、物流产业等内容。

新闻出版产业作为科技含量高、资源消耗低、环境污染少、涉及领域广、产业链条长、投入少、产出大、发展潜力好的朝阳产业，已经成为当前一国国民经济的重要组成部分，成为经济发展新的增长点和经济结构调整的着力点，在社会经济发展中的地位和作用越来越重要。以下将围绕其重点业态予以介绍。

（一）图书出版产业与报刊出版产业

1. 图书出版产业

图书出版产业是以图书为媒介，传播文化、知识等信息，能向读者提供服务并获得利润的经营单位的集合，它包括除政府相关管理部门以外的图书出版单位以及为图书出版提供相应产品或服务的组织、机构，主要是图书内容生产单位和图书印制、发行单位基于资金等纽带的联合，包括出版社、图书印刷厂和图书批发零售商。

我国图书出版要经过几个步骤，包括选题策划、选题报批、组稿、编辑、审稿、申报书号、确定印数和定价、排版和印刷、发行和销售。为了推进对图书出版业的规范化管理，原国家新闻出版总署颁布《图书出版管理规定》，并于 2008 年 5 月 1 日起施行。规定指出，本规定所称图书，是指书籍、地图、年画、图片、画册，以及含有文字、图画内容的年历、月历、日历，以及由原新闻出版总署认定的其他内容载体形式。

规定中明确了我国图书出版执行许可证制度，实行编辑责任制度、重大选题备案制度、年度出版计划备案制度，特别是将涉及企业（法人）准入、资格准入、市场准入、人员准入四大准入的资格准入制度正式写入规定中。

当前，随着国民物质生活水平的不断提高，精神层面的追求也随之提高，我国图书出版发行业有着广阔的发展空间。较之改革开放初期，图书出版产业有了巨大的发展，不仅产业实力明显增强，新技术应用更为广泛，而且出版管理体制改革向纵深发展，出版人才队伍也在不断壮大。但是我国图书出版产业仍面临诸多困难，如高库存制约着图书出版业的发展、豪华图书舍本逐末、选题平庸重复出版、盗版图书出版屡禁不止、图书出版发行市场竞争混乱、图书出版结构不合理，等等。这些困难和问题仍有待全社会共同努力才能得以一一破解。

2. 报刊出版产业

报刊是以刊登新闻为主的定期、连续向大众发行的印刷品。在西方，报刊产业产品大致经历了三个发展阶段。第一阶段是手抄新闻出现和盛行时期。手抄新闻最早于 14—15 世纪在意大利的威尼斯兴起。因为当时威尼斯身处西方的商贸中心，世界各地的政客、商人需要了解威尼斯的情况，这就促成威尼斯逐步产生出以专门供应新闻谋生的人。第二阶段是新闻书阶段。新闻书的发行周期比手抄新闻长，但它沿用了古代印刷书记的办法，可以大量发行。第三阶段是周刊（周报）、日报的兴起。周刊、日报的产生，使得个体劳动者不能胜任此项工作。采访、编辑、排版、印刷、发行，报纸出版的整个过程，需要有一批人分工协作，这就需要资本来添置设备、雇用人员。

报刊业成为大众传媒的子行业是19世纪30年代的事情，其标志性事件是廉价报纸的出现。廉价报纸也称为大众报纸，除了价格低廉外，还具有读者不限定于特定的阶层或群体、内容贴近普通大众生活、发行量大、广告收入成为报刊经营的主要财源等特点。在报刊业向大众传媒转变过程中，其完成了由“观点纸向新闻纸”、由政党经费运营向市场化运营和企业化经营两个转变。只有到了这个时期，报纸才真正成为以“报道新闻、传播知识、提供娱乐”为宗旨的信息文化产业，成为真正意义上的大众传播媒介。

在计划经济阶段，我国报社、杂志社属于事业单位。而在市场经济环境中，报社和杂志社实行自负盈亏的独立经营体制，报业集团不仅是报道新闻的宣传机构，而且是经营广告、开发信息产品、开办实业、进行多种投资的综合经济实体，并逐步走上了产业化的道路，由此形成了真正的报刊产业。

（二）传统出版产业与新兴出版产业

1. 传统出版产业

传统出版与新兴出版的划分是相对的、动态的。随着科技的进步和人类社会的发展，传统与新兴不断发生着更替。从竹刻书简、雕版印刷、活字印刷再到以动力机械手段为支撑的新兴印刷技术，特别是光电技术、信息技术、数字技术的兴起，不断赋予“传统”与“新兴”新的内涵。

在当前社会发展阶段，传统出版是指以传统印刷技术为基础的纸张出版，其突出特点是需要将内容物化在以纸为代表的物质载体上，在物质形态上具有可保持性。传统出版的产品形态包括图书、报纸、期刊等，其出版内容涉及信息、知识、理论，内容结构呈现篇、章、部组成的线形结构，介质为纸张，且与内容不可分离。

印刷必须具备原稿、印版、承印物、印刷油墨、印刷机械五大要素。原稿指的是复制技术中被复制的图片、画稿、照片、底片、印刷产品等的总称。原稿要求清晰，节调鲜明，适合印刷。印版则是用于传递油墨至承印物上的印刷图文载体，分为图文部分和非图文部分。承印物是接受油墨或者吸附色料并呈现图文的物质。油墨是在印刷过程中被转移到承印物上的成像物质。而印刷机械则是用于生产印刷品的机器设备的总称。传统的出版流程，从原稿到印刷成品，一般都要经过形成原稿、制版、印刷、印后加工等步骤。

2. 新兴出版产业

从支撑出版的技术、产业经营机制、盈利模式等方面来看，相对于纸质图书的出版，音像电子出版在技术支撑上有新型出版的性质，但因其盈利模式与传统的图书出版基本没有区别，所以还不是完全意义上的新兴出版。而网络出版，则成为一种新兴的出版形态。

网络出版是指以数字化为技术手段通过互联网、移动电话、交互式电话在内的所有电子信息渠道进行图、文、声等的一种传播流程，它包括获取原始素材、制作数字内容和传播数字内容三个阶段，并通过有偿提供数字内容的复制品来获取收益。网络出版应具备六大要素：（1）电子版权，即合法获得授权，完善的数字版权管理方案；（2）电子出版物，即电子图书、电子报刊及其他数字化出版物的格式、权限、传播方式制定统一标准；（3）电子图书生成器，即数字化出版物的制作、加密；（4）设置下载、复制、出售、转借的权限；（5）电子图书网站，即数字化出版物的传播、交易媒介；（6）电子阅读器，即阅读数字化出版物的电子设备。

网络出版的主要机构包括传统出版社增设的网络出版业务，专门从事网络出版的网站，商业门户网站开辟的网络出版类栏目，图书馆在互联网上从事在线出版活动、开设网上书店等。从出版者角度看，网络出版呈现出出版主题多元性、出版内容丰富性以及成本低、无库存、风险较小的特点；从出版媒介的角度看，表现出出版速度及时、出版媒体多样的特点；从受众角度看，具有网络消费便捷性、个性化，反馈及时、交互性强的特点。

按照不同的标准，网络出版有着不同的分类。从技术层面看，可划分为手机出版与有线网络出版；从出版内容层面看，可划分为网络学术出版、网络文学出版、网络教育出版、网络报纸出版、网络期刊出版、网络图书出版、网络地图出版、网络游戏出版、网络音像出版等；从出版主题层面看，可划分为个人直接出版、出版机构直接出版和网络公司等代理机构代理出版；从阅读方式和出版技术层面看，可划分为在线或下载阅读、按需印刷、电子书等。

当然，目前网络出版中尚存诸多问题，如出版物版权易受侵犯、产品内容良莠不齐、出版物附加值较低、出版物阅读方式受限等问题。然而网络出版顺应出版发展趋势，不仅带来了出版新理念，而且在营销方式上也带来了巨大革新，因此具有广阔的发展空间。

二、主要出版强国新闻出版的产业概况

（一）美国

作为世界文化经济强国的美国，出版产业在文化产业中占有重要地位。当今美国的出版产业，从业者依循市场规律有序运作，在文化理想、文化精神与市场利益、市场规则之间寻找平衡点，同时还借助高科技、多媒体、互联网进行出版形式的多种尝试，由此带来了美国出版产业的勃勃生机和活力。

1. 政府“无为而治”

从管理体制上看，美国不但没有全国统一的政府出版管理机构，也没有地方管理机构，图书出版完全处于“放任自流”状态。在美国登记成立出版社与成立其他私人公司一样，手续十分简单，一般在所在州、郡或市登记后，交数十美元即可。因此美国出版社数量庞大。

然而美国出版业繁荣而不混乱，政府能够做到“无为而治”，其重要原因在于美国出版业良好的法治环境以及对知识产权的严格保护。在美国，出版物如果涉及国家安全或带有诽谤性内容，抑或有版权争议，则按法律途径解决。任何出版物如欲申明版权，须向设在国会图书馆内的美国版权办公室（United States Copyright Office）申请。同时，根据1870年通过的版权法律，任何出版物出版后，都必须向美国版权办公室提供两个备份。在知识产权得到法律严格保护与政府不干预出版的良好环境下，美国的出版业发展迅速，美国出版商协会（Association of American Publishers，AAP）的统计显示，2018年的图书销售额为256.3亿美元，2019年比上年上涨1.17%，达到259.3亿美元，平均每人年度购买图书78.86美元。

2. 企业聚焦核心竞争力

除了政府提供的良好的外部发展环境外，美国出版企业也励精图治，着力提升在国际出版市场上的竞争力。第一，美国出版企业通过制定符合市场发展的长期战略规划，进行科学的战略决策和自身定位，确保企业正确的发展方向。第二，美国出版企业重视其组织架构建设，基本思路是：根据市场、消费者确定自己的专业领域，根据专业领域的发展需求，既从集团层面宏观控制和支持，又体现下属部门或子公司的专业性、执行力。这样的组织构架能使集团上下始终围绕战略，有计划、有组织地开拓市场、捕捉商机，从而形成强大的合力，保持集团竞争优势。第三，美国出版企业重视专业分工，不断增强自身市场执行力。从美国出版社、杂志社的组织架构上，可以看到各种各样的业务部门在开展专业工作的同时，部门自身的专业分工也非常明晰，

各个岗位都是整个生产流水线上的一个环节，各部门、各岗位始终按照规章和计划高效地完成各自的任务，又相互制衡与协作，以极强的执行力保证其良性运转。第四，美国出版企业重视市场信息，竭力提升数据的有效性。信息、数据的精准使得出版社能清楚自身的市场状态，更有针对性地开发市场。美国出版业处于一个信息公开、透明的商业市场下，因而其对信息的搜集、分析和利用非常重视。第五，美国出版企业重视财务预算，确保企业良性运转。每个企业在进行战略决策、计划落实及流程管理时，均会以专业、周密、严格的预算为参照，来保证企业的良性运转。有了严格的预算，企业在进行流程管理、部门考核时，能有据可依，严格管理各种经营活动，控制各项开支。

（二）英国

英国虽然版图狭小，却是出版大国和出版强国，是出版业市场化程度最高的国家之一。全英国注册的出版社有两万余家，活跃的出版社（公司）约 2400 家，每年出版新书超过 12 万种，若加上再版的书籍，英国每年印刷的书籍种类超过 100 万种，年销售图书超过 50 亿英镑。伦敦是英国出版业的中心，绝大多数出版社集中在伦敦，另外在牛津、剑桥、爱丁堡和格拉斯哥也有一些重要的出版社。英国年出书 100 种以上的大型出版社（公司）有 40 多家，年出书 50~100 种的中型出版公司有 340 多家。随着世界经济、科技的进一步发展，以及全球化的加剧，英文图书需求量还在增加，为英国出版业向世界扩张提供了市场需求和驱动力。

1. 政府与协会组织

英国政府没有统一管理出版业的专门机构，对出版社的成立实行登记注册制。政府在伦敦设有出版登记所，负责全国出版社的登记工作。英国政府对出版社的数量没有限制，对出版社出什么样的书和经营情况不予干涉，对出版业的管理采取的是以法律手段为主、经济手段为辅、行政手段为补充的管理体制。英国出版业的法律体系比较完整，形成了以普通法为主、专业法为辅，两者相辅相成的法律环境。英国没有《出版法》，但涉及出版的有关部门法律约 20 个，基本上涵盖了出版的各个环节，除了版权法、数据保护法等专业法之外，涉及出版内容的其他法律还有《儿童保护法》《邮局法》《官方机密法》《商品销售法》《消费者保护法》《贸易活动限制法》《转卖价格法》《公平交易法和竞争法》等。

英国政府还通过税收和资助的经济手段来调控图书出版的发展速度和发展方向。英国历届政府从未对图书、期刊、报纸征收过任何增值税，从而使图书与其他出版物始终处于零税状态。目前，英国政府对一般商品征收 20% 的增值税，对图书、期刊、报纸均免征进口税。

英国政府为向世界推广英国文化，大力支持出版业占领世界图书市场，设立文化委员会，制定有关政策，与出版商协会（The Publishers Association，1896 年成立于伦敦）、苏格兰出版商协会（Scottish Publisher Association，1974 年成立于爱丁堡）等众多协会组织协同开展工作，开拓英国图书、期刊的海外市场。

2. 出版业特色

经过数百年的发展，英国出版业已形成一整套市场运作模式，并随着经济全球化，呈现出国际化、集团化、专业化、网络化的新发展趋势。其出版业主要特色表现在以下几方面：

（1）以版权为产业核心。英国出版界高度重视版权工作，特别强调对版权的所有权。借助语言、经济、科技、文化等方面的优势地位，英国出版业近几年来快速实现国际化，并以版权贸易影响着世界出版。早在 1709 年，英国通过《安娜法》，以法律的形式对版权进行保护。经过三百多年的发展和完善，版权贸易已成为英国出版业的支柱，英国是美国之后的第二大版权输出国。

（2）重视国际市场。为占领更广泛的市场，实现利益最大化，英国大多数出版集团和大型出版社都定位在国际化出版，极力向海外扩张。在机构配置上，设立英语图书出版部（English Language Teaching），如培生集团、剑桥大学出版社、牛津大学出版社和麦克米轮出版公司等。他们从选题策划开始就着眼于国际市场，不局限于英国国内的狭小市场范围。图书的设计，通常采取“一书多版”的方式，即在出版英语版的同时，大力出版诸如德语、法语、西班牙语、意大利语、汉语等不同语种的版本，以降低成本，获取更大利润，增强国际竞争力。此外，还通过收购或兼并国外出版公司等方式打入别国的图书市场。

（3）并购活跃。英国出版公司通过并购的方式组建起大型出版集团的现象较为普遍，并购的频率也越来越快，这对英国出版业乃至国际出版都产生了相当大的影响。英国的出版集团化不是用行政手段强行捏合，而是市场经济发展到一定程度的必然结果，是出版公司之间为了在激烈的市场竞争中获得更强的竞争力，在市场、资源、财力、知识产权等方面实现优势互补，使自己处于主动地位而进行的自由、自觉但不自愿的市场经济行为。集团化本身不是目的，而是通过集团化的管理与运作方式的转变，实现双赢目的。

（4）强调专业化。出版集团扩大规模容易，但准确把握适度规模十分困难，而克服自身的负面影响更难。因此，英国成功的大型出版集团并不是什么书都出版，而是坚持走专业化的道路，在最有竞争力的领域出版核心出版物，使自己出版社商标成为“最可靠信息的标志”。市场需求是多样、发展的，任何出版集团都不可能也没有能力垄断全部的出版市场。

（5）市场化运作。英国图书的出版过程不是由一家出版社独立完成的，而是由出版社与出版社之外的编辑力量共同完成。编辑工作以盈利为目标。在英国，出版与其他行业一样，通过市场这只无形的手实现利润最大化，赢得最大的利益。20 世纪 80 年代，英国开始实施为市场而出版的理念，把市场放在第一位，在满足市场需求的过程中实现盈利。

（6）图书零售无定价系统。英国图书销售主要有直销、寄销、批发、会员购买等方式，但是，英国的图书零售不是按照图书的定价销售。几年前，英国取消了图书定价系统，图书的零售价格由零售商自己确定。出版社根据图书的成本、目标利润、市场需求、图书的类别等在图书上标明“建议价格”，按照这个价格以一定的折扣批发给零售店。各零售店根据自己所处地域、读者情况、图书情况等自行确定图书零售价格。

（三）德国

德国新闻出版事业十分发达，是世界出版大国，也是期刊王国，发行 6000 多种期刊。德国的期刊印刷精美、市场细分、专业化程度高。德国图书出版量在世界上仅次于美国占第二位。法兰克福和莱比锡是德国图书出版业中心。每年一届的法兰克福国际图书博览会是世界上最大规模、最具影响的图书界盛会。据统计，全德注册出版社（包含杂志社在内）多达 16000 家，成规模的出版社 2000 家左右，每年新书品种 8 万种以上，居世界第 3 位，每年市场销售图书品种 100 万种，销售总额为 180 亿马克。整个图书市场从业人数约为 8 万人，而英国市场要比德国小三分之一，但从业人数高达 10 万人。每个城市都有国家投资的文学出版公司，主持城市阅读活动和作家的培训。目前有三家出版公司主宰着德国出版业：拥有英国 Transwolrd 出版公司和兰登书屋的贝塔斯曼集团，拥有英国麦克米伦出版公司和其他 6 家德国出版公司的霍尔茨布林克集团，以及施普林格出版集团。

先进的出版业是德国经济发达的重要标志，主要呈现为高度的法制化、专业化、规范化、网络化。以法制为例，德国法律中涉及出版行业的地方非常多，主要有保护和限定出版自由的《基本法》、保护作者权益的《著作权法》《新闻法》《税法》，规范政府出版物的《出版法》、保障图书市场秩序的《图书价格约束法》，决定出版社基本运营规则的《出版社法》《学校法》等。此外，德国出版业两大运作机制值得注意：

1. 成熟的中间商模式

德国出版业的中间商比较成熟，在图书市场上产生了关键作用。一般来讲，出版社制作完成图书后，交由中间商代理销售，中间商再分销给全国各地的零售店，中间商在《全德可供书目》百万种图书中选择图书，从出版社购入、仓储，根据订单配发零售店。他们使用计算机及现代化设备管理，进行自动化的图书分拣和配货，可以对每一份订单实行及时、快捷、准确的服务。不管是大数目的订单，还是小订单，机器均能完成配货，效率极高。中间商减少了图书销售中的环节，降低了销售成本，提高了图书销售效率，出版者、中间商通过社会分工和集约化运作达成了规模效益。另外，德国的法律和政策也有利于图书经销公司发挥自己的作用和优势。图书经销公司作为中介机构，可以从出版社获得最高的折扣为 50%，而任何零售书店都不允许从出版社得到比图书经销公司更高的折扣。

2. 出版社的业务员制度

正因为有了较为成熟的中间商，出版社不用与全国不同地区的经销商打过多的交道，只需遴选一两家中间商即可。相对地，出版社可以腾出精力将市场行销的重点放在媒体推广及零售店的宣传上。一般来讲，每家出版社都拥有自己的业务员，这种图书业务员制度在德国已有很长的历史，由业务员向销售商主要是零售商，介绍推荐图书。业务员可以说是出版社与书商之间的桥梁，还是出版社进行图书市场调查研究的重要途径。

（四）日本

日本现代出版业的兴旺，是伴随着 20 世纪 60 年代日本经济腾飞开始的。1960—1975 年，日本出版业每年都保持着两位数的增长，此后涨幅虽然减缓，但直到 1996 年始终保持着匀速发展势头。从 1997 年开始，日本出版业转入衰退期，产业不景气的情况一直持续到今天。

日本公益社团法人全国出版协会《出版指标年报 2019》发布的统计数据显示，2018 年日本图书和杂志的销售总额为 1.54 万亿日元，同比降幅达 3.2%，与 1996 年最大销售记录的 2.66 万亿日元减少 42.1%。该年度日本新书品种为 71661 种，发行种类和发行数量连续五年下降。

日本出版业的调控方式主要有三种：第一，法律调控，即以各种一般性法律对出版物的内容做出限制，体现在保护青少年、对性表现的限制和对隐私权及个人名誉的保护三个方面；第二，政府的公权力机关的介入，即文部省、法院和警察机关等政府机关、司法机关和执法机关依法对出版物实施监督；第三，行业的自律，即出版业通过自身的行业组织制定出行业必须遵守的伦理纲领并以此对出版活动进行自我约束。

日本出版业的流通模式表现为，出版商不负责图书的发行销售，而是全部委托给几家图书批发商，自己则通过控股的方式，保证对批发商的有效控制。

日本图书市场的分账方式和中国差不多：制作方 70%，销售方 30%。具体来说，是作者 7%~10%，出版社（包括印刷厂）60%~63%，批发商 7%~8%，书店 22%~23%。这套分账准则几十年来几乎未变，从原则上保证了所有环节都有足够的利润。

为了维护这套分账准则有效运行，日本出版业还制定了各项保障制度。其中最值得注意的是以下两个很有特色的措施：

第一个措施叫“再贩制”，实质含义是禁止实体书店打折。日本全国共有 1.5 万多家实体书店，密度非常大，这一数字甚至超出绝大部分图书的首印数，而且还不包括二手书店和漫画网吧。占据图书销售主要渠道的书店，必须严格遵守出版社制定的图书定价销售，即便是 20 年前出版的旧书，只要上架就不能打折。因为有了这一措施作保障，无论印刷和运输成本如何变化，无论国家经济起起伏伏，日本图书价格却可以保持 30 年始终如一。这对商家、作者和读者而言都是一个负责任的制度。但在电子出版物高速发展的今天，这一模式受到了严重挑战。

第二个措施叫“寄贩制”，是批发商的书款预付制度。日本的图书市场虽然庞大，但大型批发商只有日本图书贩卖株式会社（简称“日贩”）、东京图书贩卖株式会社（简称“东贩”）等少数几家。而这些批发商 50%~60% 的股份都是掌握在讲谈社、小学馆、角川书店等主要出版商手中的。在这个基础上，批发商除了负责图书流通工作，事实上还承担着另一个角色，它相当于整个出版业的银行。

三、我国新闻出版业的发展状况

新闻出版业是传统而又成熟的产业。改革开放以来，我国新闻出版企业加快转企改制，较早地走上了产业发展轨道，已经成为文化产业的主力军。从国际环境看，百年未有之大变局下，我国新闻出版业面临前所未有的历史性机遇与挑战，不仅国家间文化软实力的博弈使其地位和作用日益凸显，而且全球化产业竞争的新特征要求新闻出版业抢占科技创新和新兴产业的制高点。特别是随着数字技术、信息技术、网络技术全面普及，以数字出版为代表的新业态已经成为新闻出版业发展的新的战略重点，各国在新闻出版技术创新、标准制定、新业态培育领域的竞争将更加激烈。从国内环境看，新闻出版产业已成为国家经济发展新的增长点和加快转变经济发展方式的重要着力点，发展将面临新的更高要求。总体而言，我国新闻出版业的发展状况主要表现在以下方面：

第一，新闻出版产业保持平稳增长态势。近年来，我国文化产业蓬勃发展，新闻出版产业收入逐年增长。2019 年，新闻出版产业营业收入、资产总额和所有者权益继续增长，经济规模平稳提升。图书出版营业收入增速在 8 个产业类别中名列前茅，利润总额增长提速。报刊出版营业收入保持稳定，利润总额增长明显。电子出版物出版营业收入增速位居第一。印刷营业收入增速减缓，利润总额下降。出版物发行营业收入、利润总额由降转升。出版物进口、出口金额均在增加，贸易逆差有所扩大。图书版权输出增加，版权贸易逆差继续缩小。

第二，新闻出版产业结构持续调整优化。首先，从产品结构看，图书结构调整走向深入。2019 年，新版图书品种、总印数减少，重印图书品种、总印数继续增加，新版和重印单品种平均印数继续增加。传统出版物受到电子出版的冲击较大。在互联网大数据时代，由于网络阅读、移动阅读的兴起、兴盛，传统纸介质出版物衰弱，新兴出版蓬勃发展是大势所趋。传统介质出版物中仅有图书出版数量有所增长。其次，从地区结构看，东部经济发达地区新闻出版业发展继续保持领先地位，中西部部分经济欠发达地区新闻出版业异军突起。最后，从所有制结构看，民营经济的比重稳步提升。此外，从收入结构看，印刷复印营业收入占比超 7 成是新闻出版业的主要收入来源。

第三，集团化建设成效进一步显现。出版传媒集团整体规模进一步壮大。2019 年，106 家图书出版、报刊出版和发行集团主营业务收入占全国书报刊出版和出版物发行主营业务收入的 75.8%，资产总额占全国出版发行全行业资产总额的 91.9%，利润总额占全国出版发行全行业利润总额的 73.0%，提高 2.3 个百分点。8 家集团资产总额、主营业务收入和所有者权益均超过百亿，“三百亿”阵营增加 2 家，集团旗舰作用进一步凸显。

第四，对“一带一路”国家版权输出活跃。新闻出版“走出去”市场进一步多元化，对“一带一路”国家版权输出活跃。2019 年，全国共输出出版物版权 14816 项，较 2018 年增长 25.2%，引进 15977 项，降低 3.8%。其中，对“一带一路”国家输出 5083 项，同口径增加 1930 项，增长 61.2%。

第二节 数字出版产业

一、数字出版业概述

随着计算机技术日新月异和互联网的普及，传统出版开始逐渐向数字出版领域转变，其发展非常迅猛，规模迅速扩大，形态逐渐完备，产品日益丰富，技术不断创新，成为出版业新的增长点，代表着未来出版业的发展方向。

（一）数字出版的概念

数字出版的萌芽，可以追溯到 1951 年美国麻省理工学院的 P.R.Bagley 对利用计算机检索代码做文摘进行的可行性研究，这一研究和尝试导致了所谓“电子出版物雏形”的诞生，这是数字出版最初的形态，但对数字出版的内涵和外延没有一个比较明确的说法。由电子出版到网络出版，再到数字出版，这是整个出版发展的历史，也是出版技术的更新史，而每一次变化都更加接近数字出版的实质。电子出版强调的是最终以电子形式出现，需要借助计算机消费的出版物，而网络出版强调的是借助互联网所从事的出版活动。只有数字出版第一次用最本质的技术属性来概括出版的全过程，但它也是从宏观技术角度来谈的，忽略了出版的内容这一重要方面，只是强调计算机技术使得信息的载体发生变化以及新的计算机技术对出版活动的影响。真正意义上的数字出版，是打破传统出版的形态和信息的组织方式，不仅在表现形式上可以更加灵活，而且在信息的重组上也可以更加自由，并且注重信息的深度挖掘。

数字出版是人类文化的数字化传承，它是建立在计算机技术、通信技术、网络技术、流媒体技术、存储技术、显示技术等高新技术基础上，融合并超越了传统出版内容而发展起来的新兴出版方式。在出版的整个过程中，它将所有的信息都以统一的二进制代码的数字化形式存储于光盘、磁盘等介质中，信息的处理与接收则借助计算机或终端设备进行。目前数字出版产品形态主要包括电子图书、数字报纸、数字期刊、网络原创文学、网络教育出版物、网络地图、数字音乐、网络动漫、网络游戏、数据库出版物、手机出版物（彩信、彩铃、手机报纸、手机期刊、手机小说、手机游戏）

等。数字出版产品的传播途径主要包括有线互联网、无线通信网和卫星网络等。

与传统出版相比，数字出版内容涉及数据、信息、知识、理论，极大地丰富了出版的内容与形式；内容结构呈现由知识元、数据组成的立体式、网络结构，可以利用计算机技术对信息进行检索、关联、重组，能够把某一领域内的信息搜集齐全以满足读者的需求，最重要的是可以发掘内容中信息与信息之间的更深层次的关系，把本来看似孤立的信息整合在一起，方便读者使用；介质以网络为主，且与内容可分离。它强调内容的数字化、生产模式和运作流程的数字化、传播载体的数字化和阅读消费、学习形态的数字化，并以出色的快速查询、海量的存储、低廉的成本、方便的编辑和更加环保等特点而备受青睐。它打破传统出版的思维定势，对出版业传播理念进行洗牌重组，成为出版业改革的领跑者。对此，甚至有人宣称，传统出版已经遭到无可匹敌的对手，未来的出版产业将不再是纸和墨的时代。

（二）数字出版的商业模式

商业模式是为了实现客户价值最大化，把能使企业运行的内外各要素整合起来，形成高效率的具有独特核心竞争力的运行系统，并通过提供产品和服务，达成持续赢利目标的组织设计的整体解决方案。商业模式包括的要素很多，其基本要素包括客户价值、赢利模式、关键资源、关键流程四个方面。

数字出版商业模式对数字出版企业的发展至关重要。数字出版商业模式主要涉及以下几种类型：

1. 营销带动型

以汉王科技为代表，其取得成功的核心优势在于关键流程中强大的营销攻势。汉王科技较早介入电子书生产，并借助在中央电视台黄金时段投巨资做广告、聘请著名电影演员为形象代言人、砸碎苹果冰雕开启破冰之旅等强势营销手段迅速占领了国内电子书市场。

2. 渠道带动型

以亚马逊为代表，其关键流程是拥有一个完整的网络销售渠道，包括高效的配送体系、支付体系与具有网络消费习惯的受众群，这是决定亚马逊商业模式成功的决定性因素，也是亚马逊的核心优势所在。亚马逊不是最早生产电子书的企业，其生产的电子书在技术上也并非不可超越。然而亚马逊却是第一个使电子书被广大读者接受的企业，其推出的 Kindle 开辟了数字出版 B2C 销售模式的先河，在数字出版史上具有划时代的意义。

3. 技术带动型

以谷歌公司为代表，谷歌的关键资源体现在其建构了一个具有上千万册图书的数字图书馆，拥有了大量内容资源，客户可以非常便捷地搜索到他想要的图书。谷歌的关键流程之一是非常注重与出版商的合作。谷歌在与出版商的合作中，只提取10%的分成，90%的收入归出版商，这使其在与苹果公司争夺内容资源方面具备了一定的优势。谷歌的核心优势在于其关键技术资源方面拥有全球一流的搜索技术，凭借技术优势谷歌集聚了大量内容资源，可以非常便捷地为客户服务，确保商业模式正常运营。

4. 内容资源带动型

以爱思唯尔集团为代表，其核心价值在于能为客户提供科研信息服务，使客户能够方便地检索到所需的科研成果，关键资源在于拥有《柳叶刀》等2000多种世界一流的科技医药期刊，关键流程是先低价营销，后提高价格获利，核心优势在于其提供的资源是世界一流、不可替代的。

5. 资本运作带动型

资本运作带动型商业模式的关键是资本运作能力。通过资本运作，助力企业快速发展壮大。如盛大文学凭借大股东的强大资本实力，连续并购了榕树下等数家文学网站，整合了90%以上的网络文学资源，这为其发展壮大奠定了基础。2015年，盛大文学与腾讯文学合并成立阅文集团，也是资本运作带动型的代表。

6. 多要素融合带动型

以苹果公司为代表，在关键流程上苹果公司较早采用定价制，允许出版商对电子书、报、刊自主定价，自己只收30%的提成，定价制的实行使得苹果公司很容易地获得出版商的支持，在与亚马逊的竞争中占据优势。苹果公司的核心优势不只在其技术，不只在其平台，不只在其营销，而在于其善于融合、善于将创新的技术与丰富的内容融合在一起，将优质的产品与出众的营销融合在一起，将新鲜的阅读体验与休闲的娱乐功能融合在一起。iPad、iPhone以其集合了阅读、游戏多种功能的优势为客户创造出了新的体验，受到客户欢迎，迅速占领了全球市场，这为其快速整合内容资源奠定了基础，内容资源的整合又助推了iPad、iPhone的畅销。

（三）数字出版的盈利模式

有效的赢利模式是传统出版业向数字出版发展的重要促进因素。数字出版的盈利模式主要包括下述几种：

1. 信息咨讯内容收费

依据信息咨讯内容进行收费主要包括：将信息咨讯内容打包向数字技术服务提供商、销售商或其他网站销售；个人用户付费方能浏览或下载收费的信息咨讯内容；个人或机构用户付费进行在线数据库条目的检索、查询、打印。内容收费必须信息质量高，独特性高，付款机制方便完善，消费者付费观念健全，上网费率要低、速度要快，内容不易被仿冒及复制等因素。

2. 网络专供信息收费

网络专供信息是指根据有关政府和企事业单位的特殊需要，数字出版商或网络媒体为其定制（B2B）的一种专业性很强、有一定的实用性和实效性的电子读本，订购者通过网络媒体所给的网络通行证（密码）定期收阅。办好这种专供信息的要点是，市场定位要准确，编辑内容要有独特性，即消息内容不是在网上和一般媒体和资料上能找到的，同时一个有水平的发行主管也是非常重要的。

3. 靠提供超值服务收费

例如，对于购买了网络通行证、有一定权限的用户，对教育资讯类产品提供名师在线解答等超值或增值服务。如果是明星的自传或他们所写的作品，还可以提供签名、提供演出门票等。超值服务，不但能盈利，还会带来更多的人气。数字出版与传媒经营者，还可与商家联系，为本网站的注册网友提供打折卡或其他增值服务。

4. 实用消费功能收费

互联网拥有强大的多种实用信息服务功能，以往为了吸引用户，大多将诸如电子邮件、主页空间等免费提供给用户。但目前付费享有服务或付费享有 VIP 服务已成为网站经营的出发点。对于具有巨大公信力、影响力的网站，社会经济文化等各个领域的企业、机构都会想到利用其传播平台，因此，服务收费或以各种合作取得“双赢”的前景十分广阔。

5. 广告

把纸介图书或报纸杂志上适合于大众阅读的精华内容，部分放到网站上，通过积累人气，吸引相关广告公司或其他广告代理商投放广告。数字出版物或网络媒体把印装配送的成本降到了零，而且把大门向新的受众敞开，向那些过去没有机会阅读相关内容的读者敞开了大门。这些新的受众不但将会成为纸制出版物的新用户，而且其庞大的数量将成为网站广告收入的新来源。此外，播客或视频分享内容，也可以插入缓冲广告。

6. 电子商务平台

网络媒体搭建电子商务平台作为收入手段之一，是常见的模式。电子商务可以通过许多方式进行赢利，如实行会员制，收取加盟费、租金、入门费或平台使用费。数字出版或网络媒体网站自身也可经营外版的图书、音像等产品向用户（B2C）出售，从而获取利润。在内容传播层面，自媒体作者越来越多地绕过向传统出版商出让版权的盈利方式，转而通过第三方应用平台传播内容，让订阅者为知识付费，使第三方平台及自媒体作者同时盈利。

二、主要出版强国数字出版产业概况

（一）美国

美国数字出版产业在世界范围内无疑处于领先地位。面对市场变化，美国传统出版业凭借富有前瞻性的眼光，把数字出版作为关系到自己生存与发展的战略任务来看待。他们十分重视数字化基础设施的建设，将数字技术应用到出版工作的每一个环节，提高出版的管理水平和资源整合能力。美国大多数出版企业应用信息技术将传统产品数字化，将传播渠道网络化，开展新业务延伸出版产业链，明确分工与合作，已成功开发了各具特色的数字出版盈利模式。目前，美国 80% 以上的出版企业都开展了电子书业务。

目前，美国数字出版呈现出市场整合的趋势，其竞争边界逐渐模糊，一些经济实力雄厚的出版商大都通过收购 IT 企业的方式来加快数字化进程，而技术商也积极参与到数字出版内容的整合、加工及创造中来。他们将内容资源整合、聚类，根据市场需求创造出有效的商业模式，为读者提供多样性、个性化的服务。

以网络化为特征的美国数字出版业务的进展呈现出分层的变化。首先是网络营销。利用网络和数据库推动传统出版的发展，实现纸质图书市场的扩容，达到业绩提升、服务改进、顾客满意度提升的目的。在这里，网络是作为传统出版营销升级的工具。大众出版领域的出版公司数字化业务目前主要集中在这一方面。其次是网络运营。主要在网络平台上经营内容资源，创造出新的成本—营收模型。在这里，网络是作为内容产业的生产经营平台。目前在网络运营上做得比较成功的是专业期刊、图书和大型品牌工具书的出版公司。最后是“网络营销 + 网络运营”。网络既作为传统出版营销升级的工具，也作为内容产业的生产经营平台。美国大多数教育出版集团目前进行的数字化业务属于此类。培生教育出版集团、麦格劳·希尔教育出版集团和圣智教育出版集团就是其中最典型的代表。

美国数字出版实践表明，作为传统出版和高新技术相互结合的新兴出版业态，数字出版这条富于资源和市场魅力的纽带，把内容、技术、营销等紧紧地联系在了一起，正在改变着传统出版的各个环节，其强劲的发展势头和巨大的产业潜力不容忽视。

（二）英国

英国出版业市场规模居全球第五位，出口居全球之首，也是英国最大的创意行业。出版行业的数字化转型，不仅关系到英国出版业的国际地位，还直接关系到出版商的生死存亡。英国出版商协会发布的《PA 出版年报》（*Publishing Yearbook*）显示，英国出版业（包括图书及期刊在内）在 2016—2019 年显示出持续增长的态势，其增幅远远大于 GDP 增幅。英国出版业高速增长的一个重要原因是出口业务支撑。2019 年，英国出版物的出口收入在出版业总收入中的占比高达 59%，对英国出版业举足轻重，2019 年英国出版物的出口收入从 2016 年的 26 亿英镑、2017 年的 35 亿英镑增至 2019 年的 37 亿英镑。

2019 年，英国出版市场规模为 63 亿英镑，其中数字出版占 18% 左右，数字有声书是带动数字出版物增长的引擎，从 2015 年至今，每年都保持两位数的高速增长。占据数字出版市场龙头地位的依然是学术及专业类数字出版物，2019 年学术图书与期刊销售收入比 2015 年增长 25.8%，主要归功于学术期刊收入比 2015 年增长 42.9%，学术板块主要收入来自国际市场，学术期刊中数字收入占比高达 75%。

英国数字出版业的市场环境涉及政治、经济、法律、社会和技术等领域，但目前业界最关心的是版权问题。英国数字出版业深受非法下载之苦，英国出版协会数据显示，有 700 多万英国人非法下载，这使得数字出版物销售额损失三分之一。另外，数字出版物的版权构成较传统出版物复杂，一份数字出版物可能涉及多个版权所有者：拥有文字版权的作者、拥有排版版权的出版商、拥有软件版权的电脑企业、拥有视频及音频版权的其他各方等。数字出版物的版权保护涉及多方利益博弈，英国正在全面修订版权法，以更好地保护数字出版业。

早在 2011 年，英国网络出版商协会就指出，数字出版行业面临三大趋势。首先，网络出版商开始关注用户信息的采集分析，各出版商承认并未充分利用现有的数据资产来更好地了解用户信息，以后更多出版商将推出用户必须进行网上注册登记后才能免费浏览部分信息的做法，以便更主动地管理网络用户社区。然而政府和法律的监管约束，尤其是欧盟隐私法案对出版商进一步收集用户信息构成挑战。其次，网络出版业的收入依然主要来自广告，各出版商正探索引入新的盈利模式，包括付费订阅、按网络流量计费、免费加付费模式、网上小额付费模式、传统出版物与网络出版物打包订阅模式等。过去，网络出版商认为收入主要来自自营的网站主页，而现在他们意识到与移动阅读设备生产厂商和服务商分享利润是大势所趋。最后，网络出版行业正在朝着统一的行业规范和标准迈进，越来越多网络出版商倾向于让内容具备在不同应用平台的兼容性，并主动与移动阅读设备生产厂商、软件程序开发商加强合作，争取主动。

专栏 9-1

英国推进数字政府建设①

近年来，数字经济已成为英国经济新的增长点。2018 年数字行业为英国经济贡献了 1490 亿英镑，占英国 GDP 的 7.7%，数字行业增速是英国国民经济增速的 6 倍。2019 年，数字行业为英国经济贡献了 1500 亿英镑 GDP、150 万个工作岗位。新冠肺炎疫情暴发以来，数字经济在传统服务业、制造业遭受供给和需求双重冲击情况下保持了上涨势头，即时通信、电子商务、线上教育和医疗、数字金融服务等行业在疫情中表现亮眼。

英国政府于 2017 年出台《数字发展战略》及与之相配套的《政府转型战略（2017—2020）》，将英国政府官网作为集合中央、地方政府部门和第三方政府服务外包机构的线上政务起始端口，旨在打造统一的线上政务平台，促进政务数字化转型、提升政府治理能力、更好使用政府公共数据、为政务办理提供跨部门共享平台。此后，英国政府还出台了《公共服务标准》，为完善数字政务服务的用户体验和满意度设立了 14 条标准。根据最新的《政府数字服务：2021—2024 年战略》，数字政府着重解决跨政府部门联合服务问题，并建立适用于所有人的单一数字身份，推出在线政务服务的单点登录方案，归口线上政府服务至单一平台。

新冠肺炎疫情凸显了数字经济的韧性和发展潜力，数字经济的重要性上升促使英国政府不断更新其数字发展战略。虽然英国政府目前还未公布 2021 年版的数字发展战略，但 2021 年 3 月份英国政府公布了发展数字经济的“十大技术优

①资料来源：马翩宇．英国推进数字政府建设．经济日报，2021-09-22（4）．

先事项”，其中包括建设千兆宽带和5G数字基础设施、消除数据共享和使用的障碍、通过培训促使劳动力数字技能提升、确保每个公民的数字权利得到保障、为初创企业成长提供良好融资环境、倡导在国际贸易合作中推广前沿的数字条款、在全球建立新的数字合作伙伴关系并扩大数字领域投资机会等。

在强化服务的同时，英国政府也重视数字市场监管。2018年，时任英国财政大臣哈蒙德提出组建“数字竞争专家小组”，该小组主要负责在英国境内企业并购和反垄断法、促进数字市场竞争效率提升和市场进一步开放等领域，向政府决策部门提供专业性对策建议。2021年7月份，英国政府提出数字市场监管必须遵循三项原则：一是支持创新，消除非必要监管和企业负担，首先考虑技术标准等非监管措施；二是确保监督的前瞻性和连贯性，监管规则和能力水平要与数字技术的快速发展相适应；三是监管政策制定者应具备全球视野，在决策中始终考虑监管措施的国际动态，包括数字贸易协议和国家监管措施带来的影响。

（三）日本

日本数字出版业总量虽然很小，但是发展速度快。从2003年（20亿日元销售额）到2008年的5年间，日本数字出版市场总量增长了20余倍，年均增长率接近200%。从出版领域角度看，日本数字出版主要集中在漫画、小说、写真集和时尚杂志这四个领域，其中漫画出版成为数字出版市场的主导性分支产业，超过80%的数字出版物内容都是漫画。从表现形式上看，日本的数字出版主要有两种形态：一种是把已出版的纸质出版物数字化，另一种是按照数字出版模式直接进行创作的纯数字化出版物。目前，前一类数字出版物较多，大量的数字出版作品依然依赖于传统出版创作力量，特别是在漫画领域，90%的数字漫画采取将传统出版物升级成为数字出版物的做法。采取这种做法的主要原因在于传统出版物依然占据市场主流，传统出版物的销售回馈信息可以有效反映市场需求和读者反响，可以有效避免数字出版物的市场风险。

具体来看，日本数字出版市场表现出趋于理性、发展趋于平缓，标准化、规范化不断加强，多元化、国际化发展趋势明显的特点。首先，作为内容创作者的出版社对于数字出版市场的认识逐步趋于理性，减少了盲从和追风心理。同时，面对手机终端销售市场已基本接近饱和状态的状况，手机消费市场的趋向理性也促进了手机无线出版市场逐步走向理性化。其次，日本数字出版业发展之初就较为注重打造标准化与规范化的行业体系链条，现在已经形成了若干个行业技术标准，并在这些标准的基础上初步形成了一套较为完整的出版链条。最后，日本每年通过手机网络和有线互联网收集的图书选题稿件数量已经远远超过了目前每年的图书出版数量。现在通过手机或普通有线网络的文学互动社区及网站选择作品，已经成为日本出版业选题开发的新渠道，产品开发渠道呈现多元化。

三、我国数字出版产业的发展状况

在数字中国战略深入推进的背景下，我国数字出版产业发展势头强劲。大数据、云计算、互联网+、人工智能等新技术、新理念的应用，使出版业的技术手段、载体形态、传播方式、传播效率等均发生了变化。与此同时，数字出版产业的规模也在不断壮大。

“十三五”期间，我国数字出版继续高歌猛进，产业收入逐年大幅度递增，产品与用户规模不断壮大，产业链日趋完善，融合度日渐加深。从 2000 年的 15.9 亿元发展到 2009 年的 795 亿元以上，2019 年我国数字出版产业收入规模超过 9800 亿元，较 2018 年增长约 17.65%，对比 2015 年的 4403 亿元，仅四年时间就实现翻番。20 年间，对比 2001 年的 15.9 亿元，我国内地的数字网络出版产值规模累计增加了 600 倍以上，这是传统媒体不可企及的发展速度。

《2020—2021 中国数字出版产业年度报告》显示，2020 年，我国数字出版产业面对突发疫情，逆势上扬，保持了良好的发展势头。全年产业收入超过万亿元，达到 11781.67 亿元，比上年增加 19.23%。其中，互联网期刊收入 24.53 亿元，电子书 62 亿元，数字报纸（不含手机报）7.5 亿元，博客类应用 116. 3 亿元，网络动漫 238.7 亿元，移动出版（移动阅读、移动游戏等）2448.36 亿元，网络游戏 635.28 亿元，在线教育 2573 亿元，互联网广告 4966 亿元，数字音乐 710 亿元。同时，新冠肺炎疫情倒逼出版业加大转型融合步伐，出版业融合发展进一步深入，网络文学、数字教育、知识服务、有声读物等领域呈现出良好的发展势头。其主要表现在以下几个方面：

第一，出版业融合发展提速增效。积极探索大数据、云计算、人工智能在出版服务中的应用，加快建立适应融合发展的组织架构、传播体系和管理体制，将出版、科技与文化创意相结合，向游戏、影视、文化旅游、文化金融等领域延伸，开拓融合发展路径。

第二，网络文学逐步构建新生态格局。网络文学 IP 生态格局日益健全，网络文学对关联版权领域的拉动赋能作用日益提升。在免费模式兴起的背景下，网络文学企业纷纷加大版权运营布局。

第三，数字教育出版步入调整期。教育出版转型融合提速，传统出版单位加快数字教育出版产品和模式创新。以人工智能为代表的数字技术与教育出版融合进一步深入，一方面改变着数字教育出版内容资源的呈现方式和服务模式，另一方面也催生了教学辅助硬件的多元发展。

第四，有声读物呈现精品化、智能化、场景化。出版机构和传媒机构普遍将有声阅读融入自身数字化转型进程，图书出版与有声读物同步策划、制作、分发成为常态。家居生态、车载生态和智能音箱等智能终端的发展，场景定制有声阅读墙成为内容服务的新形态，各类阅读场景构筑出知识文化新生态。

第五，数字内容营销体系逐步构建。出版单位纷纷借助电商平台、短视频平台、微信服务号等，扩展新媒体营销渠道，试水短视频营销和直播电商，取得初步成效。出版单位对数字营销渠道从初步试水转向常态化布局。各出版单位综合运用自有App、视频、直播等新兴媒介渠道，并积极开拓微信服务公众号、小程序、阅读学习社群等具有聚客引流功能的新型线上运营方式，实现了内容全方位传播、品牌多维度展示。

第六，媒体融合发展步入深水期。传统媒体和新兴媒体融合发展路径更加清晰，实现了流程、内容、技术、渠道、产品、运营模式和管理机制等全方位创新。一方面，着力打造全媒体传播体系建设，并借助前沿技术，提升媒体智能化水平；另一方面，丰富内容呈现表达方式，把握移动互联网可视化、碎片化传播趋势，深挖拓展原创内容价值，并逐渐摆脱了传统媒体的内容和模式，将业务延伸至内容付费、专业信息服务、智慧城市建设、生活服务等领域，媒体公信力、传播力、影响力进一步提升，对用户的引导力、吸引力、感染力显著增强。

第七，数字内容产品 “走出去”成绩突出。出版单位积极探索以数字出版和线上贸易为核心的国际合作出版的新模式，实现线上、线下图书宣传的联动，拓宽国际交流合作渠道，实现图书海外宣传效果的最大化。

第八，产业保障体系进一步健全。我国数字出版产业保障体系在诸多方面持续完善与丰富，尤其是在标准建设和版权保护方面表现尤为突出，为产业发展提供了有力支撑。

四、我国数字出版产业的发展趋势

2021年是“十四五”开局之年。相关规划的编制为我国数字出版产业的发展做出了顶层设计。数字出版也逐渐成为引领价值、宣传思想、传承文明、传播文化的主力军。总体而言，我国数字出版产业发展趋势主要表现在以下几个方面：

（一）数字内容生产分发模式加速变革

数字时代内容消费需求的多元化，对内容供给的效率、质量和精准程度提出了越来越高的要求，驱动着内容生产传播升级迭代。

数字内容的分发方式从单一的机器算法，迈向“算法+身份认同”的新阶段，用户对专业和权威的内容更具信任度和认可度，建立健全数字内容价值评价体系的重要性更加凸显。同一内容的多形式、多维度呈现趋势明显，人们对同一内容的多层次、多维度、体系化的呈现有了更大诉求，以原始内容为圆心向更多元形态发散的多业组合，将成为数字内容生产创作的常态。数字内容创作者、平台、用户之间实现了更深层次的互动，步入了“生产匹配消费，消费驱动生产、生产带动消费”的正向循环。

（二）云服务、人机协同将成为数字内容供给的重要模式

随着新型基础设施建设进度加快，各领域的云服务将进入发展的快行线。“云端模式”成为阅读、教育、游戏等多个领域的主要模式。在教育领域，在线课程、直播课程等云端课程的开发和运用，推进了“云课堂”等数字教育模式的创新探索。在线教育将进一步加速智能化、场景化进程，更加强调服务的可用性、易用性以及良好的应用体验。在游戏领域，云游戏作为5G应用落地的重要场景，也成为业内公认的游戏发展的重要方向。伴随5G网络的普及和用户对云游戏认知程度的提高，云游戏将步入用户规模增长的快行道。

5G与云计算、大数据、人工智能和物联网等技术的深度融合，将推动这些技术在内容产业的深层次应用，加速内容供给的智能化进程。物联网的应用让用户与内容生产者、用户之间以及用户与产品之间有了更为紧密的连接互动，加快步入万物互联时代。人工协同模式在内容生产、分发环节中将日益普遍，将人的感官信息、经验知识、逻辑判断与机器算法相糅合，提高内容供给质量和精准化程度。

（三）短视频和网络直播日益成为出版品牌建设的重要着力点

在全渠道营销时代，网络直播、短视频等可视化营销已成为品牌推广的主要方式。

出版业逐渐关注到网络直播、短视频出色的变现能力，将其视为品牌建设的利器，越来越多的出版企业运用网络直播、短视频进行品牌推广，并取得了良好的效果。新冠肺炎疫情暴发以来，出版机构纷纷将营销阵地转至线上，开启网络直播和短视频的品牌营销新模式，实现出版产品销量和出版品牌影响力的显著提升。同时，网络直播和短视频也成为出版机构提供知识服务的新途径，出版机构与读者用户之间的距离不断拉近。由此可见，网络直播、短视频等可视化营销方式将成为未来出版品牌营销的标配。

（四）知识管理和服务迈向中台化

数字化、智能化与产业加速融合，数据流动流通和大规模应用需求日益旺盛，对企业知识管理和服务能力提出了更为专业的要求。

人工智能、区块链、5G 等新技术将与知识管理实现更加深度融合，知识图谱技术将在知识管理中得到更深层次的应用，知识图谱技术将提升企业的多源数据采集能力，实现对存量知识内容的自动化整理，以支撑多样化、场景化的业务应用，促进出版单位的高价值知识资产的深度运用和有效流转。

在知识图谱技术的支撑下，出版单位通过搭建知识管理平台，对知识资源的获取、共享、应用和创新等过程进行全面管理，进行知识汇集整合、组织处理、建模分析、管理治理、服务应用、场景构建等，将知识与出版业务深度融合，构建智能化的知识协同创新链条和知识服务体系，推动出版知识服务水平的进一步提高，从而创造更大的业务价值。

（五）数字内容产业市场格局趋向竞合

数字内容新业态、新形式不断涌现，数字内容产业边界持续拓展，对数字内容产业市场格局带来巨大影响。

数字内容头部企业一方面拓展新业务，以构建自己的商业生态闭环；另一方面数字内容企业的共荣共赢意识日益增强。

数字内容企业在资源、技术、平台等方面实现互通，通过建立新的连接，或将发现新的市场机会，拓展业务领域，从而创造更大且更加持久的价值。基于这种共识，数字内容领域头部企业合作加强。网络文学、网络视频等领域都从过去的“单打独斗”迈向“组团发展”，呈现出“合纵连横”的发展态势，通过战略合作，以谋求发挥出“1+1>2”的叠加效应。

（六）全域化数字内容营销格局逐步构建

“消费分化”和“个性化”趋势日益明显，对企业的精细化运营和全渠道建设能力提出了越来越高的要求。构建全渠道、全媒体、全链条营销体系将成为下一阶段出版单位加强营销能力建设的重要着力点。

通过对多端口、多场景的信息打通和相互串联，将实现线上线下、跨平台、多维度、多场景的用户数据全景洞察，读者和用户的消费行为被更为精准清晰的归纳分类，在数据端建立起多维度、精准化、智能化的营销体系，将极大提升品牌运营效率和精准程度，继而提升用户转化效果，并可为知识服务的精准生产、精准调配和精准分发提供有力支撑。

（七）区块链提速落地构建数字版权新生态

知识版权保护与管理是区块链最重要的应用落地场景之一，运用区块链数据透明、不易篡改、可追溯等特性，将在数字版权的确权、保护、交易结算、溯源验真等场景中得以应用，建立起更加完备的版权信用体系。

专栏 9-2

知识中台

知识是所有产业智能化升级的核心基础。知识中台是基于人工智能的、对知识进行收集、组织、检索和应用的信息平台，能够以服务的方式接入企业核心业务场景，帮助企业员工探索和发现前所未有的洞察，管理知识迭代升级，提升业务运营与服务能力，推进商业模式的智慧转型和应用创新。

知识中台随着知识与信息成为企业智能化升级的重要基础而显得尤为重要。在人工智能的助力下，各行各业正在以全新方法推进知识的生产、组织、获取和应用。知识中台能够以服务的方式接入企业核心业务场景，帮助企业员工探索和发现前所未有的洞察，助力知识迭代升级，强化企业业务运营与服务能力，支撑商业模式转型和智能化应用创新。面对企业的知识应用需求，知识中台具备覆盖全生命周期、一站式服务、定制化解决方案等特点。

就知识中台本身而言，分为基础技术层、核心功能层及产品矩阵层，做好整个知识中台的构建，需形成一个知识中台的管理体系，包括从战略的理解、管控的治理、组织流程、技术、知识本身的体系和员工的管理，在此基础上，去构建一定的知识基础和知识环境。

【本章小结】

新闻出版业作为文化产业的重要行业部门，正迎来史无前例的变革和发展。即便是世界出版大国和强国，都不能不密切关注当下新闻出版业发展的趋势，都必须顺应、甚至引领未来新闻出版业发展的潮流，否则只能被历史淘汰。当下科技与新闻出版业的融合，数字出版的迅猛发展已经成为世界新闻出版业关注的焦点。近年来，虽然我国新闻出版产业取得了长足的进步，但是与世界新闻出版强国相比，仍然有相当大的差距。如何把握发展机遇，推进我国新闻出版业国际化步伐，依然任重道远。

【复习思考】

1. 什么是传统出版、网络出版？网络出版应具备哪些要素?
2. 美国、英国、德国及日本出版业具备哪些特色?
3. 探讨未来我国新闻出版业发展趋势如何?
4. 什么是数字出版？试述数字出版的商业模式及盈利模式。
5. 试述我国数字出版产业的发展趋势。

【案例分析】

融媒体时代，传统出版如何创新发展①

随着互联网和信息技术裂变式发展，社交媒体迅速崛起，一个“融”传统媒体与新兴媒体、“融”传媒与受众于一体的“融媒体时代”已经到来，产业边界日渐模糊，产业融合已成为传统出版发展的必然趋势，出版产业新格局和新业态对传统出版数字化和产业转型升级带来了前所未有的发展机遇。面对融媒体时代的个性化、多元化的阅读需求及新生出版生态环境，传统出版如何创新发展?

何为“融”媒体? 2014年被称为“媒体融合元年”。8月18日，中央全面深化改革领导小组第四次会议审议通过《关于推动传统媒体和新兴媒体融合发展的指导意见》，传统媒体与新兴媒体融合发展成为国家战略，媒体融合发展被提升到深化改革的战略层面；融媒体不只是媒介平台的融合协同，更是理念、流程、技术、内容、产品、队伍、管理、渠道、市场等的深度融合。理念融合，才能指导我们在实际工作中

①陈奎良．融媒体时代，传统出版如何创新发展．中华读书报，2020-04-26（6）.

将流程、技术、内容、产品真正地融合到一起而不是简单堆砌。队伍、管理、渠道、市场的融合对传统出版单位提出了更高要求。

互联网技术的快速发展推动着社会的进步，同时也加速了各个行业的转型创新。传统出版业的发展模式单一，与融媒体传播的时效性和体验的交互性相比具有明显的短板，因而融媒体的发展对传统出版业的发展带来机遇的同时，也使得传统出版业面临一些发展困境。

其一，传统出版理念和思维滞后于互联网技术发展。在传统出版理念和思维中，出版方主要关注的是“内容”，“出版”的方式和手段依靠书刊纸媒，编辑选择内容对受众进行推送，而对受众需要什么和怎么更好地满足受众所需则考虑不多，受众的兴趣点往往被弱化。而在融媒体时代，互联网信息技术的发展变革带动社会生产和生活方式的变革，也改变了人们的阅读习惯及消费方式。加之智能手机和平板电脑等智能移动设备的普及，人们获取信息的途径完全从传统的被动获取向主动获取迈进，人与人之间信息交流以及获取信息的过程也变得更便捷且迅速。与传统出版业相比，每个读者用户都可以表达自己的观点，人人都是“出版者”与传播者，用户参与的活跃度和创造性更高。比如《今日头条》的智能算法推荐，通过人工智能和大数据技术收集用户浏览习惯，分析客户需求，从而主动推送客户感兴趣的内容。这样个性化的推送不仅满足了读者的需求，也为内容生产者提供了创作方向。

其二，“读屏”式、碎片化移动阅读模式使得传统出版受众流失。信息技术的发展成就了今天的融媒体环境，同时也影响了整个出版业的发展模式。2019年8月30日，中国互联网络信息中心（CNNIC）在京发布的第44次《中国互联网络发展状况统计报告》显示，截至2019年6月，我国网民规模达8.54亿，互联网普及率达61.2%；我国手机网民规模达8.47亿，网民使用手机上网的比例达99.1%。可以说，不管你喜欢与否，我们的确已经跨入了读屏时代，它改变了人们获取信息的方式。尤其是忙碌的年轻人，往往利用上下班等零散时间进行“碎片化”阅读。4G及5G网络时代的到来促进了资讯App、网络游戏、音视频读物等出版新兴业态的迅猛发展。喜马拉雅等知名音频分享平台，更是将阅读变得不受任何时间、空间、光线的限制。它们在模糊传统出版边界的同时，更是使传统出版的受众流失。

其三，融媒体时代，传统出版发行方式和盈利模式受到较大挑战。传统出版流程往往受出版者控制，而基于数字媒体的出版模式则较少受出版商的干预，且其字数的控制较为自由。随着数字出版的迅猛发展，传统出版发行方式和盈利模式受到较大冲击。特别是纸价的飙升、印刷成本的提高，都对传统出版的发展带来了压力，更迫切需要完成自我的转型发展，推出多维度、立体化产品，提升综合出版能力。原国家新闻出版广电总局2013—2017年发布的全国新闻出版基本情况显示，全国580多家出版社，新书品种逐年井喷，但退货率居高不下，库存占用出版社大量资金，造成传统出版单位经营风险和成本日渐加大。而目前线上渠道的低价折扣促销现象，导致传统出版单位利润直线下降，生存受到威胁，已经伤及传统出版单位命脉。

互联网时代，人才是出版行业顺应时代转型升级发展的关键和基础。融媒体环境下，需要融合互联网、信息技术、出版、传媒、营销等为一体，相互密不可分，因此更需要懂出版、跨学科、懂市场、懂技术等的复合型人才。而传统出版单位按编印发等流程进行部门设置和人员配置，大家往往各管一摊，各有所长，复合型人才匮乏。受机制的限制，传统出版单位也很难留住高薪人才。

创新发展思路有何？融媒体时代背景下，出版业态发生变化，产业边界日益模糊，产业融合已成必然趋势。出版转型不是融媒体发展取代传统出版，而是内容生产不同环节的生态共享融通、集聚创新。只有转变出版理念，提高认识，科学规划，坚守内容为王的立身之本，在强化自身品牌优势、加大技术应用、加强复合型人才培养等多方面实现提升，才能在新的跨界磨合与发展中把握先机，从而在真正意义上达成内容、渠道资源的最佳整合。

在当前市场竞争日益激烈、互联网和新媒体迅速发展的大背景下，媒体格局、传播方式等都在发生着深刻变化，新媒体、新技术应用日益向传统出版渗透并相互融合，新的出版生态环境对融合创新提出了更高要求，需要提高对新媒体的适应和应用能力，在融媒体环境下提高综合出版能力，迎接出版新形势带来的诸多挑战和困难。

问题：结合案例，讨论数字化时代出版行业的发展方向。

第十章　广播影视产业

【主要内容】

本章介绍广播影视文化产业，首先从整体上对广播影视业进行概述，主要分析该产业的特点；其次总结国际上广播影视产业的现状与经验；最后对中国广播影视产业的发展状况、战略以及趋势等做了介绍。通过多元化的学习方式，培养学习者的团队协作、互助友爱、谦虚谨慎的品格，增强对我国广播影视产业发展的自信心和自豪感。

【学习要求】

1.掌握广播影视产业的特点，了解广播影视文化产业的运营模式及相关产业政策。

2.了解中国广播、电影、电视文化产业与其他国家或地区间的异同，能够从国际实例中总结经验。

3.了解中国广播影视业的发展状况。

【案例导引】

技术赋能，影视业驶向快车道①

2021 年春节档的观影热潮，显示了中国观众对于电影的热爱，也凸显了电影产业复苏的强劲。告别 2020 年，中国电影市场重新进入高速发展的快车道。在中国经济高质量发展的背景下，中等收入群体迅速扩大，人们的精神文化需求持续增长。

在国产电影持续发力的背后，是技术和标准的提升和进步。从近年来上映的一系列电影来看，国产片在叙事和技术层面展现了无限可能性，电影技术不断革新、工业流程持续完善。此外，新技术不断向广播电视等领域拓展延伸、深耕厚植。2021 年中央广播电视总台春晚在内容和形式上更加注重“云端”链接，通过“5G+8K+AI”以及虚拟现实、三维声等前沿技术开展直播与互动，“云端”多屏共振、超高清视听

①刘江伟，朱蒂尼．技术赋能，影视业驶向快车道．光明日报，2021-03-04（8）.

体验成为亮点。

中国电视产业和互联网视频产业深度融合，也呈现了丰富多样的形态。电视综艺节目涌现了许多传播中国优秀传统文化的精品力作，如《典籍里的中国》《中国诗词大会》《朗读者》等制作精良的节目备受关注。电视剧的发展也引人注目，反映当下现实生活的电视剧不断涌现，多样类型的剧目通过电视平台和互联网平台获得了更多关注。

2020年中国GDP总量超过100万亿元，人均GDP连续两年超过1万美元，这是中国迈入新发展阶段的重要标志，文化消费成为这个阶段人们越来越重要的消费选择。而5G技术的发展和应用，也为影视产业的进步提供了技术基础。“十四五”期间中国影视产业前景乐观，一方面会在原有基础上进一步高速发展，另一方面新的业态、新的发展模式等也会不断出现。

第一节　广播影视产业概述

广播影视属于文化产业的主体部分，是发展最为迅速、与人们日常生活最为密切相关的一个朝阳产业。它既是党和人民的喉舌，是政治宣传工具，具有强烈的意识形态性，又是人们日常生活的伴侣，是休闲娱乐的工具。它既是艺术，又是产品，具有一般产品的生产、流通、交换、消费的特征。

一、广播电视产业概述

（一）广播产业概述

1. 广播

广播是通过无线电波或导线传送声音、图像的新闻传播工具。通过无线电波传送节目的称无线广播，通过导线传送节目的称有线广播。广播诞生于20世纪20年代。美国匹兹堡KDKA电台是世界上第一座领有执照的电台，于1920年11月2日正式开播。中国的第一座广播电台建于1923年，是外国人办的。中国人民广播事业创建于1940年12月，即中央人民广播电台的前身——延安新华广播电台。广播的优势是对象广泛，传播迅速，功能多样，感染力强；短处是一瞬即逝，顺序收听，不能选择，语言不通则收听困难。

广播具有传播速度快、传播设备携带便捷、互动性和随意性强等特点。随着现代科技的发展，新兴媒体的不断涌现，数字广播、网络广播逐渐兴起，其发展速度远远超出了人们的预期，广播电台正在突破传统的模式，呈现出内容信息化、服务现代化、渠道多元化的发展趋势，推进广播产业化向纵深发展。

数字广播是指将数字化了的音频信号、视频信号以及各种数据信号，在数字状态下进行各种编码、调制、传递等处理。在处理过程中，传递媒介自身的特征，包括噪声、非线性失真等，都不能改变数字信号的品质。数字广播技术能对数字传送、发射、接收过程中各种干扰引起的误码进行自我纠错处理，保证从节目制作到发射、接收全过程都达到高质量，从而提高广播系统的整体技术性能。

网络广播实质上是广播电台利用建立在互联网站点上的广播服务器和特定软件运行传输，再经过计算机上安装的广播接收软件连接的过程。它既是网络传播多媒体形态的重要体现，又是广播网络化发展的重要体现。

2. 广播产业

广播产业是按照工业标准生产、再生产、储存以及分配广播产品和服务的一系列活动，即指从事广播产品与服务的生产经营活动以及为这种生产和经营提供相关服务的行业。

广播产业具有政治和经济双重属性。广播的双重属性决定了广播媒介一是要为政治服务，讲求社会效益；二是本身具有产业功能，讲求经济效益。

（1）广播产业的政治属性。广播作为宣传工具、舆论喉舌，具有明显的政治属性，突出体现在新闻宣传报道中，它有着舆论导向的作用。它的这种意识形态属性在世界任何制度下都是共有的。

（2）广播产业的经济属性。广播产业的经济属性具体表现在：生产方式上，广播产业是以规模化、专业化、社会化为特征的生产；生产组织形式上，它是为交换而生产的组织形式。其产品是一种物质性和非物质性相融合的精神产品、信息产品，具有商品性，绝大多数产品要进入市场进行交换，参与市场竞争。同时，广播也拥有巨大的、可待开发的产业功能，也就是它的经济属性。

在西方传媒业发达国家，广播产业是一个环节互联的组合方阵，各个广播公司高度分工又密切合作，进行价值链衔接。在传媒经济增长的过程中，广播内容产品的创意、技术、营销等各个环节紧紧联系在一起，形成一个“上游开发、中游扩展、下游延伸”的产业价值链条，对相关的企业和产业产生带动效应。

随着信息技术的飞速发展，广播形态由传统的单向模式走向数字化和多媒体化的新交互式传播，由本地化传播走向全球化和社区化传播，由大众化、综合性的“广播”走向小众化、专业化的“窄播”。根据国外广播产业发展的经验，随着广播产业化进程的不断加快，在广播产业链中必然会出现独立的服务公司或有新的企业加入，使原本属于广播电台的某项业务的全部或部分，由广播电台外部的专门的公司来完成，譬如专业调查咨询公司、内容制作公司、广告代理公司等，并在某个环节上建立起新的竞争优势。这种竞争优势表现为在该环节上具有成熟、精湛的技术和较低的成本。

（二）电视产业概述

1. 电视产业

电视产业属于第三产业，是传媒业中的优势产业。根据产业的定义，可从产业的角度定义电视产业，即以生产（制作）、经营、发射、播出电视节目（信息）或提供电视文化服务为主的企业组织及其在市场上的相互关系的集合称之为电视产业。

狭义的电视产业指生产（制作）、播出、传输电视节目（信息）以及开展与电视节目（信息）有关的营销活动的组织结构及其相互关系的集合。它是进行电视节目（包括广告）的生产、经营和消费等活动的市场组织，是以特殊形式向社会大众提供精神文化产品和信息服务的组织，以及在同一市场上相互关系的集合。这些组织就是有线电视台、无线电视台、卫星电视台及电视节目制作公司、营销公司等机构组织。

广义的电视产业除了围绕电视节目（包括信息）这一核心业务进行生产、经营、播出和传输活动的组织和机构外，还包括进行电视监控及设备制造等部门和企业。

2. 电视产业的发展趋势

电视产业由模拟向数字时代转换的标志是核心技术体系由封闭转向开放，而这种转换也是美、日、欧在电视技术角力之后的结果。

在模拟电视时代，欧美、日韩企业在掌握核心技术的同时，在市场上也拥有强势的品牌，这就导致它们在技术输出时对其他国家采取高额专利或者技术限制的方式，使之形成一个封闭的全球技术体系。

科技的发展终将电视产业推向数字时代。从广义上，数字电视是指一个从节目摄制、制作、编辑、存储、发射、传输，到信号接收、处理、显示等全过程完全数字化的电视系统。从狭义上，数字电视是指目前市面上销售的可以接收数字电视节目（DTV）的电视机，也称数字电视一体机。数字电视将带来一场深刻的革命，这不仅仅是技术革命，而且将带来广播电视运营体制管理方式以及用户收听收看方式的根本性变革，甚至对整个信息产业的发展产生深远影响。

欧美企业将精力集中在价值链的上游，成就了欧美企业在数字电视芯片技术等核心数字电视技术方面的领先地位。由于不具备整机制造的优势，欧美企业在数字电视方面的核心技术是一个向全球开放的体系。在电视的数字时代来临之际，中国企业与日韩企业实际上处于相同的起点。

电视产业由模拟向数字时代转型，不仅改变了全球电视产业的格局，而且在模拟时代一度被指斥为技术没落的电视产业在数字时代又开始重新回归技术之巅。电视产业重回技术之巅的标志，除了CRT之外，更多技术类型的电视开始层出不穷，如风行全球的平板化趋势、基于三网融合的概念等，数字时代的电视产业开始变成了各类高新技术创新的发源地，电视产业开始演绎另一种新的全球竞争格局。

专栏 10-1

电视产业三次革命迈进智能"云"时代①

从黑白到彩色，完成电视产业第一次革命；从CRT到平板，完成第二次革命；现在，从非智能到智能、云计算，从看电视到玩电视，电视产业的第三次革命正在进行……

一、智能引发电视行业新革命

继2010年Google智能电视问世后，海信、TCL、创维、康佳、海尔等厂商也都纷纷推出了基于Android操作系统的智能电视。

从最初的概念探讨、模式摸索到现在的量化生产、广泛宣传，智能电视已掀起了中国彩电行业的新一轮竞争热潮。在这股热潮中，无论是国产电视，还是外资品牌电视，都将"智能"作为自己的主战场，不断推陈出新，颠覆传统电视概念。电视终端正在以家庭智能娱乐终端的形式呈现在我们面前，并通过网络提供的各种内容服务及功能应用，打破传统电视企业单纯靠终端形式盈利的模式。

二、云电视将智能无限发挥

进入8月，智能电视再次升级，TCL、康佳、创维等企业纷纷推出"云计算"

①电视产业三次革命迈进智能云时代．深圳晚报，2011-09-02（A14）．

智能电视，让“网络就是计算机”的口号成为现实。

智能云电视代表了智能电视最先进的方向，不仅具备了目前智能电视的所有功能外，还独有一系列领先功能：软件可更新，实时升级，实现内容的无限扩充和升级；双向互动，用户可自由对电视智能操控，即任何界面直接用鼠标键盘进行操控；安全防卫终端安全卫士，有效防护个人信息及网络安全，对电视系统进行优化，同时可以实现家庭“三防”功能；N屏互动，可实现任何时间、任何地点，通过云端实现终端设备（TV、PC、PAD、PNONE）进行视频、音频、资讯等多种内容的共享；物联生活，除可以连接普通智能电视可连接的公共社会云，还可以连接“家庭云”“社交云”“娱乐云”“教育云”等所有云端，通过连接“家庭云”，可进行家电的物联，自由控制家庭中的洗衣机、冰箱等各种设备。

三、云电视将改变我们的生活

早晨，电视会自动用悦耳的旋律提示我们起床；只要一个手势，电视就会开始读我们最喜欢听的新闻；临出门，只要问一句“天气怎么样”，电视就会提示需要带雨伞，还是多加件衣服；偶尔出差在外，随手拍几张照片或视频，也可以马上回传到家中的电视上，和家人一起同步分享旅途的精彩。

可以想象，当云电视走进千家万户，我们的生活将会发生翻天覆地的变化，美国科幻大片中的智能生活将成为现实。

相关链接：

“云计算”名词解释：狭义云计算指IT基础设施的交付和使用模式，指通过网络以按需、易扩展的方式获得所需资源；广义云计算指服务的交付和使用模式，指通过网络以按需、易扩展的方式获得所需服务。这种服务可以是IT和软件、互联网相关，也可是其他服务。云计算的核心思想，是将大量用网络连接的计算资源统一管理和调度，构成一个计算资源池向用户按需服务。提供资源的网络被称为“云”。“云”中的资源在使用者看来是可以无限扩展的，并且可以随时获取，按需使用，随时扩展，按使用付费。云计算的产业三级分层：云软件、云平台、云设备。

（三）广播电视产业的分类发展

基于广播电视产业的属性，中国广播以及电视产业，应该改革事业产业不分的弊端，在坚持广播电视政治属性的前提下，将其进一步区分为若干类别，实施不同的改革和管理，使广播电视不同性质、不同功能部分按照不同的政策发展，即科学区分、分类管理、区别发展。

对广播电视不同部分进行区分，必须确定统一、明确、科学的划分标准和政策。主要有三项：

第一，政治标准。服务和活动是否直接关系主流意识形态的统治地位、舆论导向、国家安全、公共安全、社会稳定和国家根本利益。

第二，经济标准。服务和活动是否以营利为目标，是否按照市场方式进行运作。

第三，公共标准。服务和活动是否为满足人们普遍的公共需求，面向社会提供公益服务。

参照上述标准，可将广播电视服务划分为三类：

第一，公益性广播电视服务。这类广播电视服务包括中央、省、市各级广播电视新闻宣传和对外宣传、少儿、农业、少数民族节目等满足人民群众基本文化需求的公共服务。这种广播电视的活动所需资源不是通过市场配置，不以营利为主要目标。其经费来源主要为政府拨款，或由政府允许的适量广告经营，实行收支两条线，所得收入纳入国家财政性收入，用于公益性广播电视事业发展。

第二，经营性广播电视服务。这类广播电视服务包括除新闻类、访谈类节目以外的节目制作、发行、付费广播电视业务、广播电视广告经营、有线网络传输及增值业务等。这类广播电视服务资源主要通过市场配置，通过产业运作、有偿服务，发挥市场机制的作用，调动各方面的力量，拓宽经营创收渠道，加快发展。

第三，介于两者之间的广播电视服务。这类广播电视服务包括音乐、科技、体育、娱乐、影视等节目。这类广播电视服务业务活动内含一定的意识形态内容，具有一定的公益属性，其播出只能是事业性质，但节目制作等部分资源可由市场配置。

二、电影产业概述

（一）电影产业的概念

电影产业是指以电影制作为核心通过电影的生产、发行和放映以及电影音像产品、电影衍生品、电影院和放映场所的建设等相关产业经济形态的统称。将电影这种艺术形式作为商品进行大规模的产业化经营源自美国好莱坞，并且已经以这种模式运行了一个多世纪。

（二）电影产业的特点

电影产业的普遍特点是电影的利润动机与商品本质，它涵盖了电影的制作、发行、放映或零售以及行业扩张、推广等众多环节。

1. 电影产业的高风险性

电影产业所生产和销售的并不是某个物理性质的东西，而是某种人文色彩浓厚的无形产品。物理形态的电影拷贝并无多少利润可言，真正有价值的是其承载的精神性内容，即内容指向远大于外观形式。因此，消费者的消费偏好和审美评价成为吸引观众消费注意力并决定电影产品实现价值的重要因素。

而吸引观众注意力并促成观众产生初次消费，只是第一步，能否吸引观众的持续注意力并促成再度消费，才是问题的关键。作为某种“半公众性”产品，电影既要能满足人的个性及创造性需求，又要兼顾人们的平均接受能力。而观众的“审美风向标”几乎是无法预测和控制的，电影制作者所能掌握的只能是陈旧的、局部的信息。多数情况下，电影营销中出现意外的成功或失败是十分正常的事，而电影产业的高风险性也就在于此。事实上，不仅个别影片会遭遇失败，而且几乎所有的电影制作都是一种冒险。例如，在电影超级大国美国，每年只有 1/10 的影片可以凭其国内放映收回投资，而另有 4/10 则根本无法收回成本。

2. 电影产业的高利润性

尽管一部电影的制作耗资巨大，但是一旦“母带”制作完毕，其复制或再生产就成为十分简单且低廉的事情。一方面，技术的日新月异使电影拷贝或其他电影音像制品与其“母带”的质量和效果几乎没有差别。另一方面，这种“无差异复制”最终使一部电影的接受度和接收面具备了无限扩展的可能性。技术无差异和观赏无损耗使得观众效用及电影产品生产者利润均得益最大化。正是电影产业生产与再生产之间的差额比决定了电影产业的高利润性。

当然，这种基于技术因素的高利润性背后也隐藏着一定的风险性。盗版就是与之相关的一个关键问题。随着观众观影方式的多样化以及电影复制技术的数字化进程，这种风险正在增大。根据美国电影联盟组织（MPAA）及其国际分支机构（MPA）的估算，美国电影产业因盗版问题平均每年要损失三十亿美元（其中不包括网上盗版的经济损失）。尽管国际反盗版组织早在 1976 年就已经成立，但全球性的盗版问题依然十分严重。为此，MPA 在 2000 年推出了打击盗版行为的全球大行动。

第二节 国际广播影视产业现状与经验

一、国际广播影视产业的现状

自20世纪90年代起，先进信息通信技术和经济全球化的浪潮使广播影视业发生了全方位的深刻变革。广播影视行业正朝着数字化、网络化和多功能的方向发展。数字和网络技术的应用不仅大大提高了节目制作的质量，而且拓展了信息传输、接入的方式。国外广播影视产业通过信息基础设施为民用和商业用户提供多种高质量的信息服务。如发达国家的政府为使其国家的信息资源得到充分合理的应用，投入大量的人力、物力开发信息资源，比如将图书馆、博物馆的书籍、图片、音视频馆藏品通过采集、录入、加工处理，再通过广播、电视或互联网为公众提供服务。

就世界广播电视业现状而言，数字化广播电视稳步发展，宽带电视、移动电视等逐渐成为新的产业增长点，产业重组进入深层次阶段。在内容发展上呈现四个趋势：第一，输出多形态化与节目开发多重化。立体媒体播出网正逐步完善，广播网、电视网、互联网同步播出，模拟频道和数字频道可以前后播出，还可以为付费频道和点播节目的庞大内容贮备资源，既能够极大地拓宽受众范围，也可以最大限度地利用节目资源。第二，本土化与国际化。除了根据不同市场的不同特色和需求将频道进行多种组合、向不同国家和地区打包发送外，就是专门针对不同地区办本土化的电视频道。第三，信息化与娱乐化。当下消费群体愈加希望从广播影视中获得信息，寻求娱乐放松。第四，参与性与互动性。点播付费电视、计次付费电视、数字广播电视、网络广播电视等新传播方式和传播技术，进一步开掘和增强了受众参与的渠道与形式，特别是益智类娱乐节目、谈话类娱乐节目和游戏类娱乐节目。新的传播方式和技术还使广播电视节目的参与性得到了进一步延伸。

就世界电影业发展状况来说，美国在世界电影产业中占有最大的市场份额，美国电影产业在深刻影响美国文化产业和娱乐产业的同时，也对世界电影与文化产业产生了巨大的影响。作为全球电影产业链最完整、电影投资获利最多的国家，美国电影产业的制作、发行、放映和后电影衍生市场的开发均相当成熟。2010年前，美国电影版权产业的综合收益已超过700亿美元，现在更达到了1000亿美元左右的规模，占美国 GDP 的比重接近 1%，其电影作品的出口创收，甚至超过航空、汽车等行业。而美国电影国内影院票房占 40%，国外票房占 60%，美国电影越来越成为一种“世界电影”。

欧洲的电影在某种程度上仍然被视为一种艺术形式，产业化和市场化程度远落后美国，但其电影的艺术成就在世界上具有重要影响，在国际电影联合会确定的五大国际电影节中，有四个是欧洲电影节。目前欧洲电影业正在向商业化方向转变。

亚太地区是增长最快的电影市场之一。中国大陆地区市场快速发展，印度等逐步形成了具有民族和地域特点的电影及其市场。这些因素都极大地繁荣了亚太地区的电影市场，并使本地区成为全球增长最快的电影市场。

总体来看，目前世界广播影视业不仅产业集中度越来越高，并购整合浪潮规模空前，从而造就了一批超级传媒集团，而且国际竞争日益激烈，发达国家大型传媒集团凭借其强大的经济实力和品牌影响力，加快了在全球范围的扩张步伐，千方百计抢占新的市场。当然，从长远看，任何国家、任何地区的广播影视都不可能关起门来发展，也不可能长期依赖政府的特别保护，必须参与国际竞争，在竞争中求生存，在竞争中求发展。因此，产业竞争力的不断提升成为一国广播影视业国际化进程极为重要的环节和推动因素。不仅如此，伴随数字和网络技术等高科技的快速发展和更新换代，世界广播影视业的产业升级、结构优化成为常谈常新的话题，而产业间的融合发展则更应引起各国高度的重视。

二、国际广播影视产业的发展经验

（一）美国

美国广播影视无论从体制，还是从业内结构，经营运作和理念等而言，都是最商业化的，从目前整体来讲，在世界范围内商业化最为成功。发行和播映是美国媒体业经济运转最为重要的两个环节。经过百年的努力，美国电视业已形成了自己独特的经营理念和运营模式，特别是美国传媒的辛迪加经济系统，主导着美国电视业的资本运营和盈利。节目辛迪加是美国电视节目发行的一个特殊渠道。其具体过程就是辛迪加组织将电视节目购买过来，然后向市场销售其播映权，这样通过开发电视节目的多轮播放的市场来获得利润。节目辛迪加的基本模式形成于 20 世纪 30 年代，首先使用在广播领域，40 年代末期开始被引入电视领域。当代的节目辛迪加商业模式成形于 20 世纪 70 年代。由于辛迪加部分地打破了电视网的垄断，它就进一步推动了美国电视网中存在的制播垄断的局面，促进了制播分离。

而就电影产业而言，“好莱坞模式”是极具代表性成功的电影业发展模式，它涵盖了电影的投资、生产、发行、放映及其后产品开发的各个相关环节和领域，是一种高度集成的电影产业运作模式。好莱坞模式追求市场份额最大化，进行高组织化的市场营销，具备丰富的市场运作经验，通过法律法规和政策杠杆来规范和鼓励，具有高度商品化、产业系统化、资本国际化和风险投资等特点。其中，美国电影产业下游的“后电影市场”环节最值得关注，即电视、网络等播映渠道的版权收入和与电影相关的广告、音像、软件、旅游、娱乐、玩具、服装、主题公园等电影衍生产品的收益。这些衍生品收益往往可以占到电影总收入的 80% 左右。

（二）英国

英国广播影视业在世界上同样拥有长期、独特、成功的经营经验。以广播电视业为例，依据英国的《通信法》，英国广播电信局必须就现有的公共广播电视机构是否有效执行其公共服务职能格的情况进行检查和评估，并需要提出相应的报告和建议，由此不断推动相关产业的发展，使其在世界上保持领先地位。

英国国内电视的主要频道数量不如美国，但是资源配置水平较高，除了 BBC1 和 BBC2 两个主要电视台之外，其余三个电视频道每天都有电影播放，而且在统筹安排上会岔开各自播出电影大片的时间，从而避免资源浪费。不仅如此，英国电视专业人重视节目选题策划，每一个节目的录制经费从选择到申报、批准都要经过很严格的过程，题材被批准的过程很慢很严谨，特别是纪录性节目，而且电视节目资料的准备和运用快捷、准确，由此吸引世界各个国家都引用或转播英国 BBC 新闻节目及报道。

英国的电影产业在 20 世纪 90 年代曾面临巨大危机，但是经过十多年的扶持发展，英国电影市场规模持续扩大，电影出口贸易每年出超（贸易顺差）。这得益于稳定的电影受众市场、优秀的电影人才、多样化的电影类型选择以及良好的电影制作技术与基础设施，加之英国政府从战略、融资、出口、减税等方面对电影产业的大力扶持，使得电影产业已经成为英国的主导产业，对英国经济贡献日益巨大。

（三）法国

法国非常注重保护本国文化，并且把“艺术”看得比“工业”更为重要，由此促使法国政府对本国广播影视的扶持和保护。以电影业发展为例，法国对电影产业的扶持政策中最重要的一个环节就是实行电影资助制度，给电影艺术创作以财政保证。

从1948年开始，法国财政法中便明确规定，法国电影工业享受电影扶植资金的支持，即采用票房预付款制度，规定国家电影中心可以从每张电影票中抽取11%的税金，形成两个主要资助基金——自动资金和选择资金，前者自动返回制作者，跟票房直接挂钩；后者主要是票房预付款制度，即国家电影中心预先支付给制片人影片预算的一部分资金。此外，法国电影投资机制的最大优点在于透明：法国在全国建立投资合同存放系统，实行电脑售票，投资人借助这些手段，可以对电影票房和电影的电视播放分成等硬指标进行严格监控，这无疑大大保护了投资人的利益。

（四）韩国

韩国影视业近年取得巨大的进步。除了从政策上实行电影配额制保护本国电影以及取消电影审查制度促进电影百花齐放外，韩国影视作品的重要特点是包装精美、制作精良，成功地采取了全球化与本土化相结合的创作策略，同时在商业上拓展自身的融资渠道和营销策略，通过投资方、观众、制片方、发行方及院线的反复运作沟通，走出一条典型的商业路线，产出了一批票房价值高的电影。在亚洲金融危机之后，韩国中小企业和风险资金的投资踊跃，使得其电影产业在民间吸纳资金的能力极大增强。与此同时，融资渠道和方式也更加多样化，通过互联网融资首先得到了尝试，这样大胆而活跃的融资方式不仅大大活跃了制片机制，而且推动了国民的电影参与意识。

专栏 10-2

世界广播电视业的运作模式①

世界广播电视业的运作模式主要有两类：

第一类是以美国为代表的以私有制为主体的完全商业化运作模式。在这种模式中，广播电视的运作完全以营利为目的，收视率是所有节目的衡量标准，并通过广泛争取广告客户和快速的节目更新达到其营利目的。此类电视台完全独立于政府。

在美国，除了少数教育电视台外，大部分广播电视公司，包括美国四大电视网——哥伦比亚广播公司（CBS）、全国广播公司（NBC）、美国广播公司（ABC）

①资料来源：吕禾．环球时报，2004-03-03.

和美国有线电视新闻网（CNN），都是商业性的，以赚钱为目的。它们的生存主要靠广告来维持。

第二类是以欧洲、日本为代表的公私并举的双轨制运作模式。公营台和私营台的实力基本相当，双方为争取受众而展开竞争。其中，公营台以视听费为主要收入来源，私营台则以广告为主要收入来源。英国广播公司（BBC）就是国有社会公营型广播电视的典型，它主要依赖政府的拨款和收视许可费支撑运作。BBC的英国用户每年要缴纳109英镑的电视收视许可费才能收看该台的节目。

在世界范围内，广播电视业的竞争几乎都是少数大公司之间的竞争，美国目前是6家大的广播公司角逐广电市场：ABC、NBC、CBS、时代华纳公司、福克斯电视网和派拉蒙电视网。在英国，是公营的BBC和私营的ITV电视台平分天下；在意大利，是公营的意大利广播电视公司和贝卢斯科尼控制的私营的梅迪亚赛特公司两雄争霸；在法国，是公营的2、3台和私营的1、6台捉对竞争；在日本，则是公营的日本广播协会（NHK）和四大私营电视网——东京广播公司（TBS）、日本电视网（NTV）、富士电视公司（FTV）、朝日广播公司（ANB）角逐日本电视市场。

第三节　中国广播影视产业发展状况

一、中国广播影视产业的发展状况

中国广播影视产业坚持正确的政治方向，牢牢把握正确的舆论导向，持续深化改革、锐意创新，发展速度不断加快，整体面貌发生了崭新的变化——产品日益丰富，市场日趋活跃，取得了良好的社会效益和经济效益，整体实力、竞争力和影响力显著增强。从广播影视节目的生产制作量、整体技术水平和规模以及实际覆盖人口来看，中国已经成为广播影视大国。

（一）广播电视产业的发展

从内容创作看，深入实施新时代精品工程，主题主线创作生产取得显著成效，公益性节目播出比例不断提升，原创作品创作水平不断提高，涌现出一批思想精深、艺术精湛、制作精良的优秀作品。2020年，全国电视剧制作发行202部、7476集，全国制作广播节目时间达821.04万小时，电视节目制作时间为328.24万小时。全媒体产品日益丰富，网络剧、网络综艺、网络电影、网络纪录片、网络动画片等网络视听节目丰富多彩，短视频、互动视频等内容形态加速创新，网络视听机构成为集纳视听节目万众创意的平台。2020年，全国互联网音视频节目增量2.2亿小时，其中获得上线备案号重点网络电影745部、网络剧211部、网络动画片25部、网络综艺251部。

从公共服务体系建设看，基本实现广播电视村村通向数字广播电视户户通升级，基本形成覆盖城乡、便捷高效、功能完备、服务到户的新型广播电视覆盖服务体系。截至2020年底，全国广播、电视综合人口覆盖率分别达到99.38%和99.59%。

从科技创新引领看，大数据、云计算、5G、人工智能、超高清、VR/AR等技术在广电领域应用更加广泛，全媒体制播端到端流程再造、体系重构加速推广。5G高新视频系列技术标准不断健全，研发应用更深融入制作传播体系。中国广电5G试验网建设有效实施，5G广播电视技术应用、试验验证、标准制定，推动业务开发和产业生态不断完善。超高清电视、高效音视频编码、智能电视操作系统、应急广播、收视大数据、视音频内容分发数字版权管理等一批行业标准和技术规范相继发布，推动广播电视科技创新体系不断升级。

数据显示，2020年全国拥有高清电视频道750个，4K超高清电视频道6个，新闻资讯类、专题服务类、综艺益智类电视节目高清超高清制作比例分别达到49.6%、35.2%和45.2%。全国有线电视网络整合与广电5G建设一体化加快发展，全国有线电视实际用户数2.07亿户，高清和超高清用户突破1亿户，智能终端用户2985万户，同比增长25.16%。有线电视双向数字实际用户数9551万户，同比增长37.58%，高清超高清视频点播用户3638万户，占点播用户的比例达到93.5%。全国交互式网络电视（IPTV）用户超过3亿户，互联网电视（OTT）用户9.55亿户，互联网视频年度付费用户6.9亿户，互联网音频年度付费用户1.1亿户，短视频上传用户超过5亿户；平均每个网民每天观看互联网视频节目（含短视频）约100分钟，收听互联网音频节目约20分钟。

从产业发展情况看，产业发展规模持续增长，产业带动能力不断增强。2020年，全国广播电视行业总收入达到9214.6亿元，同比增长13.66%。其中，广播电视和网络视听业务实际创收收入7711.76亿元，同比增长13.96%；财政补助收入968.33亿元，同比增长20.74%；其他收入534.51亿元，同比下降0.76%。“十三五”期间，先后涌现出《可爱的中国》《海棠依旧》《平凡的世界》《最美的青春》《大江大河》等一大批深受广大群众欢迎、叫好又叫座的优秀影视剧，影视产品和服务出口不断扩大。同时，收入结构加速调整优化，新业务、新业态、新模式成为产业发展生力军，持证及备案机构网络视听收入达 2943.93 亿元。市场体系不断健全，要素流通更加顺畅，市场环境不断优化，产品交易、内容消费、视听播映市场进一步完善。电视剧、动画片、纪录片等内容产业健康繁荣发展，市场主体不断壮大、愈加多元，创新力、竞争力持续提升。

（二）电影产业的发展

中国国内电影市场的繁荣全球有目共睹，而 2009 年及 2010 年国务院先后出台的《文化产业振兴规划》和《关于促进电影产业繁荣发展的指导意见》更是把电影产业作为文化产业振兴的重要部分，提升到了国家级战略产业的高度予以大力支持。

回顾“十三五”中国电影产业的发展，我国的院线内影院从 2015 年的 6396 家增长到了 2019 年的 12408 家，增长 94%；银幕数从 2015 年的 31600 块增长到了 2019 年的 69787 块，增长 120.84%。全国电影票房收入从 2015 年的 449.7 亿元增长到了 2019 年的 642.7 亿元，增长 42.95%。我国的电影业获得了巨大的发展。

2020 年，全球电影市场受新冠肺炎疫情影响，各地区总票房均同比降幅超过 70%。而此前一直占据世界电影市场C位的北美，在2020年度累计票房仅20.89亿美元，仅为 2019 年的 18.45%，创 40 年来历史新低。2020 年中国率先从疫情中恢复过来，封城措施解除后人们对于外出娱乐的热情高涨，尽管中国电影总票房因疫情影响比上年减少 68.23 %，但中国电影票房仍然以 29.83 亿元的好成绩，远高第二名北美 8.94 亿元的票房，取得 2020 年全球票房第一的好成绩。

二、中国广播影视产业发展战略

当前，中国广播影视产业正处于加快转变、加速转型的战略机遇期。为了更好地适应市场经济深化发展、高新技术迅速成长的形势以及世界贸易组织的要求，最大限度地满足人民群众不断增长的精神文化生活的需求，不断增强综合国力，中国广播影视业必须继续深化改革，切实遵循广播影视产业的特性和规律，推进广播影视公共服务体系和市场运作体系的建立和完善，实现中国广播影视产业新的跨越式发展。

（一）大力提升广播影视内容和服务质量

内容是广播影视产业的核心。中国广播影视产业要坚持以人民为中心的发展思想，坚持以社会主义核心价值观为引领，积极促进广播影视内容创作和服务质量不断提升，原创能力、创新水平持续迈上新台阶，中高端内容产品和服务供给日益充足，个性化定制、精品化生产不断完善，更好满足人民高质量精神文化需求，拓展个性化、多样化市场服务模式，为破解人民日益增长的美好生活需要和不平衡不充分的发展之间的矛盾贡献力量。

（二）大力深化广播影视产业科技创新应用

以 5G、大数据、云计算、物联网、人工智能、区块链等技术为代表的新一轮信息革命浪潮，带来技术路线革命性变化和生产模式突破性创新，信息无处不在、无所不及、无人不用，导致舆论生态、媒体格局、传播方式发生深刻变化，给广播影视产业带来新的挑战，也为融合发展、迭代升级带来重大机遇。中国广播影视产业要加强新一代信息技术在广播影视中的创新应用，持续推动广播电视迭代升级，广播电视媒体内容生产技术体系优化重构，主流媒体融合传播网、数字文化传播网、基础战略资源网建设取得显著成效，新型智慧广电终端普遍应用，高新视频、全场景视听、云转播、广电 5G 融合服务等新业态在政用、民用、商用领域不断拓展，智慧广电全业务服务模式赋能千行百业数字化智慧化转型，促进数字技术在电影产业中应用水平的不断提升。

（三）大力加强广播影视产业安全保障和治理能力

面对高度联通的社会、日益不确定的外部环境以及愈加激烈的竞争，中国广播影视产业需要进一步加强安全保障，特别是完善相关法律制度，推动标准体系建设。大力促进广播电视网上网下统一导向、统一标准、统一尺度的宏观调控能力和管理水平不断提高，指挥调度、态势预警、应急处置于一体的安全播出工作机制进一步完善，互联互通、资源共享和智能协同的监管平台初步建成，行业治理体系对新形势、新技术条件下意识形态领域风险挑战的应对能力显著提升。针对电影产业，要提高电影全产业链治理水平和安全保障能力，推动电影产业高质量发展。

（四）大力加快广播影视产业国际化步伐

中国广播影视产业要顺应全球化的趋势、开放新格局的构建，培育一批特色鲜明、有较强竞争力和影响力的龙头骨干企业，积极推进国际交流与合作广泛开展，加快国际化步伐，讲好中国故事、传播中国声音能力进一步增强，具有自主知识产权的软硬件设备、技术标准等相关产品和服务在国际市场的竞争力和市场份额进一步扩大，全方位、多主体、多层次的对外传播格局基本形成。

专栏 10-3

中国电影科技十年：从“破冰”到“崛起”，打响“卡脖子”技术攻坚战①

科技是第一生产力，核心技术是国之重器。而关键核心技术是要不来、买不来、讨不来的。十年间，我国电影科技工作者迎难而上，坚持关键核心技术自主创新。近年来，我国电影科技持续加强对前沿性、基础性、关键性技术的研发力度，向“卡脖子”的技术难题发起了一次又一次的技术攻坚，取得了突破性进展。

2011 年，我国具有自主知识产权的影院巨幕系统——中国巨幕诞生，标志着我国电影科技首次打破单一国外品牌 在高端巨幕放映市场的垄断。此后，中国电影科技相继在激光放映、电影云制作、3D 立体放映系统等领域取得技术突破。

2018 年，中国自主研发的激光数字电影放映机 C5 获得 DCI 认证，我国首次实现数字电影放映设备零的突破。

2019 年，《流浪地球》问世，中国从此具备了拍摄硬科幻电影的能力。同年，中国代表团首次向国际标准化组织电影技术委员会提出由中国牵头制定数字影院立体放映国际标准的建议，获准通过，中国声音以强有力的姿态传向世界影坛。同样是在 2019 年，我国首套 CINITY 系统在上海影院落地，标志着我们的科技工作者集成创新能力引领世界。

2021 年，我国自主研发的国产 LED 2K/4K 电影放映系统相继通过 DCI 的检测认证，LED 电影屏放映系统的过检，标志着影院放映系统有望打破国外长期独家垄断投影显示领域 DMD 核心芯片的“卡脖子”问题，使我国在新一代电影显示系统研制中实现弯道超车，对于推进电影放映技术自主创新和未来实现影院以较低成本放映高质量画面的电影具有里程碑意义。国产电影放映幕——纳幕系统获得了行业首张认证证书，其技术指标和系统服务性能的提升，再次打破电影高端放映幕由国外垄断的局面。

如今，在电影的一些领域，中国电影科技正在由“跟跑者”上升为“并行者”，相信随着我国电影科技的繁荣发展，中国必将迈进世界电影科技“领跑者”的行列。

①资料来源：张伟．中国电影科技十年：从“破冰”到“崛起”，打响“卡脖子”技术攻坚战．中国电影科技网，2021-09-27。

【本章小结】

广播影视产业属于文化产业的主体部分，虽然近年来中国广播影视业取得了长足的进步，中国已经被视为广播影视大国，但与发达国家相比，距离广播影视强国还有一定的差距。当前在文化经济全球化、科技革命日新月异以及国家文化大发展、大繁荣的背景下，中国广播影视业迎来了新一轮的发展机遇，未来改革及政策实施空间很大。如何深化改革，把握机遇，不断推进符合中国国情、具有中国特色的广播影视产业制度体系建设，促进中国广播影视更好地走出去，更多地参与国际竞争，已经成为各个相关利益部门和单位的重要任务和使命。

【复习思考】

1. 何谓广播产业？它具有怎样的属性？
2. 中国广播产业化发展具体呈现出哪些主要特点？
3. 何谓电影产业？其有哪些特点？
4. 狭义的电视产业的内涵是什么？其发展趋势怎样？
5. 谈谈“好莱坞模式”的成功经验。
6. 谈谈你对中国广播影视产业发展战略的理解。

【案例讨论】

从电影大国到电影强国之路怎么走①

受疫情影响延期后，2021 年 9 月 21 日，第十一届北京国际电影节如约回归。电影作为艺术，是文化的重要构成，是文化软实力的集中体现。从 1905 年中国民族电影诞生至今，中国电影经历了百年风雨。以家国情怀为主题的主旋律作品，百年来在中国影坛上生生不息，成就了中国电影最突出的品格，也为电影产业持续发展贡献了重要力量。然而自去年年初疫情暴发后，中国电影产业遭遇重大挫折。截至 9 月 23 日，2021 年中国电影总票房收获 343.05 亿元，比疫情前 2019 年 1 月 1 日至 9 月 23 日的 470.99 亿元总票房下降 27%。

后疫情时代，电影产业如何改革升级，在稳步复苏的前提下持续健康发展，从

①赵丽．从电影大国到电影强国之路怎么走．法治日报，2021-09-27（4）．

电影大国成长为电影强国？这是北京国际电影节上嘉宾们讨论的重要话题，也是所有电影人都在思索的一道难题。

在中国共产党成立100周年的重大时间节点，主旋律作品成为今年银幕上的主流。前不久，展现中国共产党百年伟大征程起点的电影《1921》亮相上海国际电影节，反响热烈；紧接着，《革命者》《望道》《长津湖》《我和我的父辈》《狙击手》等相继亮相。一部部国产大片展开百年党史波澜壮阔的历史画卷，用艺术语汇赢得观众的共鸣。主旋律作品在近几年发展过程中经历了质变的过程。“2009年《建国大业》上映的时候，这种主旋律创作当时本质上还是一个企业行为，而从《我和我的祖国》到现在的《我和我的父辈》，其中一个明显特点是举国之力，集行业所有资源，而不能说是某个公司的作品。”也正是因为2019年主旋律大片呈现出的新特点，推动主旋律作品大规模出现，成为各大档期的“种子选手”。

集齐行业最优质资源、用心制作的主旋律电影所带来的成效显而易见，此类电影逐渐为电影票房贡献了重要力量。国家新闻出版广电总局发布的数据显示，2020年中国电影总票房达204.17亿元，其中国产电影票房占83.72%。

在这次北京国际电影节上，业内人士均提出必须正确看待主旋律作品，他们认为主旋律作品必须紧扣时代脉搏、表达民族心声。通过电影的力量回望百年征程，让更多观众从中读懂初心，与主流观众产生共情，实现社会效益和经济效益的“双丰收”。

2019年疫情暴发后，电影产业遭遇重挫。中国电影人务实笃行，守正拓新，在海外电影市场仍未摆脱疫情困扰的情况下，中国电影产业迅速复苏。但是如何在稳步复苏的前提下高速发展，从电影大国成长为电影强国？中国电影产业目前仍然面临诸多挑战。

华谊兄弟传媒股份有限公司联合创始人、副董事长兼CEO王中磊认为，档期依赖症是目前中国电影面临的一大挑战。“仅依靠几部电影的优异表现支撑成绩是不现实的。中国电影想要走得更远，需要更多有竞争力的影片和有实力的制作公司、创作群体，从而使中国电影市场变得更加繁荣，让每天都变成电影的美好档期。”在内容方面，电影行业也有需要解决的痛点。分账比例、网络版权价格、新型盗版形势、档期协调、内容审查等问题都不容忽视。

如何迎接这些挑战？“捍卫”电影院——这是诸多业内人士提出的解决办法之一。他们建议，一是提升电影内容的多样化，二是通过技术提升“仪式感”。在现有的产业模式下，这是能够让整个电影产业快速回血的有效方法。在拍摄技术上，导演李安此前通过《比利·林恩的中场战事》以及《双子杀手》，反复实验4K+3D+120高帧率的高格式影片。为此，李安在好莱坞建了一个实验室，这种高格式影片目前在全球电影制作中都是领先技术。此前华夏电影为了放映这种高格式影片，推出了CINITY影厅。要解决目前电影行业存在的内容方面的问题，需进一步落实电影产业促进法，还需制定更加清晰的向内容倾斜的产业政策，“要努力创作内容，如果一味放映别人的内容，我们不可能成为一个电影强国。”

《电影产业促进法》于2017年3月1日起施行。其中提到国家引导相关文化产业专项资金、基金加大对电影产业的投入力度；实施必要的税收优惠政策；鼓励金融机构为从事电影活动以及改善电影基础设施提供融资服务；鼓励法人、其他组织通过到境外合作摄制电影等方式进行跨境投资，依法保障其对外贸易、跨境融资和投资等合理用汇需求等促进电影业发展的措施。

问题：我国广播影视产业如何实现高质量发展？

第十一章　网络动漫产业

【主要内容】

本章前三节主要内容为网络产业，第一节介绍网络文化产业的概念及特点，分析国际上的成功案例，第二节说明中国网络文化产业的总体情况，包括中国网络文化产业发展的取向与特点、面临的困难及对策。第三节为动漫产业，其中第一部分为行业概述，主要介绍该行业的基本知识以及整体情况，第二部分主要以美日韩三国为例介绍动漫产业发展的国际状况，第三部分为中国动漫产业的发展现状。通过多元化的学习方式，强化问题意识以及对国家、社会发展的关注，培养忧国忧民的意识；增强对我国网络动漫产业发展的自信心。

【学习要求】

1. 了解网络、动漫产业的相关概念和特点。
2. 了解国外网络、动漫产业的发展状况，能够从国际实例中总结经验。
3. 了解中国网络、动漫产业的发展概况。

【案例导引】

探索艺术与动漫结合新路径，国民动漫 IP 阿狸再破圈①

动漫 IP 运作及周边产业的开发，正在形成一股全新的消费趋势。随着 90 后逐渐成为消费的主力群体，与动画片一同成长的年轻人支撑了我国动漫近年来的快速发展。2020 年，我国动漫产业已完成“十三五”规划的 2500 亿元产业产值规模目标。

动漫 IP 的成熟也带动着周边衍生品开发逐渐成熟。在国外的动漫 IP 中，诞生于 1996 年的“精灵宝可梦”的总收入甚至超过了 1000 亿美元。通过对国外 Line、Hello Kitty 等表情、形象的盈利状况对比，我们不难发现，相对于广告、出版物和衍生品

①黎梦竹 . 探索艺术与动漫结合新路径，国民动漫 IP 阿狸再破圈 . 光明网，2021-07-12.

售卖等模式，品牌授权是成熟的动漫形象 IP 最主要盈利模式。

而在国内，国产原创动漫 IP 成为年轻人消费的主要方向之一，盲盒、手办等大量衍生品在 90 后消费群体中迅速流行。各式各样的潮玩产品已经在国内甚至全球市场显露出巨大的消费动能。动漫店、盲盒零售机早已成为线下商场的“标配”。线上，动漫周边也深受年轻人的欢迎。据京东数据，包括“盲盒玩具”、手办、静态模型、卡游等在内的玩具，在 6·18 期间销售火爆。其中，25 岁及以下消费者增长 280%，其中以学生、白领和金融从业者最爱买动漫周边等潮玩产品。

几年前，阿狸等国漫 IP 陪伴无数少年成长，成为国内 95 后眼中“中国人自己的哆啦 A 梦”。现在，随着新消费人群逐渐成长为社会主流，阿狸成了大家彼此间的情感枢纽。围绕着阿狸开发的动漫 IP 周边产品，也开始逐渐被 90 后所喜爱。作为国民动漫 IP——梦之城已经开始更多围绕阿狸等旗下 IP 开始场景化开发和商业模式的探索。阿狸绘本至今已经有超 400 万册发行量，动画片播放量超 8 亿次。在 IP 授权衍生领域，融创文化旗下阿狸为主的 IP 已累计推出了 10000+SKU 产品、铺设了 3000 家线下渠道、授权合作伙伴超过 500 家。

在日本，动漫产业市场被称作 ACGN，即 Anime（动画）Comic（漫画）、Game（游戏）以及 Novel（小说），再加上线下主题乐园，整个动漫产业的开发非常成熟。而自阿狸 15 周年生日会宣布“新内容”“新美学”“新场景”发展方向之后，这是“新美学”领域的第一张答卷。近日，阿狸在探索新的动漫产业发展模式方面，又率先迈出了一步。在很多已经长大的年轻人眼中，他们希望阿狸能够与自己一同成长，成为伴随自己一生的伙伴。而阿狸也恰好是这样做的。7 月 16 日，梦之城艺术展将在 798 艺术区正式开展，阿狸将会和国内潮流新锐艺术家的灵魂交互，透过油画、版画和雕塑来为艺术发声，透过更加新锐的艺术展现形式，为阿狸这个国民 IP 探索全新的可能。

艺术展将以 14 天为一个周期，轮番带来不同艺术形式与阿狸的灵感碰撞。阿狸和他的艺术家朋友们，将以快闪形式破次元壁联袂，在两周一次的快闪式创意展览中，组合成三个不同的跨界艺术展览，观众们在每一场展览中都可以发现阿狸的“童话剥茧新生”。

第一节　网络文化产业概述

一、网络文化产业

关于网络文化产业的概念，众说纷纭，各有侧重，这里选取几种典型定义。

（一）信息说

网络文化产业是指以网络技术为依托，以产业化的方式提供文化产品和服务的新经济。其具体内容分为：信息技术产业，包括所有的数字化终端设备；信息技术服务产业，包括远程医疗、教育以及电子商务等；通信业，包括电子邮件、网络电话、网络会议等内容；信息内容业，包括传媒、出版、影视、娱乐、游戏、旅游、教育、音乐、戏剧、艺术博物馆等具体产品及内容。

（二）内容说

网络文化产业是在信息产业与文化产业、网络产业与内容产业的跨越和融合发展中崛起的一个新产业，国际上又称之为“数字内容产业”或“数字娱乐产业”。网络文化产业可分为两部分，一是传统文化产业的网络化和数字化，比如数字图书馆、数字电影等；二是以信息网络为载体，形式和内容都有别于传统文化的新型文化产品，比如网络游戏、网络动漫等。网络文化产业的核心是“内容产业”，主要包括网络游戏、网络视频、网络出版、网络新闻、网络广告、网络教育、网络旅游等诸多网络与文化结合的行业。

（三）服务说

网络文化产业是指利用计算机网络为社会提供各种服务，并从中获得一定服务费用的服务性行业。其特征是：将图像、文字、影像、语音等内容，运用数字化高新技术手段和信息技术进行整合，提供的互联网服务主要有游戏、动画、影音、数字出版和数字化教育培训等。

（四）融合说

网络文化产业既包括原有文化产品和服务在各种网络上的传播和延伸扩展，如数字电视以及在线点播音像制品；又包括基于互联网而产生的新的独特的文化形态，如网络游戏、网络动漫。但是，“网络、文化、产业”三要素缺一不可。网络不仅仅包括我们通常所说的计算机国际互联网，还应当包括电信网、移动互联网、有线电视网以及卫星通信、微波通信、光纤通信等各种以IP协议为基础的能够实现互动的智能化网络的互联。广义而言，网络文化产业是以上述网络技术为依托，以产业化的方式提供文化产品和服务的行业，可以包括网络出版、网络新闻、网络广告、网络教育、网络旅游等诸多网络与文化相结合的行当。但是，当今中国产业化程度较高的依然是网络游戏产业。

从以上种种定义中寻找共同点，可以做出简要概括如下：网络文化产业，就是以网络为平台，以文化为内容的文化产业。从狭义上讲，网络文化产业是指基于互联网这一平台，从事文化产品生产和提供文化服务的经营性行业；从广义上讲，网络文化产业是以互联网为主要依托，同时包括手机、电信等多种通信网络在内的文化产业。广义上的网络文化产业，囊括了手机短信、彩信、彩铃等领域，范围更广，影响更深。然而，目前人们通常提到的网络文化产业，主要指的还是狭义上的概念。

二、网络文化产业的特点

作为一种崭新的经济形式，网络文化产业具有与传统文化产业不同的特点。它以网络技术为依托，具有极大的开放性，表现出全球化特征，促进了经济活动之间的联系。不仅如此，它属于知识密集型产业，盈利具有不确定性，具有高风险高回报的特征。它的社会渗透性强，影响着人们的生活方式，对消费者的心理、认知以及行为模式具有引导和重塑的作用。同时，网络文化产业大大提高了文化产品的交易效率，进一步促进了市场经济的形成和完善，这是考察其特点时必须重视的方面。

（一）开放性与全球化

在全球文化联系日益紧密的今天，信息高速公路把全球联为一个整体，从而形成了崭新的网络文化。网络的开放性不只是任何一个终端都与全球相连，更重要的是，首先，在网络上所有人都是平等的。网络文化注重个性选择和个性创造，为用户带来了真正的个性化、去中心化和信息自主权，用户可以根据自己的爱好进行商品的选择和订购，甚至亲自创作文化内容。其次，网上信息的透明性，打破了传统“金字塔”式的社会管理结构，提高了人们的社会自治能力，使得官方权威逐渐被消解，每个人的话语权和行为模式都有了更充分的释放空间。最后，网络进一步冲淡了空间距离造成的地域聚居群体观念，使“地域”“民族”这一传统文化的内核渐渐消解。所有这一切，都将促成普遍主义的全球文化的形成，从而根本改变人类的生存状态及经济活动方式。在这种普遍主义的全球文化作用下，网络文化产业具有了开放性的特征。

除了开放性之外，网络文化产业还具有全球化的特征。它发展突破了时间因素的制约，可以每天 24 小时不停歇地运转，是一种全天候的经济，从而加大了各国经济的开放程度，加强了彼此的相互依存关系，促进了经济全球化的进程，这是传统文化产业不能比拟的。譬如网络金融、网络证券等行业，均不受上下班时间的限制，可以随时随地为人们提供服务，无论用户身处何处，总能通过网络获取来自世界各地的最便捷的服务。网上信息传递速度之快，已超越了地球上的时空概念；网上信息覆盖范围之广，已遍及全球各个角落。网络文化产业中的竞争越来越表现为时间的竞争，经济效率大大提高，经济周期显著缩短，网络文化产业中的从业者，越来越紧密地跟世界联系在一起，不得不与世界保持同步。

（二）知识密集程度高

从网络文化产业的内涵可以看出，网络文化产业的核心是内容产业。网络内容产业是指网络文化内容的创造、生产和商业化，它包括网络文化商品和网络文化服务。传统文化产业的范围比较广，涉及新闻出版、广播影视、广告动画等方面；而网络文化产业是基于互联网这个平台进行文化内容的创造和商业化运作的产业，它包括网络新闻、网络出版、网络广告、网络教育、网络旅游等诸多网络与文化结合的行业。网络文化产业要取得成功，必须遵循内容为王的基本规律，因此，对内容的质量和吸引力也提出了极高的要求。信息技术的迅猛发展使知识储存、传递的成本大大降低，知识成为商品的能力也大大增强，由知识密集型产业引发的知识经济，逐渐进入人们的视野。知识密集型产业创造出许多人们未敢想象的新产品、新服务，产品和服务越来越知识化、智能化、数字化、人性化，生产模式正从规模生产向个性化生产转变，生产工艺越来越智能化，市场变得越来越电子化。企业的管理从生产向创新转变，其经济效益越来越依赖于知识和创新而不再是有形的资源、厂房和资本。在这种情况下，消费者的需求会得到越来越大的满足，真正的“按需生产”的局面必将出现。这就要求网络文化产业的从业者，除了能够提供有益、有趣的内容服务之外，还要随时跟上用户不断增长的需求，随时跟上不断提高的网络技术水平。如此要求，非高水准、高素质人才不能胜任。网络文化产业的知识密集型特征，在这里得到了充分的体现。

（三）高风险与高回报并存

网络文化产业无疑是一架“造金机器”。以从事网络文化商品运营的企业——上海盛大网络为例，这个靠万元人民币起家的小公司在短短几年时间里创造了亿元的巨大财富，被人们津津乐道。这家公司的快速成长，让人们仿佛看到了网络文化产业的神话，于是纷纷趋之若鹜，希望在这个朝阳产业中分一杯羹。然而，必须看到的是，网络文化产业除了高回报以外，还存在较高的风险，“盛大”的成功，除了与公司负责人的运营水平有关外，很重要的一个原因是，盛大网络经营的产品具有独特性，个性化的网络游戏产品和娱乐产品很好地满足了网络用户对新鲜事物的需求，并且为他们提供了一个体验激情的平台，受到众多网络玩家的欢迎。然而，随着网络游戏的兴盛，大量网络游戏提供商纷纷涌入，产品逐渐变得高度同质化，用户新鲜感逐渐下跌，利益空间也就相应地大大缩小了，错误预估了市场形势的商人，承担了高风险，却无法得到高回报。网络游戏和娱乐业的兴起足以证明网络文化产业的潜力，但也同时提醒人们，网络文化产业不是通往财富之门的万能钥匙，在高风险中落马的可能性，比一举成功的可能性要大得多。

（四）社会渗透性强

网络文化产业不仅传播了思想和知识，还深刻影响着人们的思维、行为方式以及认知模式。在某种程度上，网络文化产业颠覆了人们的文化价值观、信息观、交往观、时空观、等级观、实体观，产生了新的认知模式，促进了群体思想及其行为规范的创新。譬如，通过合作式的网络游戏，人们逐渐与现实生活中的群体分离开来，逐渐建立了网上的稳固社交圈，建立了虚拟平台上的可信赖的合作模式，并逐渐对虚拟社会人际关系产生信任感，对现实社会人际关系产生不同程度的失望。通过网上交友、网上聊天等活动，人们可以发现自我的多重性，找到与现实生活中有所差别，甚至迥然不同的另一个自我；通过办公活动和家庭事务的自动化、网络化，通过网络教育、网络媒体、网上购物、网上会议、电子银行、网上书店、网上图书馆，甚至网上炒股等活动，人们从事生活琐事的时间被大大缩短，基本的生活需要以更迅捷的方式得到了满足，这就把人们的劳动力极大地解放了出来，能够有更多的时间和精力从事自己爱好的事务。网络文化产业的盛行，创造了全新的生活方式，为消费者带来了一个截然不同的个性化时代。

（五）交易效率高

首先，网络文化产业降低了文化产业市场的进入壁垒。由于技术专有性、规模经济等原因，传统文化产业市场存在着较高的进入壁垒，大部分的市场份额被极少数厂商所占有，新进入的生产者很难求得一席之地。对于这种壁垒，网络文化产业利用自身的全球开放性加以克服。互联网与传统媒体联合，组成了庞大的信息网络，为交换和市场活动提供了广阔的信息平台。这种信息共享的理念和技术拆除了市场准入的障碍，因而把交换活动的范围扩大到前所未有的地步。由于进入壁垒降低，网络文化产业中的企业差别化程度也很低。在这样一个完全开放的体系下，由于存在信息的高效率交换，企业之间的相互学习变得更容易、更方便、成本更低，任何一个企业要长久保持与其他企业的差异，都是不可能的。彼此模仿，相互借鉴，成为这些企业生存与竞争的常见模式。由此企业的差异化就有缩小的趋势，也可以说，企业之间差异化的存在时间日益缩短。

其次，网络文化产业提高了交易的频率和速度。电子数字技术更新了金融手段和信用体系，为交换行为提供了全新的交易和结算方式，因而极大地提高了市场效率。传统意义上的商品交换网络是集中型的，以商业中心和批发商为核心，形成辐射型的销售渠道和配送体系。而网络文化产业是分布型的，无数节点相互联结，形成星罗棋布式的网络，交换活动在任何一个节点上都可能发生。渠道的拓展，大大提高了商品流通的效率。

最后，网络文化产业加剧了市场竞争，深化了市场经济的发展水平。通过网络，商品生产者可以在更广阔的市场空间寻找买主。网络降低了人们的信息搜集费用、讨价还价成本，使得实际买主的空间分布圈扩大，同一个买主也成为许多不同商家竞相争夺的目标。市场经济是商品经济的高级阶段，在这个阶段，不仅商品生产、商品交换是每一个经济主体本身的职能，而且每一个商品买者或卖者都要通过竞争才能获得成功的交换。竞争意味着任何一种商品的卖主并非一个、买主也并非一个，市场经济的效率通过竞争而发挥出来。从这个意义上看，网络文化产业是市场经济的发达阶段。竞争的效率在这里得到了最大程度的体现，网络文化产业也比传统文化产业更加依赖市场的调节机制。

尽管网络文化产业有以上种种优势，但不可否认，这种产业的勃兴也带来了一些潜在的社会问题。由于大众对于互联网文化内容的巨大需求，以及电信基础设施建设的推进和电脑硬件的不断普及，中国的网络文化产业呈现出网络游戏产业反常规的高速发展。在这样高速发展的背景下，不可避免地引发了种种社会问题。常见的社会问题包括少数网络游戏产品中存在色情、赌博、暴力、愚昧、迷信以及危害国家安全等不健康内容，部分网民沉迷其中，严重危害了身心健康，甚至产生违法犯罪行为；未经内容审查的不合法网络游戏产品充斥中国网络游戏市场，缺少拥有自主知识产权的原创网络游戏产品；“私服”“外挂”等非法经营行为比较突出，合法经营者的利益常常得不到保护，等等。网络文化产业作为新兴产业，这些问题的涌现，虽然从某种意义上讲是事物发展过程中不可避免的，但也提醒人们，要形成一个健全的、健康的网络文化产业，还有很长的路要走。

三、国际经验——美国网络文化产业

自从 1946 年第一台计算机 ENIAC 在美国诞生开始，美国一直是全球信息技术产业的领跑者之一。20 世纪 60 年代，一场席卷全世界的信息技术革命从美国发起，这一场革命改变了地球上大多数人的生活方式。美国以自己雄厚的经济实力为支撑，将自己的快餐文化与好莱坞电影、美剧等捆绑在一起推向全球。下面将主要从网络文化产业的产品构成与经营模式分析美国网络文化产业的现状。我们将从网络文化产业生产的产品的角度出发，探讨各种网络产品的市场状况、产业规模和生产经营模式。

（一）网络报纸、杂志与图书出版

网络媒体的出现促使印刷媒体主动或被动地走向了网络化。互联网时代为传统媒体的生存方式提出了挑战。从产品形式到经营模式，传统媒体在经历阵痛之后都做出了调整。

1. 网络报纸

近年来，美国报业网络化现象加剧，促使美国报业网络化的主要动力有两个：一是发行量下滑，二是广告业务流失。由于网络新闻具有即时、快捷、不占空间的特点，传统的日报纷纷开辟自己的网络新闻站点。美国报业于 20 世纪 90 年代开始涉足互联网，1994 年全美有 20 家报纸上网，到 2000 年这个数字已经变成了 1100 多家，到今天美国全部 1500 多家日报社几乎都有了自己的网站，并积极探索着盈利模式。

美国报纸的盈利模式主要从内容和广告两个方面探索。从内容收费来看，分为全部收费和部分收费两种模式。在美国 1456 家日报中，只有《华尔街日报》一家全国性报纸和 40 家规模较小的日报实行全收费。另有几十家报纸部分收费，或仅提供报纸网络版的访问权。广告是目前报纸网站赚钱的主要手段。此外，报社还投资具有潜力的商务网站，2005 年 6 月，斯克立普斯公司以 5.25 亿美元的价格收购了一家在线购物价格比较网站 Shopzilla，至此，所有报团均已涉足商务网站。美国报业投资商务网站分两类：一类是与报纸业务相关的网站，如《华尔街日报》2004 年以 5.38 亿美元收购个人理财投资网站 Marketwatch；另一类是与报业传统业务不相关的网站，如斯克立普斯公司收购的 Shopzilla。

2. 网络杂志

美国的网络杂志分为纸质杂志的网络版和独立经营的网络杂志两种。纸质版杂志与网络版杂志在发行、广告、营销上的互补与报纸的网络化过程非常类似，杂志的网络版使杂志更加立体化，为杂志带来了更多的发展机会。网络公司独立经营的网络杂志则具备受众更加细化、内容组织方式先进、发行手段依托网络、与读者交互感强等特点。

以 *Slate* 杂志为例。2004 年它的注册用户已达 600 万户，被评为 2005 年仅次于《华盛顿邮报》《纽约时报》和《华尔街日报》的第四大媒体。*Slate* 杂志采用先进的 P2P 技术发行，搭建起信息迅速传播的一个技术平台。首先，提供基于 RSS 的服务，通过发布 RSS 文件（一般称为 RSSFeed），使网站各栏目信息直接被其他站点调用，大大提高了读者阅读质量。网站提供多种多样的阅读模式。通过直接在线阅读网页，或阅读软件阅读 ebook 文件，也可通过定制内容，阅读印刷版的杂志内容，或通过 E-mail 及时阅读网站各栏目信息等，还可将站点内容移植到手提电脑、掌机、手机等多种个人终端进行阅读，大大扩展了杂志的阅读。其次，积极开展网络广告业务，例如与 Google 建立联系，在各个网页，根据网页内容发布上下文广告。另外，还利用网页空间为广告商发布系列、成套的网络广告；充分利用播客等新的营销工具和广告方式，为克莱斯勒汽车公司等大型跨国公司在 Slate 的播客上插播短广告，从而收益不菲。

3. 网络图书

美国图书出版的网络化以 2000 年美国畅销书作家史蒂芬 · 金与西蒙 · 舒斯特出版社合作在网上出版的短篇小说《骑弹飞行》为标志。该书发行两天便有 50 万人次下载。此后许多出版商开始涉足电子图书业务，并与开发阅读软件的公司组成了联盟。目前美国绝大多数出版社都有了自己的网站，进行着以互联网为流通渠道、以数字内容为流通介质、以网上支付为主要交易手段的图书出版和发行。在图书销售方面，以亚马逊书店为代表的美国网络图书销售行业已经形成了独特的亚马逊模式，并向全世界推广。

（二）网络广播

传统的广播节目由于在内容及收听时间上的局限性，越来越难以满足追求个性化和便捷性的年轻听众的要求，随着互联网技术发展的网络广播正在逐渐占领市场。网络广播是通过互联网将丰富的音频内容传递给特定的用户群，并通过电脑、手机或者车载收音机收听指定的节目，同时提供点播、聊天室、互动游戏等服务功能，播出方式分为直播、点播、在线播放与录播等方式。网络广播 1995 年问世，如今，时代华纳收购的 Spinner 和雅虎收购的 Broadcast 网站是最受欢迎的网络广播站点。

网络广播电台的盈利模式有两个：一是提供付费节目，二是在线广告。网络广播的“窄播”特点使广告市场具有突出的时效性和针对性，网络广播的广告信息点击率达 70%，吸引了业内的大量关注。

而 2004 年 10 月诞生的播客为网络广播注入了一支新生的力量。它借助苹果公司推出的 iPod 播放器和相关软件，将网上音乐或者广播等数码声讯文件下载到个人播放器中，并允许用户将个人制作的声讯软件上传到网络上与他人共享。2005 年 1 月诞生了第一个以播客节目为主体的广播电台 KOMO，2009 年美国有 1300 万个播客节目。但是目前美国广播公司并未将播客作为盈利手段，而专注于抢占技术市场。播客的运营和盈利方式尚在探索阶段。

（三）网络视频

传统的电视媒体与数字网络技术结合的产物——网络电视，利用宽带有线电视网，集互联网、多媒体、通信等多种技术于一体，向家庭用户提供包括数字电视在内的多种交互式服务。其盈利模式一是节目收费，二是视频点播（VOD）收费。目前网络电视的经营模式已经趋于成熟。

随着 Web2.0 时代的到来，一种以 YouTube 为代表的网络视频网站模式吸引了大量的用户。这种视频网站允许网民自由上载或观看并分享视频短片，YouTube 自从 2005 年一创立，就吸引了大量的网民。

在线视频的另一个发展趋势是从短视频、网友自发上传的视频内容，发展到更多的长视频和专业制作的视频内容，包括完整的电影和电视剧。

YouTube 的商业经营模式主要症结是版权问题。现在主要存在两种盈利模式。一种可能的模式与电台的盈利模式相似：YouTube 为内容支付版税，完全依靠广告来盈利，比如提供跳转到各类专属频道和电子商务平台的关键词链接，或者引导 YouTube 用户到指定的场所购买唱片和影视作品。另外一种是订阅模式，即建立按观看次数付费（Pay—Per—View）的模式，例如，欣赏热门家庭影剧需每次付费50美分。无论是上述哪种商业模式，YouTube都必须跟艺人分享收入。未来盈利模式的关键是如何有效地分配版税。现状是版权人通过制作和发行链提成。一直以来的一个难点是如何与媒体公司分享这笔收入，并找到方法在数字化发行过程中同步进行版权保护。

（四）网络音乐

网络音乐是音乐产品通过互联网、移动通信网等各种有线和无线方式传播的，其主要特点是形成了数字化的音乐产品制作、传播和消费模式。借助先进的网络技术和最新的音乐内容，网络音乐占据了美国乐坛的霸主地位，不但吸引了广大青少年，而且已成为美国众多乐迷获取最新音乐的最主要媒介，利用网络来下载音乐的数量逐年增加。美国的网络音乐快速发展，已经成为美国人获取音乐的主要媒介和方式。网络音乐的增长率远远高于音乐传统方式的增长率，表明越来越多的美国消费者接受了网络音乐模式。

盈利模式是各方网络音乐竞争的新的增长点。苹果公司开创的按下载歌曲数量收费的照单点播模式应用最为普遍。另外还有按月付费的订购点播模式、在线购买与个人电脑包月下载同时并行的双轨制模式等。

（五）网络游戏

网络游戏是以电脑游戏为基础，允许用户通过互联网参与游戏并进行互动的一种数字娱乐产品。网络游戏作为新兴产业诞生于20世纪90年代中期，按游戏模式与经营模式分为两类。初期的人机模式，如1997年的《网络创世纪》2D版本。后期的大型多人扮演的在线网络游戏，如《第二人生》和《网络创世纪》3D版本。后者允许成千上万的用户参与游戏、游戏可以无限期进行，角色扮演、虚拟社区和虚拟交易是最大的特点，通过游戏货币的兑换实现了虚拟与现实之间的交易转换。

2006年开始兴起了一种新的网游形式。随着Web技术的发展，在网站技术上各个层面得到提升，已经开始兴起许多的“无端网游”，即不用客户端也能玩的游戏，也叫网页游戏或WebGame，也有一些公司宣称“老板眼皮底下也能玩的游戏”，确实，网页游戏依靠Web技术支持就能玩的在线多人游戏类型，受到许多办公室白领一族的追捧。

美国的网络游戏产业规模正在逐年扩大，它的产业规模已经超越了好莱坞电影业，成为美国最大的娱乐行业。美国的网络游戏的盈利模式具有多样化的特点。一是通过游戏本身，二是通过在线广告获取利润。而网络游戏的市场潜力还在进一步被开发。一是开发经营游戏软件、视频游戏硬件，为了吸引更多的玩家，游戏厂商不断推陈出新，吸引玩家通过购买游戏软件和外设获利。二是提供游戏周边服务，例如付费升级服务和下载游戏内的电影动画和背景音乐，推出游戏中的玩偶等。三是提供虚拟物品与现实货币的交易，虽然当前对这个市场的合法性和规范性还存在着争论，但是其越来越火已经成为不争的事实。

（六）美国网络文化产业的特点

美国的网络文化产业是其文化产业中最具潜力的产业，从网络出版到网络影视、网络音乐、网络游戏，美国一直走在世界的前列，并领导着世界网络文化产业市场。这与其资本力量雄厚、占尽先机有关。其发展过程有很多值得借鉴。

1. 产品技术的不断革新

IT 行业高度密集化，为了适应网众不断提高的需求，美国的众多网络内容供应商们不断推陈出新，在强大的资金后盾的支持下，不断进行新产品研发和升级换代，新技术和新设备的更新速度很快。

2. 媒体概念的转变

进入 Web2.0 时代后，其互动性、社区化及去中心化的特点被网络内容供应商牢牢把握，由此开创了一系列新的网络应用形式。如 SNS 站点，强调了个人在网络中的作用，增强了识别性和互动，充分发挥了个人网络用户的参与度。又如 P2P 的传播模式，网络内容直接实现了从人到人的传播，强调网络文化产品的用户既是消费者，又是生产者。再如 YouTube 等流媒体视频网站，允许普通用户上传文件共享，进一步削减了网络的权威化。

3. 网络产业的集约化经营体制

作为高新技术产业的网络文化产业又被称为创意产业，由于网络文化产品正在逐渐脱离物化的特征，其产品的采集、加工、制作的流程大大缩短，提高了产品生产效率，产业集约化经营不断加强。网络产业与电子商务业、广告业、教育业等也不断走向整合，进而促进了网络秩序也在发生变化，兼并、重组一直在发生，产业结构的整合在提高经济效益、促进资源优化配置的同时，也导致了市场垄断。

第二节　中国网络文化产业发展

一、中国网络文化产业发展的取向与特点

（一）创新是中国网络文化产业发展壮大的原动力

网络文化产业是信息技术、数字技术与文化创意高度融合的产物。在文化产业与互联网融合发展方兴未艾的背景下，基于互联网的网络文化产业新业态、新模式应运而生，以网络游戏、网络音乐、网络文学、网络视频、网络直播等为代表的网络文化产品大量涌现。由此可以看出，无论从内容的创新性、广泛性，还是业态和模式的创新融合等各方面看，网络文化产业的创新特征十分明显。

中国网络文化产业的发展，依赖于当今社会的不平衡状态，总体上会实现一个大的跨越式的发展。与网络文化密切相关的文化内容就是创意为王、内容为王。毫无疑问，今天的网络文化一定是科技文化化和文化科技化融合的产物，同时是文化经济化和经济文化化的产物。目前，科技、经济和文化高度融合和一体化已经成为网络文化产业作为创意产业的一个基点。总之，创新、创意应该成为中国网络文化产业不断发展壮大的原动力。

（二）民族化是中国网络文化产业发展的重要特点

当前，网络传播的全球化催生了网络文化的全球化趋势，各个国家、各个民族的文化正在通过这一全球化的传播方式，生产出新的精神消费类产品。尽管网络传播在形式上具有共同的技术色彩，然而，其生产和负载的内容（包括产品和服务）却具有完全不同的性质。超民族的网络文化不存在，网络信息内容依赖的正是各民族的历史和文化资源，依托于不同的消费对象。传播的全球化并不能掩盖信息内容的民族化。从中国网络文化产业发展的现实情况来看，宝贵的传统文化资源、丰富的民族文化遗产既是中国网络文化产业的重要资源，也是建设中国特色网络文化的精神底蕴。网络文化产业不是从天而降的，而是有着强大的民族传统文化做后盾。以网络游戏为例，所谓的网络游戏中的“十大英雄形象”，都打上浓厚的民族传统文化的烙印，排在第一位的 Solid Snake， 就源于美国电影《007》；关羽这一中国民众十分熟悉的形象

则排在第四位，与之相关的还有“三国”系列游戏、大话西游等地。毫不避讳地说，属于各民族传统文化内容的游戏，占据着网络游戏市场的主导地位，这对于全球都适用。网络文化产业所吸引全球目光的正是民族文化的独特性，这种独特性就是不可替代性，也就是网络文化发展的比较优势所在。

中国的网络文化产业首先必然是建构在中国特色的网络文化之上，并努力去获得世界的认同和接受。因此，中国的网络文化产业首先是满足本国本民族的精神消费需求，这里就有着无限的市场和发展空间。网络文化产业本质上是一种内容产业，民族文化正是中国网络文化产业的活的文化核心。

（三）新科技成为中国网络文化产业发展的战略支撑

中国网络文化产业是在全球化条件下，全面进入小康社会，以人们的精神文化、娱乐需求为基础，以高新科技技术手段为支撑这样一种跨行业、跨部门、跨领域筹措和创建的新型的产业方式。英国提出创意产业的概念，很重要的一个基础就是依据网络和数字产业。他们提出的动漫、游戏、数字艺术、软件设计、互动休闲软件、新的数字广告，还有数字电影、数字电视、数字化的新闻出版刊物、数字工业设计、服装数字设计等这些内涵已经全部奠基于数字时代或数字技术。可见，科技是网络文化产业发展的重要基础和条件。

随着以大数据、云计算、5G、人工智能等为代表的新科技的发展，网络文化产业的科技动力更加强劲。新科技在文化产业领域的深度应用，使得网络文化产业发展的平台和环境将进一步优化。可以说，新科技已经成为中国网络文化产业发展的战略支撑。

二、中国网络文化产业面临的困难

2020年受疫情影响，线上经济、“宅经济”呈爆发式增长，网络文化产业也逆势上扬。中国互联网络信息中心（CNNIC）发布的第47次《中国互联网络发展状况统计报告》显示，2020年我国网络文化产业实现较快增长。截至2020年底，我国网络游戏用户规模达5.18亿人，占网民整体的52.4%，2020年游戏市场实际销售收入达2786.87亿元，其中移动游戏市场份额占比高达75.24%，收入同比增长32.61%；网络音乐用户规模达6.58亿人，占网民整体的66.6%，网络音乐付费用户规模持续增长；网络文学用户规模达4.60亿人，占网民整体的46.5%，用户付费意愿显著提升，作者创作环境持续改善；网络视频（含短视频）用户规模达9.27亿人，占网民整体的 93.7%，网络视频节目内容品质进一步提升；网络直播用户规模达 6.17 亿人，占网民整体的 62.4%，特别是以电商直播为代表的网络直播行业实现蓬勃发展。

虽然中国网络文化产业取得了很大的进步和成绩，但是依然存在一些困难和挑战。具体涉及以下几个方面：

一是网络文化产业的快速发展和变化对其建设和管理提出严峻挑战。网络文化产业的快速发展对文化建设提出挑战。网络文化主体的自由性、网络文化内容的动态性、网络文化体系的开放性，决定了网络文化多元、多样、多变的特征。同时增加了网络文化建设的难度：首先，网络传播模糊了既有文化形态的界限，多元文化在网络空间相互交融、并存、共生，突出表现是文化参与角色淡化、权威话语失落。其次，网络泛娱乐化倾向背离文化的真正价值，其典型代表就是低俗娱乐新闻在网络上的泛滥。目前国内绝大多数网民上网活动比较单一，网络消费多以娱乐为主，网络应用结构严重失衡。最后，网络道德失范、网络犯罪难以有效控制，网络暴力、人肉搜索等恶意应用增多。

网络文化产业的快速发展对其管理模式提出新要求，但与新形势下新科技迅猛发展的态势相比，仍存在不相适应的问题，不是漠视网络舆论，就是产生网络焦虑，急需在观念、措施等方面有所改变和作为。

二是网络文化产业约束机制和相关立法不健全。随着互联网应用普及率的不断提升，网络游戏货币化、网络交易非法化、网络犯罪多样化、未成年人上网成瘾等一系列问题愈加突出，对网络建设提出挑战。由于国家网络文化立法滞后，地方网络文化管理规定总体上缺乏相应的法律法规支持，很多领域处于一种无法可依、无法可管的状态。同时，地方普遍存在大量使用行政管理手段管理网络文化的现象，行政手段亟待规范，法制管理手段欠缺。如何将行政手段与法制手段有机结合，以法制手段促进网络文化建设和管理的健康发展，是当前政府加强网络文化建设管理的重要课题。

三是市场不确定和风险给网络文化产业发展带来巨大压力。在高度联通的社会和不确定性增强的市场中，网络文化产业面临更多、更复杂的风险，容易引发突出事件以及受到舆情等影响和冲击。特别是在国际化过程中，外部环境更为不同且多变，波动和影响可能更加持久、广泛、深入。由此，开放经济条件下，各国，特别是像中国这样的发展中国家，推进网络文化产业较发达国家面临更大的挑战和压力。

此外，网络文化精品的供给、有国际竞争力骨干龙头企业的培育、高素质人才的培养等都是当下中国网络文化产业需要面对的问题。

三、中国网络文化产业的应对之策

全球蓬勃兴起的网络文化，正在推动全球范围内的产业革命、文化观念与活动的创新、社会变革。从世界发展潮流来看，网络文化产业是各国争相发展的产业，完全符合科学发展观的要求，有望成为中国实现国民生产总值翻两番目标的支柱产业。中国应结合国情与互联网的特点，积极推动网络文化产业的繁荣发展。

（一）推行精品工程，打造名牌产品和服务

网络的开放性，必然加剧各民族文化的冲突与竞争。要增强企业自主创新能力，推动网络文化产品的创作、生产向以原创为主的转型和升级；加大新科技在网络文化产业中的应用，特别是促进数字科技作用的进一步发挥；积极鼓励、扶持国内软件开发商、网络运营商、内容提供商等各类企业创作和研发弘扬民族精神、反映时代特点、科技含量高、有益于未成年人健康成长、拥有自主知识产权的网络产品，并形成一批具有中国历史文化内涵、代表中华民族传统道德及价值观念、凝聚民族精神与情感的网络精品，打造名牌网络产品和服务，进一步开拓和占领国际市场。

（二）加强行业自律，加大监管力度

网络产品的内容应当符合中国宪法和有关法律法规的规定，有益于弘扬民族优秀文化，提高民族文化素质，传播促进社会进步的思想道德、科学技术和文化知识，丰富人民群众的精神文化生活。由此应加强行业自律，加大监管力度，不断提高网络文化产品的质量和水平，发展健康有益的网络文化，严禁含有色情、暴力、赌博、愚昧迷信、危害国家安全和未成年人健康成长等内容的网络游戏产品在国内生产和传播。同时，加强网络产品的进口管理，实行进口网络产品内容审查制度，严格进口标准，有选择地把世界各地的优秀网络产品介绍进来，防止境外不适合中国国情和含有不健康内容的网络产品的侵入。

（三）大力扶持和推动互联网周边产业

网络对相关产业具有明显的带动作用，要加大对拥有优秀网络文化内容相关行业的扶持力度，扶持开发有中国特色、自主知识产权的网络游戏，用健康有益的先进文化占领网络文化阵地；要促进国产网络衍生产品的开发，包括动漫产品、图书期刊、音像制品、玩具服装、娱乐设施、游戏展会、食品用品等。通过网络衍生产品的综合开发，扩大和增加中国网络文化产业规模，真正形成中国网络文化产业再生产的良性

循环机制，为广大人民群众特别是青少年提供健康向上、喜闻乐见的相关文化产品。

（四）加强网络产品策划、技术以及营销管理人才培养

IT 人才是网络企业建设和发展的关键因素，当前国内企业对信息技术和网络人才的需求呈快速上涨趋势，无论是企业网络构建管理，还是网站的开发运营，都需要大量的实用型网络人才。要积极推进 IT 职业培训，提高社会自身人才培养力度，鼓励网络文化企业独立办学或与高校联合办学，为 IT 人才培养提供良好的外部环境。此外，还要加快网络文化队伍建设，形成一支与网络文化建设和管理相适应的管理队伍。

（五）切实加强对网吧的整治，规范网络产品市场秩序

要按照取缔非法、控制总量、加强监管、完善自律、创新体制的要求，切实加强对网吧的整治和管理。坚持一手抓整顿和规范，一手抓改造和提高，积极引导网吧产业向连锁化、规模化、集团化、品牌化方向发展，创新体制机制，加强行业监管。认真落实未成年人不得进入互联网上网服务营业场所的规定，严厉查处网吧违规接纳未成年人进入的行为，特别是未成年人到网吧玩游戏的行为，最大限度地减少网络产品可能产生的负面影响，保障未成年人的身心健康。

第三节　动漫产业

一、动漫产业概述

（一）动漫

依据动漫与其他文化行业的结合情况，我们可以将动漫划分为四种类型，分别为电视动漫、电影动漫、网络动漫和手机动漫。

（1）电视动漫：指在电视频道上播映的动漫作品，包括虚拟形象动漫、真人实景动漫以及两者的结合体。典型代表作品如《喜羊羊与灰太狼》《天线宝宝》。

（2）电影动漫：以动漫制作的电影，例如《喜羊羊与灰太狼之虎虎生威》。动漫电影的定义有狭义和广义两种。狭义上动漫电影只通过电影院放映，广义上动漫电影除通过电影院放映外，还通过剧场和 DVD 发售。

（3）网络动漫：以专业的动漫网站为载体，通过互联网制作和传播的作品与信息以及以动漫和漫画形态提供各种增值应用服务，并从中获得收益。

（4）手机动漫：将动漫元素融入 MMS、WAP 等各类移动增值产品，并兼容 MFLASH（手机动漫）动漫产品，通过移动运营商（中国移动、中国联通等）的手机终端将产品分发给消费者，通过电信运营商实现收费的一种电信增值服务。

（二）动漫文化

动漫文化是指视觉消费时代以动漫形象为基础、以现代传媒为动力支撑的大众文化。它以动漫形象为基础，以现代传媒为支撑，是一种消费性的视觉文化。

因为动漫文化可以在一切有形和无形的载体上传播，如广播、电影、电视、网络、手机、期刊、书籍、带有动漫形象的游园设施、公交车、户外广告牌、玩具、文具、食品、服装、商店的 POP 广告等，所以动漫文化的表现方式也多种多样，如组织或参与漫画比赛、在以卡通形象为主体的场所参加游园活动、在家中或其他地方（如漫画吧）阅读动漫期刊或书籍、观赏电影动画或电视动画、参与有动漫角色的网络游戏、购买动漫形象衍生产品、成立民间动漫组织、策划动漫活动、分享动漫故事等。总体看来，动漫文化以动画、漫画、游戏为核心展开，其外延涉及所有带有动漫形象的事物及文化现象。

（三）动漫产业

1. 内涵

国务院办公厅转发财政部等部门《关于推动我国动漫产业发展若干意见的通知》对动漫产业的范围在理论上做出了界定：动漫产业是指以“创意”为核心，以动画、漫画为表现形式，包含动漫图书、报刊、电影、电视、音像制品、舞台剧和基于现代信息传播技术手段的动漫新品种等动漫直接产品的开发、生产、出版、播出、演出和销售，以及与动漫形象有关的服装、玩具、电子游戏等衍生产品的生产和经营的产业。

2. 特点

（1）高投入、高利润和高风险性。作为一种资本密集型产业，其前期的动漫形象创意和塑造投入需求大，这些产业链源头行业的发展影响着市场的占有率，好的创意和动漫形象塑造具有艺术感染力和持续冲击力，能锁住消费者眼球而获得高额利润；反之就会丧失市场，前期投入功亏一篑，构成巨大的经营风险。

（2）与科技结合紧密，对人才需求量大质高。动漫是网络和数字技术发展的产物，动漫作品的创作需要更多的技术支撑，同时对于既懂艺术又有技术的综合性人才需求量大，除了前期的创作和技术人才外，还需要后期衍生产品生产销售中的营销策划人才及其他相关行业人才。

（3）衍生产品多，营销周期长。动漫产业的衍生产品很多，使得整个产业链的营销周期拉长，获得丰厚的利润。随着大众文艺娱乐日趋多元化以及数码特效技术的不断创新，动漫文化又开始得以新的繁荣与飞跃出现了 FLASH 动漫、三维动漫、全息动漫等崭新的动漫形式，在不同的国家与地区都成为主流的文化形式。以漫画、卡通、动漫、游戏以及多媒体内容产品等为代表的动漫产业在全球经济中的地位迅速提高，逐步成为继软件产业之后的支柱产业。目前，动漫产业在许多发达国家已经成为重要的支柱性产业。在 21 世纪，动漫产业必将成为引导世界知识经济整体发展的主导产业之一。

3. 动漫产业链

动漫产业的市场化机制分为两种：一种是以市场需求来进行创作和开发的动漫产品，另一种是创作和开发动漫形象创造市场需求。但一个完整的动漫产业链都应包括三个层次：第一层是动画电影和电视，第二层是音像产品和漫画等，第三层包括各种动漫衍生产品和授权经营业务等。

其中，动漫产业通过播放动画电影和电视得到的回报只占整个产业链的小部分，而各种衍生产品的开发是动漫产业最重要的收入来源，只要具有强大的市场开发和营销手段，善于经营，利用动画衍生品品种多、数量大、应用范围广的特点，才能达到一本万利的效果，动漫的创作和开发是根本源泉，衍生品的销售是收益的保障（见图 11-1）。

二、动漫产业发展的国际状况

动漫产业在欧美、日、韩产生了巨大的经济价值，已经构成一个庞大的产业。动漫产业被专家称为 21 世纪知识经济的核心产业，是继 IT 产业后又一个最具有潜力的产业。

（一）美国

在全球动漫产业中，美国和日本可谓是两大领军者，各具特色。美国动漫产业由于有雄厚的财力和先进技术力量的支持及完备的市场化组织，使其在世界上长期处于领先地位。美国从 20 世纪初开始发展动漫产业，至今已有百余年的历史，其动漫产业发展大致经历了五个阶段：开创阶段（1907—1937年）、初步发展期（1937—11949年）、第一繁荣期（1950—11966年）、蛰伏期（1967—11988年）、第二繁荣期（1989年至今）。

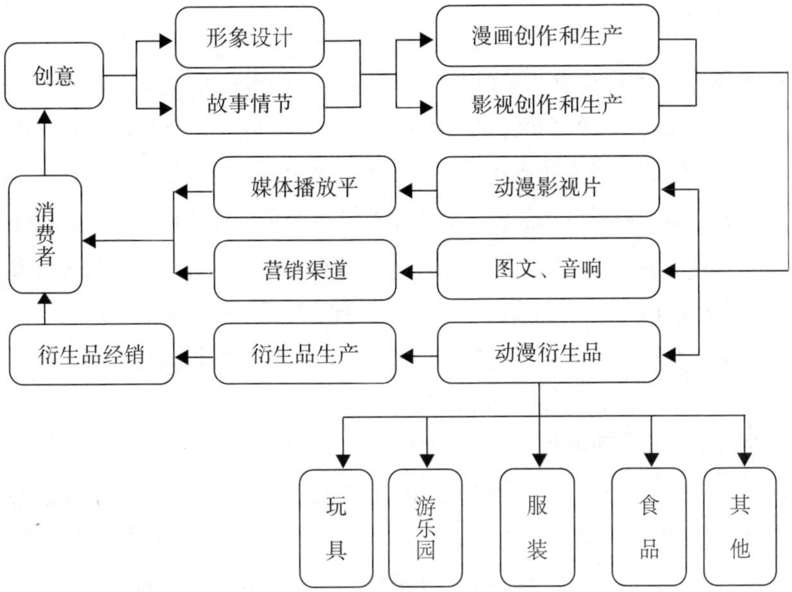

图 11-1 动漫产业链示意图

资料来源：广发证券发展研究中心．动漫产业深度分析报告． 2009-09-07.

美国动画产业历史悠久，是一个以动画电影为基点，带动整个动漫产业的典型国家。自20世纪初以来，美国动画产业保持持续稳步增长。好莱坞是动漫工业的大本营，代表主流媒体，几十年来形成了集投资、制作、生产、发行、宣传、院线、资本回收的完整体系。在美国出口产品中，动画产业名列前茅，仅次于计算机工业。

美国漫画业的发展则相对较弱。1993年的鼎盛时期收入达8.5亿美元，此后持续衰退，市场急剧萎缩，投资商纷纷撤资。1996年，美国漫画业的出版巨头Marvel公司申请了破产保护。1998年，漫画业的收入仅为3.7亿美元。2000年以后，随着市场上卡通漫画读者群的增加以及漫画出版商与好莱坞的联姻和网络的作用，这种状况又有所改善。

经过长期的市场化运作，美国的动漫产业已经形成了一套完善的产业链条和成熟的运作体系。它不但拥有先进的动漫产品创作理念和制作技术、发达的娱乐基础设施、完善的知识产权保护环境，还拥有成熟的市场机制、完备的政策法规和多学科的动漫人才培养。目前，美国动漫产业界越来越着眼于全球市场的开发和全球资源的利用，美国动画产品制作过程中的外包在不断扩大。

（二）日本

日本国民十分喜爱漫画，漫画文化非常发达，以漫画带动动漫产业。追溯日本动漫史，早在1906年，北泽创办的日本第一份漫画刊物《东京小精灵》成为日本现代漫画的开端，随后动漫产业迅速在日本发展壮大起来。为了保持其在20世纪80年代的经济发展势头，积极寻求除汽车和电子产品这些传统优势项目之外新的经济增长点，包括动漫产业在内的文化产业成为首选。1996年，日本政府明确提出要从经济大国转变为文化输出大国，将动漫等文化产业确定为国家的重要支柱产业。

动漫作品具有完善的产业链、成熟的漫画市场和广泛的消费群基础，拥有顶尖级的动漫大师和制作机构、无尽的创意表现以及政府的支持等，经过十几年的发展，动漫产业作为日本文化产业的代表，已经和日系汽车、电器并列成为影响世界的三大“日本制造”之一。与此同时，日本动漫产品也开始成功地走向了世界，成为最有价值的出口产品之一。2004年6月4日，日本正式公布了《内容产业促进法》，同时内阁会议还决定将内容产业划入《创造新产业战略》，日本政府希望通过文化的产业化，实现经济结构向知识密集型的转化，使产业重心从GDP转向GNC（国民幸福总值），从硬实力——经济和军事，转向软实力——文化价值观和品牌。

作为一个与其他行业关联度极高的行业，动漫的发展大大地带动了音乐、出版、广告、主题公园和旅游等相关行业的发展。日本贸易振兴机构的调查结果显示，日本国内与动漫有关的市场规模已经超过2万亿日元。漫画、动画、图书、音像制品和特许经营周边产品在日本已经形成了一整套“产业链”，推动着日本经济的发展。仅以吉卜力工作室为例，自1984年公司初具雏形时制作的第一部动画电影《风之谷》开始，截至2014年最新动画电影《记忆中的玛妮》，吉卜力工作室在全球范围内的票房收入已达1536.8亿日元，约合13.73亿美元。其中最为成功的就是2001年上映的《千与千寻》，该片仅全球票房一项收入就达到304亿日元，约合3.75亿美元。除此之外，其不断衍生的系列产品在日本本土就创造了超过3亿美元的市场价值。

日本的动漫产业不仅在动画电视、电影方面具有强大的市场竞争力，而且在漫画、游戏、音乐、出版物等衍生品方面也处于领先地位。其中，游戏软件开发更是日本的强项，其作为世界第一生产国、第二消费国，2020 年日本移动游戏市场规模达 139 亿美元。日本动漫产业不仅在其经济发展过程中起到了重要的支撑作用，还利用动漫文化和动漫品牌的无国籍性，扩大了日本文化在世界的影响力，传播了“酷日本”的理念。

（三）韩国

1998 年，经历了亚洲金融风暴的韩国果断地调整国家经济发展战略，明确提出“文化立国”方针，将文化产业作为 21 世纪韩国的立国之本。韩国政府在文化观光部建立了下属机构——文化产业局，作为专管机构负责文化产业政策的制定。具体就动漫产业来说，文化内容振兴院、富川漫画情报资料中心、首尔动画中心、韩国游戏产业开发院是最重要的动漫产业管理、指导机构。

韩国文化产业由此发展迅猛，尤其在动画、游戏领域成绩斐然。韩国动漫产业的产值超过汽车行业成为韩国第三大支柱产业，其动漫产品及其衍生产品的产值占全球动漫产值的 30%。

动漫产业的发展历程是韩国文化产业崛起的一个缩影。韩国在动漫产业发展过程中仍然是政府主导的产业发展模式，但政府职能与亚洲金融危机前已有很大不同。在实施必要的行政手段的同时，更多地强调法律、经济与行政手段三者共进协调。政府干预的重点更多的是对相关基础设施的开发，努力为有创造力的企业和部门提供发挥的平台，以推动文化产业的整体发展。

为了给动画产业提供良好的生存发展空间，韩国政府对国产动画片与进口动画片在本国电视台的播放比例进行了详细的规定：韩国动画片占 45%，外国动画片占 55%。此外，任何一个外国国家的播放额度不能超过外国动画片播出总量的 60%，这主要是为了防止日本动画片充斥电视荧屏。在这样严格的规范之下，目前韩国电视媒介上韩国动画片、日本动画片、其他国家的动画片的播放比例依次是 45%、33%、22%。为了防止动画片在电视上的播出时段缩小甚至消失，韩国政府修订了《广播法》，从 2005 年 7 月起采用本国动画片义务播放制，按规定，各电视台要保障用总时间 1% ~ 1.5% 的时间播放本国动画片，这使韩国动画片有了稳定的国内市场。

在产业发展的定位上，结合国家自身优势与产业未来发展，通过差异化发展战略重点发展网络游戏和动画领域，找到了产业发展的突破口，在较短的时间里迅速崛起。通过制定极具开放性的产业政策，鼓励国内企业与国外同行合作交流，积极参与国际竞争；鼓励企业自主创新，开发出具有市场竞争力的世界级产品。继日本之后，韩国文化立国战略的成功又一次证明了其借鉴的价值。韩国的案例也是考察全球化背景下各国市场开放与文化多样化、市场保护关系的一个研究样本。

三、中国动漫产业

中国动画片曾有一个非常辉煌的起步。但是到了20世纪80年代，在美、日、韩相继而来的动漫大潮冲击下，中国的动漫产业便一蹶不振。20世纪90年代以来，国家开放动漫市场，不再限制产量，也取消了政府收购。自此虽然国内动漫行业与海外相比还有不小的差距，但它已经在压力与动力并存的产业环境中扬起了市场化的大旗。经过十几年的发展，至今无论是国家重视程度、相关企业数量，还是专业人才、制作水平、播放时间、产品市场，无一不展示出这个产业蓬勃的生命力。

（一）中国动漫产业市场规模和变化趋势

中国动漫产业有巨大的潜在市场，近年呈现出高速增长的态势。资料显示，2020年中国动漫产业市场规模超过2000亿元。随着中国动漫产业市场的发展与成熟，增长率呈逐步加快的态势。

2013—2019年，我国动漫电影票房和数量占总电影票房和数量比重呈波动上涨态势。2019年，我国动漫电影数量占总电影数量比重为14.46%，动漫电影占总票房比重为11.48%，较2018年有所上涨，可见我国的动漫产业未来具有广阔的发展空间和市场潜力。

2018年，凭借优质动漫内容，网络动漫市场进入稳步增长期，以用户付费为代表的增值服务增长强势，推动市场规模的增长。2019年，在线动漫市场规模26.8亿元，同比增长96.3%。

但受到经济大环境的影响，广告主营销预算削减、资本对动漫行业兴趣骤减以及用户增长面临瓶颈等不利影响，在线动漫产业同样面临多方面的挑战，但在泛娱乐融合的产业背景下，行业增长的长期依然向好。

伴随着在线动漫平台的兴起以及二次元亚文化在年轻代际群体中的传播，中国泛二次元用户规模迎来高速增长，成为中国动漫产业发展的重要利好因素。2018年后，互联网流量红利不复存在，但得益于国内外优质动漫作品的涌现，二次元用户规模进入平稳增长期。

（二）中国动漫产业发展态势和外显特征

依据相关数据，在新冠肺炎疫情前，我国动漫产业总体发展态势良好。表 11–1 反映的是从 1993—2020 年中国动画片产量变化情况。

表 11–1　不同年份中国动画片产量变化情况

年份	1993—2003 年	2005 年	2006 年	2007 年	2008 年	2009 年	2020 年
动画片产量（万分钟）	4.6	4.27	8.23	10.19	13.1	17.18	11.67
产量增长率			92.80%	23.80%	28.60%	31.10%	–32.1%
动画片部数（部）			124	186	249	322	374

数据来源：国家广播电影电视总局。

目前，中央电视台少儿频道已经在全国 31 个省份 296 个城市落地，每天播放国产动漫片 360 分钟，收视率稳居中央电视台 15 个频道的前五位。

北京、上海、湖南、广东的上星动漫频道分别是卡酷动漫频道、炫动卡通频道、金鹰卡通频道、嘉佳卡通频道，各频道总体运作其公开良好。此外，全国还有超过 33 个少儿频道已经开播，并且全国 1000 多个电视频道开设有国产动漫栏目，播出众多的国产动漫片。一个庞大的电视播映体系已经形成，成为中国电视动漫片播映的主要平台。

在电视动画播放时长上，早在 2013 年，国家广播电影电视总局便对全国上星电视频道做出的“每天至少播出 30 分钟国产动画”的规定来推广我国本土动画。2019 年，我国电视动画播放时长再创新高，2019 年达到 39.87 万小时，同比增长 6.46%。

同时随着新型技术的发展，动漫产业衍生品市场更加广阔；随着 5G 时代的到来，网络动漫发展潜力巨大。人们的阅读习惯在这个网络技术不断发展的时代正悄然发生着巨大的变化，数字化阅读成为获取知识信息和消费娱乐的主要方式之一，利用便携的手机、电脑等智能终端在碎片化的时间里进行数字化阅读已经成为新的阅读习惯，我国网络动漫悄然兴起。快看漫画、腾讯动漫、有妖气等新媒体动漫平台不断涌现，2019 年我国在线漫画市场规模已经达到了 26.8 亿元，垂直在线动画市场规模也突破 70 亿元。

专栏 10-2

碎片化阅读

从消费方式上看，娱乐化、碎片化阅读已经成为趋势，并且数字出版的娱乐化倾向非常强，网络游戏以及 SNS 等已经成为人们比较喜欢的娱乐消遣方式。但同时需要注意，在专业知识、学术研究领域，传统阅读仍占主导地位。此外，随着生活工作节奏的加快，时间被“碎片化”，伴随而来的是阅读的碎片化。碎片化阅读是指通过手机短信、电子阅读器、网络等终端进行的不完整、断断续续的阅读模式。在候机、等车、等人、电梯里、上下班途中、会议的间隙用手机浏览手机报、登录微博查看朋友的留言等，无疑是利用零碎时间获得有效信息的最佳选择。快节奏的工作和生活，使方便携带、可随时随地使用的手机迅速成为见缝插针式的碎片化阅读的新载体。碎片化阅读的快速发展，使手机作为移动终端也发展迅速起来。

总体来看，中国动漫产业发展显示出如下特征：

第一，行业飞速发展，潜力巨大。政策导向的倾斜和扶持、文化消费群体的增长和扩大、市场需求的增强和扩张等方面，都可以表明中国动漫产业正处于发展的黄金时期。

第二，参与主体众多，产业集中度逐步增强。随着动漫产业的高速发展，国内已有 30 多个动漫产业园区、20 个动画产业基地、6000 多家动漫机构、450 多所高校开设动漫专业、46 万多动漫专业在校学生。长三角地区、华南地区、华北地区、东北地区、西南地区以及中部地区都形成了若干个动画产业集群带。绝大多数动画产业基地积极落实总局、地方关于推动中国动画产业发展的举措，制定战略规划、完善服务设施、凝聚动画企业、培养动画人才、推进动画生产，取得了较好成绩。不仅如此，民营资本发挥越来越重要的作用。民营企业制作的动漫影视片数量和市场逐渐超过国有企业。

第三，动漫原创能力不足。首先，动漫制作认证企业动漫供给量远不能满足市场的需求。目前，中国动漫企业 6000 多家，进行影视动画原创的企业或机构也很多，但大部分为外国动漫企业代工生产，普遍原创能力不足；通常的动画制作过程中，原创作品超过 50% 的资金与时间是用于前期创意、策划环节的，但不少原创企业这一比例不足20%，导致产品的创意不足。其次，动漫创作人才缺失。中国青年文化的缺失和动漫业教育体制的不完善，导致国内动漫创作人才缺失，使得动漫创作兼技术实现的复合型技术人才捉襟见肘。

第四，产业链不完整，产业的盈利模式模糊。欧美、日韩成熟动漫产业的收入构成主要来源于衍生产品和卡通形象授权的收入，其中衍生产品和卡通形象的授权占总收入的70%以上。而在中国，动漫产业尚处于起步阶段，目前国内的动漫企业大多缺乏清晰的盈利模式，也没有形成完整的动漫产业链，动漫制作企业主要通过动漫创作加工和动漫影视播放取得收入，很难体现企业的真正价值。具体表现在，影视动漫播放收入较低，销售渠道不完善，知识产权保护力度不够，由此加剧了盈利的不确定性，难以形成有效的盈利模式。

未来中国动漫产业要牢牢把握发展机遇，扬长避短，力争成为文化产业的璀璨明珠，在世界动漫产业中占有一席之地。

【本章小结】

网络及动漫产业已经成为文化产业中极具生命力和影响力的行业部门。就网络产业而言，其具有开放性强、知识密集程度高、高风险与高回报并存、社会渗透性强以及交易效率高等特点。而无论是网络报纸、杂志与图书出版，还是网络广播、视频、音乐、游戏等，美国一直走在世界的前列。动漫产业具有高投入、高利润和高风险并存、与科技结合紧密、对人才需求量大质高、衍生产品多、营销周期长等特点。动漫产业在欧美、日、韩产生了巨大的经济价值，已经构成一个庞大的产业。中国的网络动漫产业正迎来蓬勃发展的战略机遇期，要集中全社会力量，充分发挥政府、企业、民间组织及个人的作用，牢牢把握发展机遇，推进网络动漫产业又快又好发展。

【复习思考】

1. 网络、动漫产业的运作特点分别有哪些？与出版业、广播影视业有何异同？

2. 试分析国际上有关网络、动漫业的成功案例，说明其成功的关键因素有哪些。

3. 试分别说明中国网络、动漫业的优势与劣势，并结合实际分析我国如何发展网络、动漫产业。

【案例讨论】

如何从游戏大国成为游戏强国？①

发布2小时冲上B站热门第一，超6万人同时在线观看，弹幕数超11.4万条，海外视频播放网站油管（YouTube）上播放量破400万次，这是最近一款国产单机游戏《黑神话：悟空》实机演示视频的成绩。近些年来，中国游戏产业高速发展，市场及用户规模呈现爆发式增长。毋庸置疑，中国已成为世界游戏版图里不容忽视的一个超级大国。

一、我国网游产业高速发展

近年来，网游产业步入高速发展阶段，成为文化产业的重要板块。在新冠肺炎疫情影响下，不少人居家隔离，以网游为代表的“宅经济”打破了时空限制，丰富了数字文化生活，成为逆势上扬的行业之一。中国游戏产业研究院和中国音数协游戏工委联合发布的《2020年1-6月中国游戏产业报告》显示，今年上半年中国游戏市场实际销售收入达1394.93亿元，同比增长22.34%，增速同比提高13.75%。中国网络游戏用户规模近6.6亿人，游戏用户规模同比增长1.97%，增长了1271万人。

二、网络游戏的多重属性

中国音像与数字出版协会技术总监张晓明表示，网络游戏既具有技术性、工具性和产业性的商品属性，更具有知识承载、思想价值和意识形态的文化属性。从这个意义上看，作为文化数字化传承的穿越“使者”，它承载着激活传统文化、传播当代价值观、进行海外输出等功能。网络游戏是数字文创产业的重要组成部分，也是现如今最为重要的文化载体之一。

以完美世界《神雕侠侣2》手游为例，它与广西壮族自治区龙州县政府联动，将独具民族特色的天琴文化引入游戏，在向年轻一代普及古老壮族民族乐器的同时，也对其承载的壮族文化历史及先民的文化信仰进行了挖掘和数字化呈现；再以老少咸宜的《王者荣耀》手游为例，92个人物角色选取设定多以历史名人为主，人物角色的音效和台词也大多取材于中国传统诗词、传说，让玩家了解神话故事和上古传说，实现寓教于乐。

---

①张力，廖芮．如何从游戏大国成为游戏强国？．人民网，2020-09-27.

此外，网络游戏因其互联网属性，超越地域，成为一种国际化交互的“语言”。可以说，一款承载优秀文化的游戏产品，能把中国故事、中国形象推介到世界，也能让世界了解中国。据《人民日报》海外版报道，2020 年初，《梦幻西游》电脑版也助力非遗文化出海，向外界展现了“飞天入梦”蓝印花布、荣昌折扇、剪纸、泰山皮影，以及携手敦煌博物馆合作打造的“梦回千里是敦煌”等作品。与此同时，一些外国团队制作的中国题材游戏也在海内外收获极高热度，例如《真・三国无双》《狄仁杰之锦蔷薇》《全面战争・三国》等。

三、“游戏大国”的尴尬现状

尽管我国网络游戏的成绩令人振奋，但还应当看到，国外网络游戏丰富的 IP 层次和完整的产业链条，仍远远领先于我国的游戏行业。国内游戏产业日益火爆的背后，是氪金（原为“课金”，特指在网游中的付费充值行为）手游引争议、单机游戏缺乏生存土壤、文化属性不强、盗版屡禁不止等市场浮躁的现状。

首先，“3A 作品”被国外公司完全垄断，主机游戏在国内市场处于严重滞后的情形。“3A 作品”意为“高投入、高体量、高质量”，堪称游戏中的“艺术品”。例如，日本《最终幻想》系列、美国《魔兽争霸》系列、法国《刺客信条》系列等，以精良的制作、庞大的世界观、超高的游戏性收获了全球大批粉丝。由于国内游戏制作大环境差，消费者版权意识和付费意识有待增强，再加上网游和手游的超强吸金能力，中国资本市场里几乎难觅单机游戏的踪影。数据显示，2019 年全球游戏市场的规模约 1521 亿美元，中国市场收入占比约 36.5%。其中，手机游戏遥遥领先，单机游戏少得可怜。2019 年中国单机游戏销售额同比大幅增长 341.4%，但即便如此也只有 6.4 亿元，在国内游戏产业中总体占比约为 0.27%。

其次，部分网络游戏在模式和观念上创新不足，面临着同质化、原创匮乏的发展困境。目前，部分原创游戏产品的文化属性不强，停留在“对垒”“打怪”“升级”的低水平阶段，难以让玩家产生文化满足。据《光明日报》报道，游戏市场内无序竞争的情况比较突出，模仿、抄袭、私服外挂等侵权盗版现象更是层出不穷。例如，2020 年 8 月 12 日，全国首例涉 5G 云游戏侵权案宣判，《英雄联盟》《QQ 飞车》等 5 款游戏共获赔 258 万元。

最后，部分企业主体责任模糊，在社会责任方面承担不够，游戏的价值观念出现偏差。据《法治日报》报道，部分游戏文化内涵缺失问题较为突出，存在低俗暴力倾向，个别作品格调不高，触碰道德底线，造成不良社会影响。诸如《悠游三国》《三国群英传》等关于三国题材的游戏都有不同程度歪曲历史的现象；而《春秋Q传》主角孔子不是为讲学游说周游列国，而是为了破解传家宝屠龙刀的秘密四处奔走，极容易对青少年造成负面历史认知。

四、游戏产业如何贡献文化强国新动能

作为文化科技融合的典型文化形态，网络游戏已成为广大人民群众日常文娱生活的重要内容。然而，更重要的是，我们要不断推出有信仰、有情怀、有深度的原创精品，推动网络游戏从相对单一的文化商品向更深层次的文化认同转变，助力文化强国建设。

传统文化与游戏的双向赋能，是游戏产业的必由之路。一方面，要积极发挥网络游戏承载主流文化的功能，强调其观照与介入现实的作用；另一方面，要借助游戏赋予传统文化以时代特色，充盈网络游戏的精神内涵。如腾讯“新文创”通过与故宫博物院、敦煌博物院等连接，创发新IP，推动文化价值和产业价值的互相赋能。网易游戏全新文创战略——“夸父计划”，联合广东省工艺美术有限公司、自主汉服品牌尚华莲、苏州博物馆三大重量级战略合作伙伴，共同推进传统文化的传承与发展。

政策监管和市场自律双管齐下，良好的创作文化环境是基础。在监管方面，行业协会要发挥引导规范作用，各级监管部门也应积极改革管理机制，共同为游戏市场健康有序发展保驾护航；在鼓励原创和培植方面，加强版权保护等制度的规范化。

强化科技的支撑作用，借助云技术时代的新风口实现顺势发展。一是要加强对游戏研发、发行和消费等环节关键技术研究；二是要推动5G条件下，人机交互、互动化传播、沉浸化体验等智能技术在游戏领域的创新应用；三是要鼓励游戏引擎等核心技术的自主研发，增强核心竞争力。例如，浙江大学与盛趣游戏公司共建研究中心，加强在游戏中的人机融合智能、虚拟场景感知等方向研究，实现前沿技术突破和在游戏产业中的应用。

正如B站用户评论的那样：“我在埃及当刺客，在异世界当猎魔人，当猎龙者，当骑士……什么都当了。现在我终于看到一丝希望，我能回到自己国家的异世界当猴哥。”希望在新的历史和技术条件支撑下，网络游戏能够真正助力传统文化融入当下生活，成为实践文化自信和文化自觉的生动载体，承担传播中国文化的新使命，为建设文化强国贡献更大力量。

问题：结合案例，讨论如何推动游戏产业更好地服务于文化强国的建设？

第十二章　演艺娱乐与文化会展产业

【主要内容】

本章介绍演艺娱乐与文化会展产业，第一节主要围绕中国演艺产业的现状、机遇、挑战及对策展开，第二节概括性介绍了中国娱乐文化产业的发展，第三节介绍了文化会展业的概念、特点、国际经验及中国文化会展产业的发展状况。通过多元化的学习方式，强化学习者对我国演艺文化产业发展的自信心，培养终身学习、报效国家的意识和理念。

【学习要求】

1. 了解中国演艺产业的现状。
2. 了解中国演艺产业的机遇与挑战。
3. 了解中国娱乐产业的发展概况。
4. 了解中国文化会展产业的概念、特点。

【案例导引】

中国演艺产业走出去　经典剧目登陆韩国艺术市场[①]

中国多部精品剧目首次登陆“第13届济州海比奇艺术节”。该艺术节是韩国一年一度规模最大的文化艺术展演交流和交易平台。受疫情影响，今年艺术节改为线上推介与线下演出相结合，于2020年8月22日至30日启动。8月24日起上线艺术节网站，开展文化艺术机构展示、演艺产品推介、精品剧目路演等活动。韩国150余个艺术团体和130余个文化会馆将在线展示。

在首尔中国文化中心的协助与推动下，中国国家京剧院、中央芭蕾舞团、中国对外文化集团有限公司（丝绸之路国际剧院联盟）的精品剧目将首次亮相本届艺术节。

---

①曾鼐．中国演艺产业走出去　经典剧目登陆韩国艺术市场．中国新闻网，2020-08-24.

更重要的是，本届艺术节上，首尔中国文化中心将首次代表中国演艺机构参加展会，重点介绍中国多个剧团的代表剧目，拓宽中韩文化产业合作平台。

据首尔中国文化中心介绍，将通过文字、图片、短视频等形式，向韩国全国文艺机构和演出商推介中国国家京剧院传统京剧《白蛇传》、中央芭蕾舞团原创芭蕾舞剧《大红灯笼高高挂》、中国对外文化集团有限公司以及广州大剧院原创歌剧《马可·波罗》，通过芭蕾舞、京剧、歌剧等体裁，让韩国观众更好地了解中国当代舞台艺术。

2019 年起，首尔中国文化中心在加强中韩文化交流基础上，进一步强化服务国内文化企业，推动中韩文化贸易发展。此次是继 2019 年首尔中国文化中心在 PAMS 首尔国际演艺交易会上推介中国演艺作品后，连续第二年在韩国国际性展会上推介中国文化艺术机构与剧目。

第一节　演艺产业

一、演艺产业概述

演艺产业即舞台表演艺术业。众多以舞台或现场表演为主要方式的艺术门类，都属于表演艺术这一行业。演艺产业是最早、最传统并且最具专业性和市场化特点的艺术行业，也是最具有再开发和产品衍生潜力的原创型文化产业。无论中外，各国、各民族都是以自己独具特色的戏剧、音乐、舞蹈、曲艺等艺术异彩纷呈的舞台表演形式，最终成为面向演出市场、从多层次的观众群体中获取社会和经济效益的艺术产品。

表演艺术业以其深厚的传统和现代文化内涵、独特的艺术表现方式、形象真实的艺术感染力、视听兼备和现场互动交流等特点，始终稳坐艺术行业之首。当今许多极具市场价值的视听产品，都从演艺产业的原创成果中谋利，通过工业复制的技术手段将艺术成果转换成商品，以获取自己的生存和发展机遇。但同时，演艺产业也因为时空限制、技术条件，包括意识形态等诸多因素，难以实现全方位的市场覆盖和文化认同。

当前，作为文化产业核心部门的演艺产业正随着全球文化经济的迅猛发展而在国内外文化市场上表现出强劲的增长势头。全球著名的演艺之都笙歌烂漫，无论是纽约百老汇、伦敦西区、维也纳、悉尼，还是中国的北京、上海，从数十个观众的戏剧小沙龙、数百个观众的音乐厅、T 型台，到多达十万以上观众的大型表演场所，充分展示了当代国际演出业的发达。

借助资本和传媒的造势，欧洲、北美、澳洲国际演艺集团群雄并起，竞争加剧。其特点可以概括为：各类演艺机构特别是一些世界著名艺术表演团体，利用冷战结束后文化交流逐步宽松自由、全球演艺市场进一步激活的国际环境巡演全球；表演艺术家们尤其是影视歌多栖明星身价倍增；表演艺术的下游产品开发前景看好；各种演艺经纪机构利润丰厚。大力发展演艺业，是社会发展对文化建设提出的新要求，是人民群众对文化生活的新期待，也是文化产业发展的新亮点。

二、中国演艺产业现状

在推动文化强国建设以及文化高质量发展的过程中，中国演艺产业发展的政策、市场、科技等环境不断改善，改革创新持续推进，产业发展基础继续夯实，演出市场总体呈现出欣欣向荣的景象。

（一）演艺产业政策助力不断加强，院团改革全面深化

演艺产业作为重要的文化产业部门之一，其繁荣发展离不开政策的引导和支持。在全面深化改革的背景下，演艺产业领域的改革也在持续推进。以院团改革为例，2021 年 6 月，中共中央办公厅、国务院办公厅印发《关于深化国有文艺院团改革的意见》，目标是建立和完善剧本质高量多、剧目纷呈多彩、剧场布局合理、院团人才辈出的可持续发展体制机制和政策体系，巩固和发挥国有文艺院团舞台艺术创作生产的主导地位和引领作用。该意见明确国有文艺院团的功能定位，分类推进改革，激发国有文艺院团内生动力，建立健全扶持优秀剧本创作的长效机制，建立健全促进剧目生产表演的有效机制，建立健全鼓励演职员多演出的激励机制，建立健全布局合理的剧场供应机制，建立健全国有文艺院团双效统一的体制机制，全面推进国有文艺院团的改革发展。

除此之外，为了促进民营文艺表演团体的发展，2021 年 6 月，文化和旅游部等六部门发布《关于营造更好发展环境　支持民营文艺表演团体改革发展的实施意见》，提出要加强对民营文艺表演团体的分类指导，进一步优化公平竞争的市场环境，推动民营文艺表演团体规范发展、创新发展，提升民营文艺表演团体创作生产水平，加强民营文艺表演团体人才队伍建设，改善民营文艺表演团体演出排练条件，搭建民营文艺表演团体展演展示平台，加大民营文艺表演团体政策支持力度，加强对民营文艺表演团体的管理等措施。事实上，与演艺相关的政策密集出台，中国演艺产业正在迈入

高质量发展的新阶段。

为了进一步规范演艺产业的发展，在法治、规范标准以及行业自律等方面也在不断加强。2020 年 4 月 28 日起《视听表演北京条约》正式生效，旨在保护表演者对其录制或未录制的表演所享有的精神权利和经济权利，对于演艺产业的发展具有重要影响。同时，文化和旅游部颁布国内首个演出票务领域的行业标准《演出票务服务与技术规范》，该标准将于 2021 年 8 月 19 日起实施。标准的施行将有效打击“黄牛”的生存空间，完善演出票务管理，治理行业乱象，实现演出领域数字化建设。此外，为了整治演出行业存在的乱象及各种问题，2021 年 9 月，中国演出行业协会联合多平台共同发布《构建清朗网络文化生态自律公约》，携手共创风清气正的网络文化生态。

（二）资本热衷于演艺业，演艺投融资更加多样化

演艺产业的快速发展以及未来的成长潜力吸引资本的进入，文化艺术领域的从业者也在积极寻求文化产品价值，实现方式的多元化和价值链扩展。从文化企业发展的阶段性特征来看，文化资产的证券化是文化产品市场化发展到一定程度的标志。与此同时，在演艺产业的品牌化竞争阶段，品牌塑造是一个长期过程，其间需要资本的持续支持。目前演艺产业的内容产业价值凸显，促进资本新一轮布局。数据显示，2020 年，我国网络表演（直播）领域共产生 23 起投融资事件，总融资金额超过 62.3 亿元。不仅如此，如众筹、合并重组等各种方式也在探索发展，由此使演艺投融资更加多样化。

（三）演艺产业链持续延伸，跨界合作态势明显

产业链延伸与跨界合作成为企业增加利润、扩大行业领域的重要途径（见图 12-1）。具体表现在：其一，剧院将由单一的演出中心逐步向综合性的娱乐中心转化，一个以餐饮、购物中心和地产为外延的产业链正在形成，随着演艺产业链的延伸，演艺产业的利润增长点也在不断增加和扩大。其二，跨界合作将成为未来演出行业发展的主流方式。一方面，对于演出业来说，通过跨界合作既有利于降低演出业的经营风险，也有利于拓展演出业的营销渠道；另一方面，对于跨界合作方来讲，演出业既是拓展业务的载体，也是行业投资的一种途径。演出行业与餐饮业、旅游业、互联网行业等跨界合作是市场推广及规避风险的重要途径，也是实现优势互补、协同发展的必然趋势。

（四）各类演艺形式呈现新特点，演艺产业蓬勃发展

经济的快速发展以及文化消费的升级加强成为包括演艺产业在内的各类文化行

业繁荣发展的基础。观看娱乐性强、影响力大的演出节目成为民众最为普遍的文化

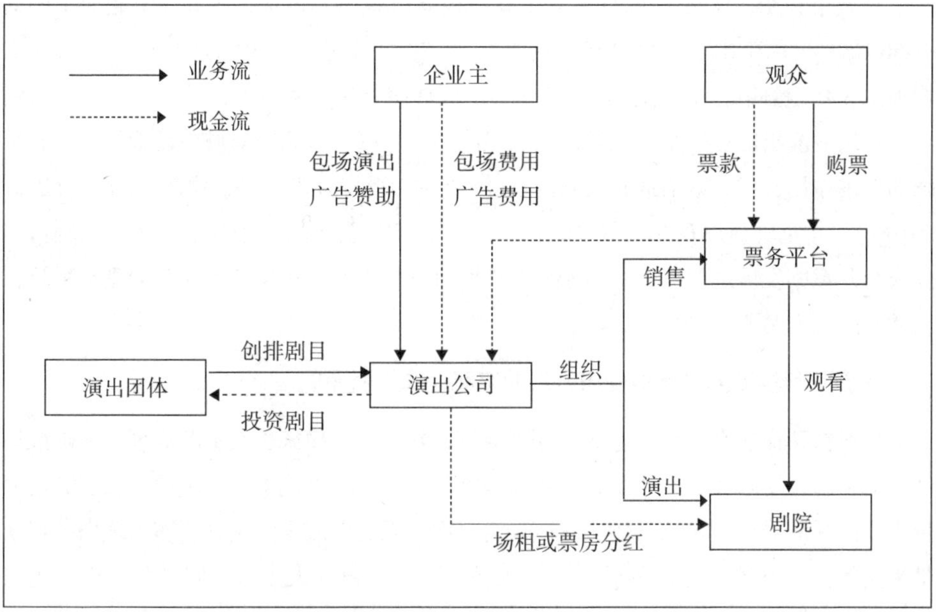

图 12-1 演艺产业链

资料来源：根据网上公开资料整理。

消遣方式之一。各大城市的小剧场应运而生，满足了大众对表演服务的需求。比较典型的代表有开心麻花、德云社、青曲社等一系列以大众娱乐为代表的剧团，当然国家大剧院、上海大剧院、广州大剧院等仍然扮演着重要的角色。即便在新冠肺炎疫情的冲击下，演艺产业受到严重影响，然而危中有机，传统企业纷纷数字化转型，我国网络表演（直播）行业迎来巨大风口，开始进入高速发展阶段。《2020 年中国网络表演（直播）行业发展报告》显示，我国网络表演（直播）行业主播账号累计超 1.3 亿人，其中日均新增主播峰值为 4.3 万人。线上与线下文化消费场景已深度嵌入居民日常生活。

同时，不同演艺形式呈现新的发展特点：第一，旅游实景演出市场火热。2019 年旅游演艺剧目 340 台，观众 9583.2 万人次，票房收入同比增长 15%，达到 68.02 亿元。第二，在中国经济持续高速增长和城乡居民收入水平稳步提升的宏观背景下，我国舞台剧行业获得了快速发展，舞台剧市场规模逐渐扩大。据统计，2019 年我国演出票房收入为 200.41 亿元，我国舞台剧市场规模为 54.29 亿元，舞台剧占我国演出

票房市场规模总量的 27.09%，占我国演艺产业规模总量的 10.13%。第三，音乐节向二三线城市扩张。大麦发布的《2021 五一档演出观察》显示，“五一”假期全国共有 56 场音乐节演出，比 2019 年同期增长了 37%，票房收入增加了 252%，观影人次增加 173%。超四成用户选择音乐节作为度假休闲首选，六成音乐节用户选择跨城观演。音乐节演出区域也由一线城市向二三线城市扩张。音乐节对城市品牌的提升有很强的促进作用，成为政府或相关部门营销的重要利器。第四，儿童剧演出蓬勃发展。2019 年，儿童剧演出观众人数 358.12 万人，儿童剧类市场需求日益扩大，但剧目创作成为儿童剧发展的软肋，致力于儿童类剧目创作人员严重缺乏，儿童类剧本稀缺，高质量的儿童类剧本少之又少。

（五）科技助力演艺业变革，新业态新模式不断涌现

新科技革命正在推动演艺业的深刻变革，新业态新模式也在不断涌现。演出现场性特征突出，受限于演出场次数量和场地座位数量，很多优秀的演出项目无法满足大量观众的观演需求。全景直播、虚拟现实、增强现实则能为无法到达演出现场的观众带来更沉浸式和多元化的体验。5G、大数据、区块链、人工智能同样能广泛运用与演艺产业的各个环节中。

此外，演艺机构塑造云上影响力，云端舞台永不落幕。2020 年，演艺机构抖音号同比增加 559%，投稿逾 60 万个，近三成账号投稿逾 100 个。爆红的演艺视频涌现，在演艺机构蓝 V 账号发布的作品中，有近 200 个播放量逾 100 万次，45 个点赞量逾 10 万次。其中，“中国评剧院”发布《评剧小课堂——戏曲眼神与情景》，评剧演员张琪在 20 秒内用眼神传达出 7 种心理活动，获得逾 318 万次播放和 26 万余次点赞，引发众多网友的模仿和羡慕。

数据显示，抖音非遗短视频观众中，年龄在 18 ~ 41 岁的占比达 84%，年轻群体的关注及互动给非遗传承创新增添了新的活力。截至 2020 年 5 月 31 日，1372 个国家级非遗项目中，抖音上涵盖 1318 项，涵盖率达 96%。投稿量 TOP50 的国家级非遗短视频中，传统戏剧门类项数占比最高，共有 18 个代表性项目入选，其中最受欢迎的剧种前三名为黄梅戏、豫剧及京剧。抖音话题 # 谁说京剧不抖音，共集纳视频 9.6 万个，总播放量达 15.8 亿次。京剧脸谱系列特效广受网友喜爱，全年使用逾 5600 万次。

非遗音乐也通过触网焕发出新的生命力。2020 年 4 月，抖音“看见音乐”计划推出首张非遗音乐专辑《国韵潮声》，融合了粤剧、江南丝竹、彝族山歌、蒙古族长调民歌等传统音乐元素和流行、摇滚、Hip-Hop、电子等曲风，给音乐爱好者带来与

众不同的体验，也给华语流行音乐增添了深厚底蕴。非遗线上音乐会吸引逾10万网友围观，互动评论上万条。

当然，演艺产业发展中也存在一些问题，如作品创新、剧场缺乏管理标准和服务规范、演艺产业的盈利方式较单一、行业治理需要持续加强。

专栏 12-1

线上，演艺重要阵地①

一、小维克剧院公布线上计划 Best Seat in Your House

小维克剧院总监 Kwame Kwei-Armah 公布了线上计划 Best Seat in Your House。该计划欲将所有在小维克上演的、取得直播版权的剧目纳入流媒体播放平台。在线上购票页面，详细解说了可供观众选择的 Director's Chair 和 Director's Cut 两种观看方式：

选择 Director's Chair 的观众可以在整场演出中随时切换镜头，通过放置在剧场不同方位的多个摄像机获得不同的观看视角。这是一种类似于坐在转播大厅剪辑台前的体验，又如同在剧场中随意行走的沉浸式体验。选择 Director's Cut 的观众也可以直接观看导演剪辑版本。这种方式相对传统，观众拥有导演选择的镜头和角度，全本由制作团队制作完成。

艺术总监 Kwame Kwei-Armah 表示："新冠疫情暴发的第一年，我们在广泛参与线上剧场活动的同时，也一直努力探索如何利用技术来增强现场戏剧体验的活力，如何让观众在家中也能真切感受到表演？这些问题的出发点源自小维克剧院的使命，故而也要延伸到我们的数字产品中。"

二、AmazeVR 为 Megan Thee Stallion 开发虚拟演唱会

虚拟演唱会平台 AmazeVR 已与格莱美获奖说唱歌手 Megan Thee Stallion 达成协议，将为她打造沉浸式虚拟演唱会，预计在2022年初发布。

Megan Thee Stallion 在一份声明中说："在虚拟现实世界中，创造力是无限的，这意味着我的概念和想法也可以是无限的。很高兴与 AmazeVR 合作，把我的疯狂想法变成虚拟现实，让我所有的粉丝看到。准备好了！" AmazeVR 联合首席

①资料来源：中国演出行业协会网站。

执行官Ernest Lee也在一份声明中表示："Megan Thee Stallion是一位真正的艺术家。我们正在筹划一场不同于以往的演出。这将是一场史诗般的，但又是个人的表演，让任何人都能感觉到他们就在Megan身边，共同体验。"

该演唱会将由创意总监刘易斯－詹姆斯和Megan的团队共同监督和设计，以在线和离线方式推出，还将在配备震动座椅和VR设备的影院中播放，用户也可通过家用VR设备观看。

三、音乐科技公司VNUE将收购线上演出直播平台StageIt

据报道，音乐科技公司VNUE将收购线上演出直播平台StageIt。此次交易将为VNUE的投资组合增加900多万美元的收入、数十万现场乐迷以及更多互补技术。交易预计将在60天内完成，Stageit随后将成为VNUE的全资子公司。

VNUE称，在新冠肺炎疫情流行期间，随着现场演出创收的减少，数千名音乐人利用StageIt的服务将他们的直播演出进行商业变现。其中包括格莱美奖得主Ramsey Lewis、American Idol的David Archuleta、摇滚音乐人Joan Jett、Celtic Thunder、Devin Townsend和Rhett Miller等。

StageIt服务与VNUE的set.fm"即时直播（instant live）"移动和网络平台都是免费的，该公司还将添加一项功能，允许粉丝在演出结束后立即购买演出的音频。

三、中国演艺产业的国际化机遇

以经济的眼光、市场的手段看待和运作文化演出活动，其结果自然会造就演出活动的商业化，孕育出演出市场，进而随着社会经济发展，形成演艺产业，并在经济国际化的推动下，逐步实现文化演艺业的国际化。国际化中的文化演艺业是分工深化、市场拓展、相关要素与资源在更广阔范围内实现流动与配置的过程。而当前国内外社会经济环境和条件的变动则为中国文化演艺业国际化提供了极好的发展机遇。

（一）大变局下全球产业结构加速调整

社会发展史表明，每一次经济大危机带来的不仅仅是经济的萧条、社会的重创，如若从整个社会经济系统自身调整，从而为系统在更高水平健康运行铺平道路的角度看，危机中孕育着发展的契机。2008年全球金融危机带来的影响持续至今，而百年未有之大变局以及国际经济文化秩序变革背景下，战略性新兴产业成为新宠儿。美国、日本、欧盟等都将注意力转向新兴产业，并给予前所未有的强有力政策支持。诸多迹象表明，全球产业结构调整正在加速；各国，特别是发达国家竞相发展具有战略意义、能够占据未来经济制高点的产业部门。这种变动发展态势成为那些顺应社会发展趋势、具有极大发展潜力的产业部门迎来大发展的绝佳时机。

（二）文化、消费与休闲经济助力演艺业发展

西方学者曾指出，文化经济将成为后金融危机时代有力的经济增长点。而在经济全球化背景下，对外文化贸易无疑是后危机时代文化经济乃至整个社会经济发展的亮点，影响着其发展水平以及未来去向。因此，大力发展文化产业，积极推进相关产业的国际化步伐成为当前及今后中国社会经济发展的重要战略指向。不仅如此，休闲与消费同样成为未来中国经济发展的重要特征，具体表现在从生存需要向发展需要过渡的过程中，人们对精神享受和非物质产品的需求愈加强烈和重要，而这种需求、消费结构和生产、生活方式也正是中国经济的未来走向。可见，文化经济、消费经济以及休闲经济这三大经济形态必将催生广阔的非物质产品生产及消费市场，文化演艺自然当属其列。

（三）中国进入高质量发展新阶段

在全球产业结构加速调整的背景下，中国也在全面深化改革，推动高质量发展。在大力推进工业化、城市化的进程中，更加重视现代制造业和现代服务业的发展，重视技术密集型、知识密集型产业部门的成长。在应对粗放型增长，能源消耗过大、产能过剩、污染严重等发展弊端时，着力以集约的手段、低碳的理念推动绿色经济的壮大。新发展理念已经深入人心。虽然当下新冠肺炎疫情对演出业产生严重影响，但是危机中育新机，中国演艺业必将迎来变革创新的新契机。

（四）文化强国建成需要演艺大繁荣

社会主义文化强国从建设到建成需要文化各行各业实现全面繁荣发展。演艺产业是文化领域重要的部门和领域，对于促进文化产业发展、繁荣社会主义文艺、彰显文化自信和中华文化气派、加强国际交流合作、增强国家文化软实力等方面发挥着不可或缺而独特的作用。因此伴随文化强国建设的深入发展，未来我国演艺产业发展的空间和潜力巨大。

（五）开放新格局，构建提升演艺业国际化水平

在构建全方位对外开放新格局的过程中，演艺产业国际化无疑是重要的战略选择。文化产品和服务成为贸易的重要对象，国际区域合作的内容也在不断拓展，单纯的文化交流已经不能满足社会经济发展的形势和要求，其中商业文化演出的进出口呈现逐年增长的繁荣态势。可见，未来中国演艺业的发展需要站在全球高度，内外统筹，全面开启文化产业国际化时代，实现文化产业的外向型发展，助推中华文化的全面复兴。

（六）演艺业国际认可和接受程度不断提升

中国悠久的历史、深厚的文化积淀以及丰富多样的文化资源成为其文化演艺业创作的不竭源泉。当前，中国文化演艺业相关要素正在不断优化整合，资源的特色优势、比较优势也在挖掘、发展中逐步显化。从经营主体看，中国演出表演团体规模不断扩大，结构持续优化，已经形成多层次的主体结构，为相关资源优势发挥奠定了坚实的基础；从演艺业与其他产业部门的关系看，演艺业与传媒业的渗透融合尤为典型，作品渗透、演员渗透、网络渗透加快了中国文化演艺业的产业化水平；从演艺业集聚情况看，规模经济将愈加明显，文化演艺业的实力在不断增强。近年来，中国文化演出市场日益受到国外的关注，外方演艺经纪公司纷纷表示期待敲响亚洲市场大门，中国文化演艺业将迎来全面繁荣的历史性阶段。

四、中国演艺产业的国际化挑战

中国演艺产业国际化虽然面临着历史性的发展机遇，但同时需要迎接诸多挑战，才能抓住机遇，实现跨越式发展。

（一）如何强化市场理念，加强国际化体制机制建设

以中国目前演艺产业的发展状况，市场化理念依然难以适应快速发展的产业态势。国有文化集团行政色彩浓，新生的民营力量弱小，不是不适应就是难以应对生存的压力。很多转型文化企业推出项目缺乏，甚至忽视前期调研和市场分析，而是将决策权交于领导定夺。这种决策方式或许有存在的合理性，然而对于长期、稳定、健康发展的文化演出市场而言，弊端明显。创作不立足于科学的市场调研，何谈拥有良好的市场回应，也就不会造就为大众所欢迎的作品。不仅如此，演出单位在经营上同样缺乏市场意识和运作能力，未能充分发挥市场配置资源功能，因此也难以与国际市场接轨。

（二）如何增强自主创新能力，探寻“走出去”有效路径

中国文化演出市场人才荟萃，演出单位云集，虽然创新精品时有面世，但是尚未形成创新的大众基础和具有国际影响力的大量传世经典，创新土壤和空间狭小。即使在某些部门，如杂技行业有一定优势，可能“占了技术的高端，却成了市场的垫底”，单个节目或几个演员成为外国演出项目组装的“零配件”，不能以完整品牌节目拓展国际市场。这种“走出去”版权经营意识淡漠的后果就是“技术”高超，利润却惨淡，不符合市场规律，不适应服务贸易的国际规则与发展趋势。

（三）如何提升经营管理效率，着力培育竞争优势

中国文化演出业存在着经营管理低效、管理成本过高的问题，不仅管理环节烦冗，而且工作票过多，票务系统效率不高。在北京，票务销售的提成是10%~15%，而在上海大约8%，国外只有5%，加之高场租，由此导致高票价，国际化价格比较优势难以培育。此外，大多数演出商只是接手别人的演出，再通过最后的销售获取差价，而自主经营剧场，自主经营制作演出，靠版权、品牌做演出的少。上述问题无疑阻碍了中国文化演出产业国际化竞争优势的培育和发挥。

（四）如何做强国际化支持平台，扩大对外交流

文化经济发达国家已经形成较为完善的产业扶持体系，由此全方位推动本国演出业国际化发展。目前，中国文化演艺产业国际化支持平台体系尚需加强，涉及政策规划、公共服务、金融支持、法律法规以及信息化等方面，因此，难以发挥合力作用，也不能与国际文化演出市场有效衔接，亟待加快建立、完善。此外，中国文化演艺产业的国际交流活动，包括项目合作、发展研讨等，需要进一步扩大，以为国际化发展提供更多的信息和合作途径。

五、中国演艺产业的国际化战略

第一，顺应文化经济全球化浪潮，以进军国际市场为目标，以实施“贸易”走出去与文化“走出去”战略为背景，大力推进中国文化演出业国际化步伐。

中国文化演艺产业国际化要站在全球文化经济发展的高度，牢牢抓住国际产业结构调整的机遇，充分发挥自身的资源优势，将城市化、工业化与经济文化化、文化经济化统一起来，以“大文化”“大市场”的理念进军国际文化演出市场，加快推进中国文化演出业“走出去”步伐。为此，要做好发展战略规划，从各方面创造有利、宽

松的环境，在保障国家文化安全的前提下，着力实施产业国际化、贸易国际化、资本国际化以及人才国际化，使文化演出经营理念、创作创意水平、营销能力水准等方面达到国际化层次。

第二，适应国际演出市场经营管理规律与规则，坚持社会主义市场经济导向，建设中国文化演出市场国际化创新体制、机制，夯实市场基础，扩大受众范围，打造全面繁荣的市场局面。

要处理好转轨时期的困扰和难题，在发挥政府导向作用的同时，一定要坚持社会主义市场经济导向，注重市场调研，发挥市场功能，用市场的手段汇聚资源，调节供求，特别要开拓乡村及欠发达地区市场，扩大受众范围，建立稳定的观众基础。要依据文化演出市场经营管理规律，加强文化演出业专业化、精细化、人性化管理以及演出单位的集团化经营，打造全面繁荣的市场局面。

第三，遵循文化演出创作原则和规律，以创造精品、传承经典、服务大众为原则，积极探索演出业产业化流程和创作模式，提高效率，降低成本，实现最佳的社会效益和经济效益。

文艺创作要切实遵循自身原则和规律，在激烈的国际竞争中更要以品牌取胜。因此，要以创造精品、传承经典为原则，在走品牌化路线的同时，特别要坚持文艺创作的人民大众路线，从而确保创作的根源基础和消费保障，并着力建设文化演出素材、项目储备库，抓好创作环节建设。要大力推进中国文化演出业的产业化水平，对于其中一些具有较强复制性、适宜工业化、标准化流程操作的项目要竭力探索其产业化创作模式，规模化运营，不断提高演出效率，降低成本，为票价调整提供条件，从而实现最佳的社会效益和经济效益。

第四，立足于国际化战略视野，深入研究文化贸易规则和案例，从版权经营入手，大力推进文化演出服务贸易模式的发展，努力构建国际化的文化演出营销网络和平台。

加强对WTO及相关规则和案例的研究，为文化演出单位“走出去”提供经验支持。特别要重视与贸易有关的知识产权协定，可与国内科研机构、其他演出单位合作，大力推进文化演出单位版权国际化经营。要重视文化演出服务贸易模式多样化，大力推进跨境交付和商业存在模式，对于条件成熟的单位，可以通过上市、并购等行为加快“走出去”步伐，努力构建国际化的文化演出营销网络和平台。

第五，运用系统理念和思维，内外并举，各方齐上，充分调动一切有利因素，建设中国文化演出业国际化政策、法规体系、信息化平台，创造和谐、有利的国际化环境。

基于系统理念，首先要做强、做大国内文化演出市场，内外并举，实现开放性演出业的良性发展。要积极培育各类经营主体，尤其要扶持民营企业及中介机构使其发展状大，建立多层次、多元化的演出市场供给体系和中介服务体系。要发挥政府政策引导、支持的作用，从资金、市场、就业政策、税收、监督等方面进行扶持，包括降低税率、给予出口补贴、促进企业或个人投资、广泛推行基金会制度等，建立立体化的政策扶持体系。要研究各种新生演出组织形式的合法性，加强协会、行会的作用，给予其合理性的生存空间，建立有利于文化演出单位发展的法规体系。对于中国文化演出产业，有条件加快其信息化建设，从而促进信息的沟通、组织的管理乃至各种贸易模式的发展。

第二节　娱乐产业

一、娱乐业概述

（一）娱乐

娱乐是人追求快乐的一种天性。在现代社会中，娱乐已经成为面向大众的不可或缺的生存方式。根据不同娱乐方式的主要功能，人类娱乐大致可分为三大类：

（1）文化娱乐。人们为了“心灵的愉悦”，根据自己的兴趣爱好选择不同文化产品来消费的行为，这是人类所特有的娱乐。

（2）体育娱乐。人们为了获得“身体的愉悦”，根据自身条件所进行的内容简便易行、富有情趣的各种身体练习，如各种体育游戏等。体育娱乐又可分为文化性体育娱乐和休闲性体育娱乐。

（3）休闲娱乐。人们为了驱逐紧张、单调、寂寞和无聊，选择各种“消费闲暇时间”的行为。当代最普及的娱乐是通过影视、音乐、演出与出版（看电视、电影、报刊、VCD、DVD 和文艺晚会，听 CD、MP3、MP4 和音乐会等），玩游戏（网络、手机、游戏机等）与网上虚拟生活，参加歌舞厅、夜总会、健康休闲和趣味体育活动等来实现。

（二）娱乐产业

文化娱乐产业囊括了符号、信息、媒介、文化、经济等因素，即文化娱乐产业是将具有娱乐特性的图形、图像、文字、色彩、音符、旋律等娱乐符号通过现有科学技术手段处理成娱乐信息，依托各种媒介包括有机媒介（人的肢体语言、行为动作）、无机媒介（书籍、影视、广播、网络、通信设备、CD、VCD、DVD、EVD、VOD、MP3、MP4、海报招贴、户内外广告媒介等），转变为各种文化娱乐产品，在文化娱乐市场当中进行商品流通，满足大众精神娱乐消费的需求，形成社会效益与经济效益的一种特殊的文化经济现象的总称。

概括来讲，所谓娱乐产业，就是为人们提供快乐有趣的享受活动的行业或产业，可理解为“制造快乐”的经济领域。它隶属于文化产业的范畴，具有文化产业所有的文化属性及产业特性，是现代科学、现代工业文明发展与现代精神文明发展相结合的产物。

二、娱乐产业的增长方式

娱乐产业经济的增长方式主要包括粗放型经济增长方式和集约型经济增长方式两种。

（一）粗放型增长方式

粗放型增长方式是单纯依靠增加资金、人力和物力的投入娱乐产业运营环节过程当中，以实现提高娱乐产量或娱乐产值。该增长方式属于国家政府计划型，即以政府为主导，依据政府的意识行进，政府通过对经济进行行政干预来调控企业。粗放型增长方式是一种高投入、高消耗、低质量、低产出的经济增长方式。

（二）集约型增长方式

集约型增长方式是把资本资源、材料与技术资源、人力资源、人文资源，整合利用，投入娱乐产业运营环节过程当中，以实现提高娱乐产量或娱乐产值。该增长方式属于市场主导型，即以市场为主导，政府对市场进行宏观调控，以市场变化，引导产业发展。集约型增长方式则是一种低投入、低消耗、高质量、高产出的战略型经济增长方式。

粗放型增长方式与集约型增长方式相比，后者是社会主义市场经济条件下娱乐产业增长的主导方式。在新发展理念下，如何努力发展和解放娱乐生产力，深化娱乐经济体制改革，是实现娱乐经济增长方式由政府主导型向以市场为导向、政府加以辅导扶植的战略型转变的关键所在。

三、中国娱乐产业概况

娱乐改变生活，娱乐创造经济。在美国，娱乐产业每年带来 5000 亿美元的收入，并已经成为第二大出口产业。相比美、日等发达国家，中国娱乐产业研究较薄弱，发展也相对滞后，但市场潜力巨大。金融危机以来，娱乐产业逆势上扬，见证了娱乐产业的经济贡献价值。

近年来，我国文化娱乐行业快速发展。数据显示，2018 年，我国文化娱乐行业企业收入为 1484.24 亿元，较 2017 年同比增长 9.3%；2019 年，我国文化娱乐行业企业收入为 1525.05 亿元，较 2018 年同比增长 2.7%。

伴随中国经济的转型及居民收入水平的提升，文化娱乐产业正上升为国家战略性产业。文化娱乐企业改制、产业资金扶植、民营资本介入及海外市场推动，多种因素推动了中国文化娱乐产业的快速发展。展望未来，产业融合发展、产品创新及产能扩张将成为文化娱乐产业繁荣的核心方向。

然而，中国娱乐文化产业发展也存在诸多问题，主要有：

第一，产业规模有限，成为产业发展的瓶颈。中国有限的产业规模妨碍了产业价值链的延伸。美国影视产品的延伸价值达 1050 亿美元，而中国则不足 0.5%。这样狭小的规模使得中国文化娱乐产业的综合竞争力较低。

第二，知识产权保护不利，娱乐产业竞争无序。文化娱乐产业作为一项以创意为核心要素的产业，知识产权是其生存的必要条件。在中国，娱乐产业竞争无序，同时存在乱象，法制环境有待改善。

第三，人才队伍比较松散，行业协会作用欠缺，知名品牌少。中国娱乐产业专业人才不仅缺乏，而且松散，人才培养体系和机制急需进一步完善。此外，应加强行业协会的自律和协调功能，大力培养知名娱乐产业品牌。

专栏 12-2

当代文娱产业行动指南①

回顾 2020 年，国内文娱产业稳中有变。

从平台明星内容消费品类的受众群画像来看，用户呈现年轻化、地理位置上升与下沉并行、深夜消费、男女性别比例差异扩大等特点。

展开来看，在用户地理、年龄层分布方面，三四线及以下城市用户占据近半比例，新一线城市用户领跑，占比最高达 22%。80 后、95 后是内容消费绝对主力，

---

①资料来源：《2020 抖音娱乐白皮书》。

90后用户占据抖音娱乐内容的C位。

不管性别、年龄层、空间地理位置的差异如何，抖音用户明星内容消费集中在夜间，18—22点是超活跃时间，用户占比均超40%，体现出娱乐产业繁荣的新夜经济消费趋势。

在男女用户性别、喜好差异方面，2020年，女性用户是娱乐内容消费的主力军，如女性用户数量在明星内容消费中占据主导位置，较2019年比例增加，占比高达68%。

除此之外，男女用户的喜好大不相同。

在综艺内容消费中，女性占比从59%增加至63%，而在电影兴趣用户中，男性用户占比则从56%变化至64%，女性用户对综艺更感兴趣，男性用户则在电影内容消费上胜于女性用户。

在电视剧内容消费中，女性用户更喜欢在短视频中追剧，且以小成本的"甜宠"题材为主；男性用户关注的题材以红色、悬疑推理、乡村喜剧居多。尽管男女用户喜好差异巨大，总体而言，用户喜好集中在影像化、剧情化等休闲内容。

除了受众层面的新波动，娱乐内容行业大环境也发生了不小的变化。

受疫情影响，剧集市场较往年较低迷。尽管如此，依然挡不住优质影视剧集在短视频平台上迅速蹿红、现象级传播，以及用户对影视剧集的热情。2020年，出现一批爆款影视剧IP，如《传闻中的陈芊芊》《三十而已》《隐秘的角落》等。

第一，5G时代下，用户消费场景的转变，从电视、PC传统通路转向手机移动端设备，低时延、高速率又进一步助推短视频的大面积普及。此外，短视频式传播，内容紧凑、清晰明了，节奏快，符合Z世代的消费心理需求，又成为大众高效率追剧的最佳移动平台。

第二，影视剧集也出现精品化、类型化、轻量化、短剧化等特性。通过精品化、类型化精准覆盖高需求垂类用户，产生较好口碑，进而扩大传播圈层。同时，影视剧集亦有IP二次利用的强大需求，短视频无疑是优质影视剧IP二次创作、二次消费的最佳选择。以短带长，促进内容消费快速增长已成为娱乐内容行业的主流趋势。

2020年，受疫情影响，1—11月电视剧备案较2019年同期减少22%；线下影院停摆，电影撤档，在拍电影项目暂停；综艺节目现场摄制受阻。在后疫情阶段，随着影视剧、综艺市场逐步回归正常。

第三节 文化会展产业

一、文化会展的相关概念

文化会展是会展经济的有机组成部分。文化会展是在一定空间范围内，由多人聚集在一起、定期或不定期举办的集体性的物质和文化交流活动。文化会展产业是指由文化会展经济运动而引起的相互联系、相互作用、相互影响的同类企业的集合。

文化会展的主办方主要分为政府、社会团体和公司三大类。主办方利用其所在区位的地域、经济、文化等优势召集供需各方按照事先确定的时间、地点举行具有专业性或综合性的文化会展活动。

文化会展包括举行的各种会议、举办的各种文化艺术展览和特殊的文化节庆活动。从行业范围来划分，文化会展是指文化产业范围内的相关会展活动；从会展内容来划分，文化会展主要包括文明系列、大师系列、国宝系列等若干系列和重大文化活动；从活动类型来划分，文化会展主要包括电影节、博览会、文化节、文化展览等内容。

文化会展产业作为文化产业的重要组成部分，已经成为构建现代市场体系和开放型经济体系的重要平台，在文化产业中的价值和地位日益提高，在我国经济社会发展中的作用日益凸显。

二、文化会展的产业特点

（一）创新性

创新是文化会展的灵魂。文化会展通过新技术、新产品、新理念的交流传播，促进资本、技术、人才等要素的新组合与配置， 推动文化产业不断升级发展。

（二）集聚性

文化会展将人流、物流和信息流在同一时间、空间上集聚，使参展商和观众拥有相对广泛而集中的接触，同时可以在短时间里集中交流信息、交换产品。除此之外，展会举办地点集群化，也是文化会展集聚性的另一表现形式。

（三）开放包容性

文化会展产业较强的产业关联和带动作用，使其具有很强的包容性。同时，文化会展经济是作为一种开放性的经济形态而存在，其发展必然会引起社会资源和要素在全国乃至于全球范围内的流动，提高了各国、各地区的开放性，使整个世界成为一个开放的体系。

（四）技术性和文化性

文化会展活动是文化和技术的结合。文化会展以文化产品展示、宣传、交易、服务为主体，其文化审美和教育提升功能突出。同时，文化会展产业以信息资源为基础，以科技运用为支撑。在文化会展产业的各产业要素中，现代科技和高新技术往往最先或者较为广泛地得到运用和推广。

（五）区域差异性

文化会展活动在地理和经济区域分布上极不均衡，区域间差异很大。绝大多数的会展活动都发生在少数经济发达、知名度高的全国或地区性中心城市。

三、文化会展产业发展的国际经验

会展产业在国外的发展已有很长的历史。经过 100 多年的积累和发展，国外会展产业的办展内容、功能和展会的组织等方面已相当成熟。

（一）各级政府的积极支持

在发达国家，政府对文化会展产业的发展起着重要的作用。

一是这些国家的政府并不直接参与展馆的日常运作，但通过宏观调控来引导和推动文化会展产业的发展。例如，作为会展产业发源地之一的英国，其历届政府都对会展产业格外重视，并成立了会展产业委员会帮助推动英国会展产业的发展。英国政府将其视为知识经济和创意文化产业最重要的组成部分，是英国在国际社会发挥影响力的重要平台。

二是地方政府投资建设会展场馆以及配套设施，并将会展场馆的经营权以长期租赁或委托经营的形式交由大型展览公司。会展场馆是会展产业最重要的基础设施，但其投资大、回报慢，社会效益大大超过其经济效益，政府通过承担这部分成本帮助会展产业迅速发展。与此同时，展览公司完成了原始积累，而国有资产也实现了保值增值的目标。

三是各级政府积极配合会展的市场营销和宣传，如德国总理曾连续三年参加汉诺威消费电子、信息和通信博览会（CeBIT）开幕式，以提升展会的影响力和知名度。

（二）培育会展品牌

一是主办方可利用其所在区位的地域、经济、文化等优势培育自己独特的会展品牌。例如，法国时尚创意产业已经发展了200多年的历史，至今仍然显示出勃勃生机和活力，在世界时尚高端市场仍然占据着统治性的地位，具有绝对性的竞争优势。巴黎基于其城市的产业优势，成功地打造了巴黎时装周这一展会品牌，它是展览活动与所在产业密切结合、体现其地区产业优势的代表，为法国赚取了巨额外汇与声望。

二是会展特色的精准定位和规划。品牌是一个会展的外化形象，培育会展品牌首先需要准确了解观众和参展商的需求，通过将观众和参展商的需求与自身优势结合，精准定位和规划自身会展特色。培育一个优秀的会展品牌，能够成功将自身与其他展会区分开，使会展更具有差异化、与观众的关系更为紧密和牢固。正如上述的巴黎时装周，成功将巴黎和时尚紧密结合，提高了其他竞争者的进入壁垒。

（三）专业化、国际化和跨业态经营

一是会展产业的发展越来越趋向专业化，大而全的展览已经不能满足观众和参展者的需求。在这种情况下，一些综合性展会开始向专业性展会转变。由于专业化展会针对性更强、观众质量更高、参展效果更好，专业化的展览已经成为会展业发展的主流。例如，德国杜塞尔多夫的国际印刷、包装展，意大利米兰的国际服装展等。

二是会展业的发展日趋国际化。随着经济全球化水平的不断提高和国家间合作的不断加深，各国会展公司开始积极开发国外市场，利用各种营销手段在全球吸引海外企业参展，极大地增加了会展的国际化程度。

三是会展产业开始与其他业态进行融合。例如会展产业和旅游业的结合，主办方为到来的参展商和观众提供酒店预订、旅行安排等增值服务。这种方式延长了会展产业的价值链，将其延伸到一个极具潜力的服务增值点上，给传统的会展产业带来了一种全新的运作模式。

（四）高素质专业人才的培养

为了确保会展的组织水平和质量，需要大量优秀的专业人才投身到这一具有广阔前景的朝阳产业。德国的会展教育是德国会展产业保持国际领先地位的重要知识原

因，其教育经验主要集中在两方面：一是由德国著名高校开展会展产业的研究，这些研究实质性地提升了对会展产业的认识和重视程度；二是德国的“双元制”应用型会展人才的成功培养。这为德国会展产业源源不断地输送大量高素质人才。

四、中国文化会展产业的发展状况

会展产业被誉为“朝阳产业”，是我国极具发展潜力的产业之一。文化会展产业是会展产业的重要组成部分，也已经成为我国文化产业的助推器。与世界上会展产业发达的国家相比，尽管当代中国会展产业的起步晚、起点低，但发展速度快。

新中国成立后，会展产业曾有过一段时间的发展。1951 年，我国曾参加莱比锡春季博览会，这是新中国成立以来的第一次参加世界性的博览会，而在 1955 年建设的“苏联展览馆”是当时我国境内正式修建的大型展馆。

党的十一届三中全会之后，随着经济体制改革的不断深入、对外开放程度的不断扩大，会展产业迎来了大发展、大变革时期。1978 年，在北京举办的“十二国农业机械展览会”，标志着中国会展产业开始正式参与国际竞争。2000 年以后，我国快速成长为世界展览大国。2001 年，中国成功加入世界贸易组织，中国会展作为一种业态正式纳入国民经济统计体系。2006 年，会展产业列入《国民经济和社会发展第十一个五年规划纲要》，开始受到各级地方政府的高度重视。2008 年北京奥运会和 2010 年上海世博会的成功举办，对中国会展产业的发展起到了重要的推动作用。

我国会展产业的展览场次和展览面积逐年增长。2011 年，全国展览总数达 7333 场，展览总面积达 8173 万平方米，而到 2019 年全国展览总数达 11033 场，展览总面积达 14877.38 万平方米。但我国会展产业的展览场次和展览面积分布较为集中，2019 年全国展览场次和展览面积主要集中在华东区域，该区域的展览数量占全国的 42.3%，展览面积占全国的 41.4%；其次是西南地区和华南地区。

中国是全球展览场馆及其可供展览面积最多的国家。2019 年，全国投入运营的展览场馆达 292 座，室内可供展览总面积为 1197 万平方米，较 2018 年净增 66.8 万平方米，增长 5.9%。从分布看，山东省 45 座、江苏省 30 座、广东省 28 座，位居全国前三。中国基础场馆建设能力强。截至 2020 年底，全球前十大会展场馆，中国占 4 座，分别是上海国际会展中心位列第一、深圳国际会展中心位列第二、广州琶洲展览中心位列第六、昆明滇池会展中心位列第七。自 2015 年提出“一带一路”倡议以来，“一带一路”沿线国家逐渐成为中国境外自主办展的热门举办地。2015—2019 年，“一带一路”沿线国家在中国境外自主办展的热门举办地中的占比达70%以上。2019年，在中国境外自主办展的79场展览中，有61场在“一带一路”沿线国家举办，占77.21%，展览总面积40.67万平方米，占中国境外自主办展展览总面积的77.03%。

《“十三五”时期文化产业发展规划》将文化会展产业列为重点发展的文化产业之一，提出打造市场化、专业化、国际化的重点文化产业展会，培育知名品牌展会，充分发挥示范和带动作用；提升会展业精细化服务能力，健全会展服务产业链，加强专业化分工，促进产业链上下游之间的协同合作；优化会展业布局，鼓励产业特色鲜明、区域特点显著的文化展会发展。上述种种都使文化会展产业的高质量发展迎来了历史新机遇。

《“十四五”文化产业发展规划》提出，“强化科技在演艺、娱乐、工艺美术、文化会展等传统文化行业中的应用，推动传统文化行业转型升级”，同时强调“坚持市场化、专业化、品牌化方向，打造一批具有示范和带动作用的重点产业展会，鼓励产业特色鲜明、区域特点显著的文化产业展会发展，推进文化会展业数字化转型，鼓励发展云展览等新业态。办好中国（深圳）国际文化产业博览交易会、中国西部文化产业博览会、中国国际网络文化博览会。依托中国旅游产业博览会、中国（武汉）文化旅游博览会，推动文化产业和旅游产业融合发展”。

文化展览是大众文化生活的重要内容。近年来，中国的展览数量增加了近两倍，博物馆和美术馆正成为中国年轻人聚集的热门新场所。根据公开数据，近年来临时和永久展览的数量增加了近两倍。据《中国新闻报》报道，2020年8月至2021年8月，全国共举办了约29000场展览，而根据中国会展协会的数据，2019年举办11033场展览。

受新冠肺炎疫情的影响，各地博物馆、艺术展馆暂停开放，一些原定的文化展览也延期或取消。与此同时，一些文化展馆利用多媒体和数字技术，纷纷推出线上展览，深挖经典元素，体现智能化趋势，满足公众文化需求。随着疫情得到有效防控，文化展览馆逐渐向公众开放，并实行预约参观制，保证了观展有序进行。

相比较而言，传统的线下展览形式更直观、更具感染力，有着难以取代的现场感；而线上展览具有跨越空间的便利性，也具有十分重要的价值。实际上，线上展览与线下展览可以互为补充，相得益彰，不仅记录了时代的发展足迹，还展示了历史文化与艺术经典的魅力，在呈现形式上，线上展览与线下展览互相补充，观众获得了更好的观展体验。

2021年是中国共产党成立一百周年和“十四五”开局之年，中国文化会展产业充分发挥产业特色，借鉴国外优秀会展经验，在实现文化会展产业高质量发展的同时，推助文化产业的高质量发展，助力文化对外开放程度不断加深，为中国文化“走出去”提供一个更加国际化、专业化、科技化的会展平台。

专栏 12-3

2021 中国文物国际博览会创新不断，亮点纷呈①

中国文物国际博览会于 2021 年 9 月 9 日开幕。本届文物国际博览会是中国国际服务贸易交易会的组成部分，博览会围绕“收藏：为美好生活赋能”主题，展会举办 6 个线下活动和 1 个线上活动。线下活动分别为“开幕式暨古玩艺术品展示交易”“国有文物商店文物商品交流会”“民间收藏艺术品展示交易”“国际文物艺术品展示交易”“一带一路沿线国家收藏机构藏品展”“闭幕式暨嘉德艺术周”。1 个线上活动为“国外文物艺术品线上展示交易”。

各项活动从流通体系上涵盖了文物拍卖企业、国有文物商店、古玩旧货市场、“老字号”、电商企业等市场主体，从区域位置上覆盖了大众文化消费体验中心、文化产业园区和保税园区，从应用场景上体现了文物艺术品与大数据技术、数字化展示的融合，从展示内容上体现了国际与国内的对话交流，实现了展会内容的“多层次”“多场景”“多功能”和“国际化”。

首次线上线下同步举办国有文物商品交流会。“国有文物商店文物商品交流会”邀请全国国有文物商店，汇聚北京集中进行展示销售，是全国国有文物商店的一次集体亮相。同步举办“全国国有文物商店文物商品线上展销会”，发挥国有文物商店的优势，满足收藏者的需求，引导社会收藏。

首次将民间收藏艺术品展示交易活动纳入博览会。“民间收藏艺术品展示交易活动”汇集北京、天津、辽宁、南京、湖南、湖北等地的民间收藏爱好者，通过展示交易，传播收藏文化，推动民间收藏的健康发展。

首次在综合保税区内进行海外文物艺术品展示交易。“国际文物艺术品交易”邀请海外文物艺术品收藏机构参加展示交流，涉及欧洲、亚洲、美洲等十余个国家或地区。需要重点强调的是，本届文物国际博览会期间，将实现在综合保税区内的首场“保税拍卖”，增强保税区平台的资源聚合能力，促进海外文物回流。

---

①宫辞，李燕 .2021 北京 · 中国文物国际博览会即将开幕 . 光明网，2021-09-03.

首次举办“一带一路”沿线国家机构藏品展。征集、整理、筛选一批沿线国家收藏单位的文物艺术品举办展览，展品来源涵盖五大洲，使观众能够感受到不同国家、不同民族、不同文化的特色，展示丝路沿线国家深厚的文化底蕴，推动文明交流互鉴。

首次发布“北京文物艺术品交易指数”。该指数是在北京市文物局的指导下，北京易拍全球文物艺术品产业发展研究院根据北京文物艺术品市场十五年来的海量交易数据，经过精确统计、科学演算而形成。指数将成为北京文物艺术品交易的“晴雨表”，体现“首善标准，中国特色，世界影响”。

首次举办国外艺术品经营机构的线上展示交易。“国外文物艺术品线上展示交易”，立足打造线上艺术品交易平台，利用网站和App现场直播海外艺术品经营机构线上展示交易的情况，同时在展会现场设置“文物艺术品＋互联网科技”互动体验区，进一步推动文物艺术品交易与科技的融合发展。

首次将嘉德艺术周纳入总体活动。“嘉德艺术周”作为老牌国际展览品牌，第一次成为文物国际博览会的重要活动。今年嘉德艺术周邀请国内外知名古董商、画廊及艺术机构融入参与，展品单元涵盖东西方古董、经典艺术、设计与美学生活等精彩内容。以立体式主题沉浸展览空间，打造综合艺术服务平台，创新艺术品交易方式，吸引更多公众关注艺术与生活。同时通过孵化具有潜力的展览及艺术项目，促进文化创意产业发展。

【本章小结】

作为文化产业核心部门的演艺娱乐产业正随着全球文化经济的迅猛发展而在国内外文化市场上表现出强劲的增长势头。中国演艺产业目前整体向好，院团改制全面展开，在集团化发展、产业链延伸、跨界合作、海外拓展等方面表现不俗，在国际化方面虽有挑战，然而却面临着极好的发展机遇。中国娱乐产业，虽然存在诸如产业规模有限、娱乐产业竞争无序、人才队伍比较松散、行业协会作用欠缺、知名品牌少等问题，但是文化娱乐企业改制、产业资金扶植、民营资本介入及海外市场推动等多种因素正促进中国文化娱乐产业快速发展。就文化会展业而言，其在会展产业以及文化产业中的地位越来越重要。中国文化会展产业具有光明的发展前景。

【复习思考】

1. 试分析娱乐产业国际上的成功案例，说明其成功的关键因素有哪些。

2. 试分别说明中国演艺、娱乐产业的优势与劣势，并结合实际分析我国应如何发展演艺、娱乐产业。

3. 谈谈你对中国会展文化产业发展状况的看法。

4. 思考出版业、广播影视业、网络动漫产业及演艺娱乐产业中相关政策的作用。

【案例讨论】

中国音乐剧进入全产业链时代①

音乐剧是舶来品，是一种现代的舞台综合艺术形式。如果从2000年音乐剧进入中国开始算，中国音乐剧已经有20年的历史。《2021中国音乐剧指南》显示，中国音乐剧演出市场2019年共演出2655场，同比增长5.4%。观众数量达到213万人次，同比增加29.5，票房收入突破六亿元，同比增长37.1%。

2020年一场突如其来的新冠肺炎疫情，给演艺行业带来了巨大的打击，上半年所有演出几乎全部关停。但挑战永远伴随着机遇，演艺行业渐渐从疫情中恢复过来，在业内人士看来，中国原创音乐剧也迎来了发展机遇。

一、从“过山车”到持续上涨

中国音乐剧的发展历经了三个阶段。2002年至2010年中国音乐剧产业属于1.0的原版时代，主要是对国外舶来品的原版引进，引进的作品有《悲惨世界》《狮子王》等，直到2011年首部世界音乐剧中文版《妈妈咪呀！》为中文版音乐剧播下了种子，也开启了中国音乐剧2.0中文版时代。2012年至2018年中文版音乐剧逐渐生根，更多国外优质产品完成了本土化的制作，并在国内上演。经历了原版和中文版两个阶段，中国音乐剧产业逐渐迎来了3.0时代，即全产业链时代。

2020年由于新冠肺炎疫情使全国演出大规模取消或者延期，1月至3月全国已取消或者延期演出近2万场，直接票房损失超过20亿元，随着疫情的有效控制，从6月份开始演出市场开始逐渐恢复。数据统计，2020年全年共演出音乐剧997场，较2019年演出场次恢复了37.6%，观众人次为61万人次，票房收入超亿元。与此同时，

①成琪．中国音乐剧进入全产业链时代．中国经济网，2021-07-01.

2020年演出市场出现了很多创新形式，很多机构不断探索新模式，推动市场往前走。2020年，上海新空间“一出好戏”与酒馆结合，推出了“环境式驻演音乐剧”《阿波罗尼亚》，结果一票难求。据悉，接下来他们要在成都、长沙推进这个剧目。“敢做驻场演出说明这个市场已经活起来了。”廖樊龙说。

二、音乐剧的生态系统

上海文广演艺集团是国内最大的演艺集团之一，多年来一直深耕于音乐剧的创作生产、剧院经营、人才孵化、演出营销。其立足本土文化打造开发的优质原创音乐剧《伪装者》《智取威虎山》等广受好评。在上海文广演艺集团音乐剧艺术中心总经理戴筱莹看来，音乐剧3.0发展时代，不仅关注制作和运营，还要考虑整个产业链构架。“我们希望在制作内容、艺术管理、剧场管理、IP开发、艺人经纪等多个领域进行全方位布局，搭建全产业链平台业务机制。”对此，环球百老汇首席运营官修大普也持同样观点。环球百老汇近些年结合“点唱机音乐剧”的艺术创作形式，陆续推出周杰伦作品音乐剧《不能说的秘密》、李宗盛作品音乐剧《当爱已成往事》等优秀剧目，深受市场欢迎，形成了较大的影响。

音乐剧是一个庞大的生态系统，在整个产业链当中，制作人是举足轻重的。“中国音乐剧想发展，必须有更多出色的制作人。一个好产品要从故事开始，要考虑成本控制、资金来源、版权交易，要每个环节环环把关，真正的制作人是复合型人才。”做了30年音乐剧的李盾认为，真正的制作人最主要解决的问题是审美。“所谓生态系统，是属于都市的生活方式，属于解决美育教育正能量的生态系统。”李盾以剧院群为例，无论是伦敦西区，还是美国百老汇，剧场旁边有培训、学校、餐厅，大剧场两千人，中剧场几百人，还有小剧场几十人，“这样的生态系统我认为才是今后音乐剧产业要思考的最重要的问题”。

三、热门IP能否创造热门音乐剧？

2018年，染空间（上海欢翼文化传播有限公司）首次以音乐剧的形式将热门小说《白夜行》搬上舞台，随后在全国巡演热度不减，累计创造了中文原创音乐剧超人气和超高上座率的佳绩，对行业内热门IP改编音乐剧产生了极大影响。

对创造热门IP音乐剧这件事，上海欢翼文化传播有限公司创始人梁一冰非常冷静：“IP对我而言，最大的贡献是需要更多的还没有养成进剧场的观众变成观众。”

对于热门IP，梁一冰也有自己独特的见解："大家经常讲IP，从表象层面来说，大概分两种，一种是短期爆发型IP，IP出来之前不知道到底来自什么，或者如何酝酿，但是却突然火了；另一种是长期叠加型IP，可能它在漫长时间中叠加流量和数据，变成了拥有一定影响力的IP。这样的分类，仅仅是从外部来看，从内部来看，一个成熟的IP和一个更好的IP，应该拥有持续的生命力。""对于优秀的IP，我有三个小标签，持续的思考价值、持续的影响和雅俗共赏的社会共性。我认为它是一个优秀IP直接带来的结论层面的东西。在我心目当中，外在的表现加上内部的生命力才是构成优秀IP的前提。"

是不是一个比较热IP经过改编后，同样会变成一个热门的音乐剧呢？梁一冰认为不一定。在她看来，一个IP在开发过程中有非常多的方向，彼此当中或许有冲突，对制作人而言，需要清晰知道选择哪一条路。"现在的音乐剧像一个14岁、15岁的少年，在青春发育期，可能性非常多，有非常多的激情，不是完全成熟的状态。"梁一冰说。

四、什么是好的音乐剧？

随着技术的不断发展，特别是新冠肺炎疫情加速了演出行业在"互联网＋演艺"生态的探索，而这种探索也给线下演出市场的复苏带来了巨大的信心。同时随着大量线上内容的出现，年轻观众对音乐剧的关注度也在增加，年轻化、高活跃的观众，普遍表现出来的是高学历、高黏性和高购买力，有统计显示，其对音乐剧平均消费突破了一千元。

一个好的音乐剧作品，如果没有观众市场，再纯粹的艺术也不能称为艺术。如何定义一个好的音乐剧呢？大麦Mailive"当然有戏"厂牌主理人兼制作人李婧给出了三个关键词：好故事、好主创、好体验。对于Z世代的年轻人来说，分享是他们的特质，只要是好内容他们都愿意分享。李婧表示，原创音乐剧非常难，其实在西方非常成熟的音乐剧行业里面，大部分音乐剧由改编而来，可能是文学、电影、小说，甚至民间故事等，"所有好的作品创作其实是两方面的能力，一个是编故事、讲故事能力，把故事创作出来。另外一个能力是把故事讲的精彩"。

在中国音乐剧20年的发展过程中，有大量的中文版制作，有大量的引进作品，积累了非常多的市场观众，包括制作团队、演员等，但唯独没有得到相应速度成长的是创作团队、创作人员。"当下音乐剧的创作应该回归到本土团队和故事上，因此培养一个好的主创团队是当务之急。”李婧说。作为一个制作人，李婧常常问自己，观众为什么要走进剧场？是题材吸引，还是制作精良，抑或是沉浸式体验的空间和形式。我们在现场能给观众带来什么独特东西？如何保持现场演出的独特魅力。“任何一个时代，你一定要有自己的独特魅力，把现有故事用适应当下观众的视角和价值观表达出来，我们认为它就是好的音乐剧作品。”

问题：结合案例和实际，分析该如何促进中国演艺娱乐产业的发展。

参考文献

[1] [美] Thomas T.Nagle，Reed K.Holden. 定价策略与技巧 [M]. 赵平，杜晖，潘欣，译 . 北京：清华大学出版社，2000.

[2] [德] 马克思，[德] 恩格斯 . 马克思恩格斯全集第 25 卷 [M]. 北京：人民出版社，1974：264.

[3] [美] 保罗・克鲁格曼・国际经济学（第四版）[M]. 北京：中国人民大学出版社，1998：141.

[4] 陈杰，闵锐武 . 文化产业政策与法规 [M]. 青岛：中国海洋大学出版社，2006.

[5] [美] 丹尼尔・贝尔 . 后工业社会的来临——对社会预测的一项探索 [M]. 北京：商务印书馆，1984.

[6] 冯宗宪，郭根龙 . 国际服务贸易 [M]. 西安：西安交通大学出版社，2008.

[7] 宫承波 . 现代报刊概论 [M]. 北京：中国广播电视出版社，2010.

[8] 顾江 . 文化产业经济学 [M]. 南京 . 南京大学出版社，2007.

[9] 郭鉴 . 地方文化产业研究 [M]. 杭州：浙江大学出版社，2008.

[10] 胡惠林，施惟达 . 文化产业概论 [M]. 昆明：云南大学出版社，2005.

[11] 胡惠林 . 文化产业学：现代文学产业理论与政策 [M]. 上海：上海文艺出版社，2006.

[12] 花建，巫志南，郭洁敏，王国荣，吴文娟 . 文化产业竞争力 [M]. 广州：广东人民出版社，2005.

[13] 来逢波 . 会展概论（第 2 版）[M]. 北京：北京大学出版社，2019.

[14] 刘家顺，杨洁，孙玉娟 . 产业经济学 [M]. 北京：中国社会科学出版社，2006.

[15] 刘明广，罗巍 . 国际会展业经典案例 [M]. 北京：清华大学出版社，2019.

[16] 陆地，陈学会 . 中国网络文化产业发展报告 [M]. 北京：新华出版社，2010.

[17] 骆品亮 . 产业组织学 [M]. 上海：复旦大学出版社，2006.

[18] [美] 曼昆，经济学原理 [M]. 梁小民，译 . 北京：生活・读书・新知三联书店、北京大学出版社，1999.

[19] 欧阳友权，文化产业概论 [M]. 长沙：湖南人民出版社，2007.

[20] 祁述裕 . 中国文化产业国际竞争力报告 [M]. 北京：社会科学文献出版社，2004.

[21] 石杰，司志浩 . 文化创意产业概论 [M]. 北京：海洋出版社，2008.

[22] 芮明杰，刘明宇，任江波 . 论产业链整合 [M]. 上海：复旦大学出版社，2006.

[23] 宋彦麟 . 辽宁省文化产业竞争力研究 [M]. 沈阳：辽宁人民出版社，2007.

[24] 苏东水 . 产业经济学 [M]. 北京：高等教育出版社，2000.

[25] 汪同三，齐建国 . 产业政策与经济增长 [M]. 北京：社会科学文献出版社，1996.

[26] 王俊豪 . 产业经济学 [M]. 北京：高等教育出版社，2008.

[27] 吴承忠 . 国外休闲经济：发展与公共管理 [M]. 北京：人民出版社，2008.

[28] [美] 小艾尔弗雷德・D. 钱德勒 . 企业规模经济与范围经济 [M]. 北京：中国社会科学出版社，1999.

[29] 谢新洲 . 数字出版技术 [M]. 北京：北京大学出版社，2002.

[30] 谢勇，柳华 . 产业经济学 [M]. 武汉：华中科技大学出版社，2008.

[31] 张国祚 . 文化软实力蓝皮书：中国文化软实力研究报告（2010）[M]. 北京：社会科学文献出版社，2011.

[32] 张金昌 . 国际竞争力评价的理论和方法 [M]. 北京：经济科学出版社，2002.

[33] 殷俊，谭玲 .21 世纪文化产业前沿丛书：动漫产业（第二版）[M]. 成都：四川大学出版社，2009.

[34] 周正兵 . 文化产业导论 [M]. 北京：经济科学出版社，2009.

[35] 张玉国 . 国家利益与文化政策 [M]. 广州：广东人民出版社，2005.

[36] 李河 . 发达国家当代文化政策一瞥 [M]// 江蓝生，谢绳武 . 中国文化产业发展报告 . 北京：社会科学文献出版社，2004.

[37] 张志宏 . 美国文化产业的概况和发展经验 [M]// 江蓝生，谢绳武 . 中国文化产业发展报告 . 北京：社会科学文献出版社，2002.

[38] 毕小青，王代丽 . 文化产业竞争力的决定要素与分析方法研究 [J]. 沈阳大学学报，2009，21（5）：34–37.

[39] 白桦，国外电影产业对中国的启示 [J]. 创意世界，2010（5）.

[40] Samuelr P.Huntington.The Erosion of American National Interests[J].Foreign Affairs，1997（9）.

[41] 蔡尚伟，王理 . 开启中国文化产业国际化时代 [J]. 西南民族大学学报（人文社会科学版），2010，31（5）：218–222.

[42] 蔡尚伟，刘锐 . 中国文化及传媒产业政策的演变 [J]. 今传媒，2010（1）：23–26.

[43] 陈端，聂玥煜，张涵 . 英美日数字创意产业发展差异 [J]. 经济，2019（6）：102–106.

[44] 陈博 . 韩国发展动漫产业的政策措施评析 [J]. 当代韩国，2008（2）：54–59.

[45] 陈丹，叶新 . 美国网络杂志的运营特点 [J]. 出版参考，2007（9）：31.

[46] 储祥银 . 庆百年华诞 话中国会展 [J]. 中国会展，2021（13）：20.

[47] 方辉 . 基于数字技术背景下的文化产业高质量发展 [J]. 产业与科技论坛，2021，20（10）：11–14.

[48] 范周，杨矞 . 改革开放四十年中国文化产业发展历程与成就 [J]. 山东大学学报（哲学社会科学版），2018（4）：30–43.

[49] 陈磊 . 日本的数字及动漫出版状况调查 [J]. 出版发行研究，2009（9）：73–77.

[50] 邓安球 . 论文化产业概念与分类 [J]. 湘潭大学学报（哲学社会科学版），2008（5）：144–147.

[51] 顾伟 . 文化会展促进文化产业发展研究 [J]. 市场论坛，2018（10）：87–89+95.

[52] 龚珍旭，鲍玉珩 . 英美电视业运营浅析 第一部分：英国电视业 [J]. 电影评介，2011（12）：71–74.

[53] 龚珍旭，鲍玉珩 . 英美电视业运营浅析 第二部分：美国电视业 [J]. 电影评介，2011（13）：78–81.

[54] 侯燕 . 文化产业投资的特点及融资问题研究 [J]. 特区经济，2010（9）：293–295.

[55] 方彦富 . 国内外文化产业管理若干模式探究 [J]. 亚太经济，2009（6）：48–52+57.

[56] 侯琳琦 . 美国网络音乐发展现状分析 [J]. 北京邮电大学学报（社会科学版），2008（1）：24–26+31.

[57] 黄永林 . 数字文化产业发展的多维关系与时代特征 [J]. 人民论坛·学术前沿，2020（17）：22–29.

[58] 蒋多 . 构建新型对外文化贸易促进机制——美日韩文化贸易战略动向及其对

我国的启示 [J]. 东岳论丛，2014，35（2）：159–165.

[59] 江凌 . 中外文化产业政策基本特征比较 [J]. 福建论坛（人文社会科学版），2010（12）：125–132.

[60] 花建 . 文化产业竞争力的内涵、结构和战略重点 [J]. 北京大学学报（哲学社会科学版），2005（2）：9–16.

[61] 金元浦 . 从文化产业到数字内容产业 [J]. 今日中国论坛，2005（12）：32–35.

[62] 王相华 . 数字文化产业中政府角色定位：欧美国家经验与中国对策 [J]. 艺术百家，2020，36（1）：65–71+100.

[63] 谢富胜，吴越，王生升 . 平台经济全球化的政治经济学分析 [J]. 中国社会科学，2019（12）：62–81+200.

[64] 蓝庆新，窦凯 . 中国数字文化产业国际竞争力影响因素研究 [J]. 广东社会科学，2019（4）：12–22+254.

[65] 刘迪 . 国外文化产业发展政策经验对我国的启示 [J]. 对外经贸，2017（2）：77–79.

[66] 王学琴，陈雅 . 国内外数字文化产业内涵比较及现状研究 [J]. 数字图书馆论坛，2014（5）：39–44.

[67] 田蕾 . 世界文化创意产业结构优化的发展趋势及启示 [J]. 经济问题探索，2013（11）：55–60.

[68] 娄孝钦 .20 世纪 90 年代以来英国电影产业的发展 [J]. 浙江艺术职业学院学报，2011，9（3）：67–73.

[69] 王海文 . 新形势下中国对外文化贸易的困境与出路——基于中美视听服务案的剖析 [J]. 国际经贸探索，2011，27（2）：40–45.

[70] 马冉 . 论《保护和促进文化表现形式多样性公约》与 WTO 协定的冲突与协调 [J]. 黑龙江省政法管理干部学院学报，2010（8）：109–112.

[71] 辛文 . 国外文化产业投融资体系简析 [J]. 文化月刊，2010（3）：30–32.

[72] 李彪 . 文化产业概念的演变及其基本特征分析 [J]. 湖南科技学院学报，2009，30（9）：119–121.

[73] 王乾厚 . 文化产业组织发展趋势及其研究意义 [J]. 河南社会科学，2009，17（4）：56–58.

[74] 刘昌黎 . 关于投资概念的理论思考 [J]. 东北财经大学学报，2009（2）：13–18.

[75] 田贵平 . 刍议网络文化产业经济发展中的问题与对策 [J]. 现代财经（天津财

经大学学报），2008（6）：85–88.

[76] 宋建龙 . 文化产业投资的特点与形式浅述 [J]. 河北企业，2008（4）：40+62.

[77] 罗剑宏，孔金连 . 日本、韩国动漫产业发展的比较分析 [J]. 电视研究，2007（5）：74–75.

[78] 王颖 . 全球化背景下中国文化产业竞争力研究 [D]. 吉林大学，2007.

[79] 李宁 ."自由市场"还是"文化例外"——美国与法 – 加文化产业政策比较及其对中国的启示 [J]. 世界经济与政治论坛，2006（5）：106–109.

[80] 夏国英 . 试论全球化背景中的区域文化产业组织经营 [J]. 学术论坛，2006（1）：100–103.

[81] 宋奇慧 . 网络文化产业——新的文化经济增长点 [J]. 北京邮电大学学报（社会科学版），2005（3）：12–16.

[82] 刘瑶 . 网络经济的经济特征 [J]. 合作经济与科技，2005（15）：34–35.

[83] 祁述裕 . 中国和欧盟国家文化体制、文化政策比较分析 [J]. 中国特色社会主义研究，2005（2）：57–62.

[84] 佟贺丰 . 英国文化创意产业发展概况及其启示 [J]. 科技与管理，2005（1）：30–32.

[85] 孙咏梅 . 文化产业的兴起与产业结构调整 [J]. 经济理论与经济管理，2004（12）：31–33.

[86] 李丕光 . 德国出版业的两大机制 [J]. 出版广角，2003（7）：20–21.

[87] 刘伟，李绍荣 . 产业结构与经济增长 [J]. 中国工业经济，2002（5）：14–21.

[88] 杨熳 . 基于区块链技术的会计模式浅探 [J]. 新会计，2017（9）：57–58.

[89] 张力文 . 世界动漫产业研究 [J]. 今传媒，2011，19（4）：61–63.

[90] 杨利英 . 近年来中国文化"走出去"战略研究综述 [J]. 探索，2009（2）：102–106.

[91] 赵普光，李凌汉 . 我国网络文化产业发展的现状、问题与对策 [J]. 青岛科技大学学报（社会科学版），2008（3）：44–47.

[92] 杨建新 . 维护国家文化安全的战略意义 [N]. 中国社会科学院院报，2006–07–06（3）.

[93] 2019 年度新闻出版产业分析报告 [N]. 新华书目报，2020–11–12（2）.

[94] 王爱平 . 国外文化发展投融资的形式和机制 [N]. 中国文化报，2007–08–30（6）.

[95] 英国出版业数字化加速转型 – 版权保护为根本 [N]. 经济日报，2011–11–12.

[96] 陈金秀，吴继兰 . 独具特色的美国文化管理体制 [N]. 中国信息报，2010-11-24.

[97] 陈昕 . 从美国数字出版现状看出版新趋势 [N]. 文汇报，2008-01-20.

[98] 焦斌龙 . 文化产业怎样推动产业结构调整 [N]. 人民日报，2007-12-14（15）.

[99] 宗波 . 文保已刻不容缓，从文化安全高度保护文化遗产 [N]. 人民日报海外版，2010-12-07.

[100] 张翔鹏 . 文化产业与文化事业的区别 [N]. 中国文化报，2001-05-23.

[101] 2020 年全国广播电视行业统计公报 [EB/OL]. 国家广播电视总局网站，2021-04-19.

[102] 文化部关于推动数字文化产业创新发展的指导意见 [EB/OL]. 中华人民共和国中央人民政府官网，http：//www.gov.cn/gongbao/content/2017/content_5230291.htm.

[103] 英国出版业调研 [EB/OL]. 中华人民共和国驻英使馆经济商务处，http：//gb.mofcom.gov.cn/aarticle/i/201202/20120207965543.html.